IB로 대학 가다

이미영 저

Path to College with IB

학지사

이 책은 저자가 수년간 IB 교육의 최전선에서 고군분투하면서 겪은 생생한 내러티브를 우리에게 선사하고 있는 역작입니다. IB 교육의 속내를 진솔하게 이야기하면서도 이론적 · 실천적 이슈와 중요성을 성찰하도록 돕습니다. 교육 문제의 현장성과 미래 교육에 대한 고민을 학부모, 교육자, 이론가, 실천가로서의 시선과 경험으로 파노라마처럼 들려줍니다. 이 책을 통해 IB 교육이 안정적으로 활성화되고, 한국 공교육의 밝은 미래를 기대하게 됩니다!

▶ 강현석(경북대학교 교육학과 교수, 한국IB교육학회 수석부회장,
전 한국교육과정학회장)

제가 2010년에 경기외국어고등학교에 처음 IB를 도입할 당시, 우리나라는 IB 교육의 기반이 전혀 없던 상태였습니다. 그런데 지금 대한민국은 그때와는 상상할 수 없을 정도로 IB가 확산하고 있고, IB를 통해 교육에 큰 변화가 일어나고 있습니다. IB에 대한 관심이 고조되어 지역별로 연수회도 활발히 열리고 관련 서적도 출간되고 있지만, 우리나라 교육에 가장 큰 영향력을 가진 학부모님들이 속 시원하게 IB를 알 수 있는 책을 찾아보기가 어려웠습니다.

이 책의 저자인 이미영 선생님은 학교 현장에서 교사로서 IB를 교육하고 계십니다. 자녀를 IB 학교에 보내 세계적인 명문대학에 진

학시킨 학부모로서의 경험까지 갖고 계셔서, IB 교육을 삶으로 체득하신 분입니다. 이러한 특별한 본인의 경험을 바탕으로, 이 책에서 IB 교육의 모든 것을 아주 친절하고 상세하게 풀어내고 있습니다. 그렇기 때문에 학부모님들은 쉽게 읽어 가면서도 IB의 소중한 교육적 가치와 그 매력을 하나하나 알아 가실 수 있을 것입니다. 특히 싱가포르뿐만 아니라 전 세계에 퍼져 있는 이미영 선생님의 제자들이 전하는 IB 교육에 대한 경험담은, 우리 자녀들을 어떻게 키워야 하는지에 대한 지혜도 갖게 해 줄 것입니다. 자녀를 세계로 뻗어 나가는 글로벌 K-인재로 키우고자 하시는 학부모님께 이 책을 적극 추천해 드립니다.

▶ 박하식(민족사관고등학교 교장, 한국IB교육학회 부회장)

이 책은 현장에서 경험한 IB 교육을 생생하게 담아 내며, 학부모와 교육자들에게 그 본질과 실제를 구체적으로 전달합니다. 저자인 이미영 선생님은 국제학교에서 IB 한국어 교사로 활동한 오랜 경험을 바탕으로, IB 교육을 직접 경험한 자녀의 엄마로서의 이야기를 솔직하게 풀어냅니다. 또한 지난 15년간 IB 학교에서 만난 학생들과 학부모들의 현실적인 목소리를 바탕으로, IB 교육이 실제로 어떻게 운영되는지 구체적으로 보여 줍니다. 특히 단순히 이론적인 설명에 그치지 않고, IB 교육의 현장에서 마주한 다양한 사례를 통해 IB 교육 철학을 입체적으로 조명합니다. IB가 한국 교육에 어떤 변화와 가능성을 불러올 수 있는지 깊은 논의도 함께 제시합니다. 그런 의미에서 이 책은 IB 교육에 대한 교육참여자의 입체적 목격담이라고 할 수 있습니다. IB 교육에 관심 있는 독자뿐만 아니라, 교육 전반에 관심을 가진 모두에게 귀중한 통찰과 영감을 제공할 것입니다.

▶ 송진웅(서울대학교 물리교육과 교수, 한국IB교육학회 회장)

영어로만 운영되던 IB를 한국어화하여 공립학교에 시범 도입해 보자는 아이디어를 처음 제안한 저서 『대한민국의 시험』이 발간된 2017년 초에는 책 표지 어디에도 'IB'라는 단어를 쓸 수 없었습니다. 당시 IB를 검색하면 'Investment Banking'의 약자로만 검색되었기 때문입니다. 그랬던 한국에서 2019년 IB 한국어화 계약이 체결됐고, 2024년 현재 12개 시도교육청이 IB 공교육 도입을 확정했습니다. 이 제는 IB가 '국제바칼로레아'로 압도적으로 더 많이 검색되고 있는데 이는 기적 같은 일입니다.

IB가 주목받으면서 이제는 IB를 직접 체험한 교사, 학부모, 학생의 목소리가 나오기 시작했습니다. 이 책도 그렇게 IB를 교사로서, 학부모로서, 직접 체험한 진솔한 목소리입니다. 물론 IB는 공식적으로 특정 사례나 답안을 모범으로 내세우지는 않습니다. 수많은 '다름'이 그 모범의 패턴으로 획일화될까 우려해서입니다. 그러나 수많은 사례와 경험이 IB 생태계를 구성하고, 이해나 적용의 다양성을 확장할 것은 분명합니다.

그런 차원에서 이 책은 또 다른 다양성을 보여 주고 있습니다. 이 책은 국내 공립학교가 아닌 해외 IB 학교에서의 경험으로 쓰였습니다. 하지만 이미 국내의 국공립 IB 학교에서도 해외 대학 합격자가 나와서 공교육에서도 한국의 유명 대학뿐만 아니라 세계적인 명문대학도 갈 수 있다는 사실이 알려졌습니다. 따라서 이 책에 나오는 해외에서 IB로 대학에 가는 사례들은 해외 국제학교를 고민하는 독자뿐만 아니라 국내 IB 학교 구성원들에게도 참고가 될 것입니다. IB 교육과 국내외 대학 입시에 관심 있는 모두에게 일독을 권합니다.

▶ 이혜정(교육과혁신연구소 소장, 한국IB교육학회 이사)

우리나라 교육개혁의 화두가 되는 IB 교육에 대해 다양한 논의와 이론이 있습니다. 하지만 정작 실제 교육으로 경험하며 체득(體得)한 목소리는 매우 드뭅니다. 이 책이 참으로 감동을 주는 이유는 저자가 애타는 마음으로 자녀를 바라보는 학부모로서, IB 교육의 여정을 제자들과 함께한 교사로서 정직하게 고백하며 귀한 경험치들을 아낌없이 나누어 주고 있기 때문입니다. IB 교육과 대학 진학에 관한 소중한 내용들을 독자의 눈높이에 맞추어 명확하고 쉽게 풀어내고 있습니다. 이는 책을 읽는 내내 저자의 따뜻한 마음과 진심이 와닿으며, 학생들이 행복하게 공부하며 지속 가능한 역량을 키울 수 있다는 소망이 깊은 감동을 줍니다. 이러한 울림은 IB 교육이 우리나라 교육개혁의 중요한 동인(動因)이 될 수 있다는 가능성을 깨닫게 합니다. IB 교육을 더욱 진지하게 탐색하고, 이를 올바르게 실행하려는 열정을 불러일으키는 점에서 이 책은 학부모와 교육자 모두에게 귀한 선물이 될 것입니다.

▶ 하화주(세계로우남IB학교 교장, 한국IB교육학회 이사)

Mi Yeong is a knowledgeable and experienced IBDP teacher. She has served the IB community in Singapore for many years as an IB Korean tutor, a Korean Literature teacher, and a member of the wider international teaching community. Most important, however, is the relationships she builds with her Korean students and the motivation she gives them to find success. Her book about various IB experiences and advice from "inside" the system will be a great resource to Korean families as they navigate the world of the IB. The book is comprehensive but with a focus on real-life situations and examples which are very encouraging. More students should be in the IB system!

미영은 지식이 풍부하고 경험이 많은 IBDP 교사입니다. 그녀는 IB 한국어와 한국문학 선생님, 그리고 더 넓은 국제 교육 공동체의 일원으로 싱가포르의 IB 공동체에서 수년간 봉사해 왔습니다. 무엇보다도 가장 중요한 것은 그녀가 한국 학생들과 좋은 관계를 맺고 학생들이 성공할 수 있도록 동기를 부여하는 것입니다. 그녀의 다양한 IB 경험과 교육제도에 관한 조언을 쓴 책은 한국인 가정에서 IB의 세계를 탐색할 때 좋은 참고 자료가 될 것입니다. 이 책은 포괄적이지만, 실제 상황과 사례에 초점을 맞추고 있어 매우 고무적입니다. 더 많은 학생이 IB 시스템에 있어야 합니다!

▶ Ms. Elsa Baptista(IBDP Coordinator, CIS Singapore)

Mi Yeong has been serving Korean families overseas as a Korean teacher for many years. Her support in helping students deepen their connection with their cultural and linguistic heritage has been invaluable to many. The testimonies Mi Yeong has collected for this book help readers grasp the impact of IB philosophy and pedagogy on Korean heritage students, as they make a lasting difference to their lives.

미영은 오랜 세월 동안 해외에 거주하는 한국인 가정을 위해 한국어 교사로 봉사해 왔습니다. 그녀는 학생들이 문화적·언어적 유산과의 연결을 깊게 할 수 있도록 도와주었으며, 그녀의 지원은 많은 사람에게 귀중한 도움이 되었습니다. 미영이 이 책을 위해 수집한 증거들은, IB 철학과 교육학이 한국계 학생들에게 미치는 영향을 이해하는 데 도움을 주며, 그들의 삶에 지속적인 변화를 불러오는 모습을 보여 줍니다.

▶ Ms. Laurie Kraaijeveld
(Head of High School Languages, UWCSEA Singapore)

'맹모삼천지교'는 맹자의 어머니가 자식의 교육을 위해 세 번 이사했다는 유명한 고사성어입니다. 그런데 한국에서 맹모처럼 이사하면 자녀에게 더 나은 교육환경을 줄 수 있을까요? 부모가 가진 교육열만큼 한국의 교육환경은 좋을까요? 한국은 교육열이 매우 높은 나라입니다. 높은 교육열에 맞게 학생의 학력 수준도 높습니다. 하지만 국가별 통계 자료에서 한국 교육의 질과 학생의 행복지수는 늘 하위권에 머뭅니다. 이러한 결과의 가장 큰 원인으로는 과도한 입시경쟁, 주입식 강의와 암기식 교육에 의존하는 획일화된 교육방식, 교육의 지역적 불평등 등이 문제점으로 지적되고 있습니다. 특히 과도한 학습과 경쟁으로 한국 학생이 겪는 스트레스와 우울증은 비슷한 수준의 국가 학생보다 훨씬 높습니다. 학생들에게 너희가 미래의 주인이라는 말만 하지 말고, 학생들이 지금 겪고 있는 문제와 고통을 당장 개선해 줘야 합니다. 획일화된 문제 풀이식의 교육평가를 하는 환경에서는 복잡하고 다양한 문제를 해결해야 하는 글로벌 인재로 육성하기 어렵습니다. 지금이라도 새로운 교육 방법과 평가를 도입하여 학생들에게 교육 주권을 돌려줘야 합니다.

저는 한국에서 수능 언어영역을 가르쳤습니다. 수능의 문제점이 무엇인지도 모르고 문제를 잘 푸는 방법을 열심히 가르쳤습니다. 2001년 싱가포르에서 한국과 다른 외국의 교육을 알게 된 후로, 학생들을 문제 풀이 기계로 만든 제 자신을 반성했습니다. 그리고 우리 아이를 12년 동안 이런 입시전쟁터 같은 학교에 다니게 할 자신이 없었습니다. 아이들이 10대 시절에 접하는 환경이나, 교육, 마인드가 살아갈 인생을 크게 좌우합니다. 승리 아니면 패배라는 생존경쟁에만 내몰리면, 평생 그러한 트라우마에 시달리며 불안하게 살 것 같았습니다. 저의 자녀에게 학창 시절을 경쟁에 시달리며, 옆자리 친구도 적으로 돌리는 삶을 살게 하고 싶진 않았습니다. 인생의 성공이 사회적 위치, 돈, 명예 등이라면, 이 모든 것을 가진다고 하더라도 따뜻하게 내 손을 잡아 주는 한 사람이 없다면 무슨 의미가 있을까요? 다른 사람을 믿지 못해 고독한 인생을 성공한 인생이라고 할 수 있을까요? 우리 아이에게 다른 사람은 경쟁 상대가 아니라, 협력해야 하는 상대라고 가르치는 교육환경을 주고 싶었습니다. 그동안 한국에서 쌓은 커리어와 경제적인 것들을 포기해야 하는 고민이 있었습니다. 그럼에도 맹모가 되기로 결심한 저는 2007년에 한국을 떠나 싱가포르로 와서 17년째 살고 있습니다. 저의 두 아이는 싱가포르에서 교육했고, 저는 국제학교에서 IB 한국어를 15년 동안 가르치고 있습니다. 아들은 싱가포르 국립대학교에서 공부하고 있고, 딸은 IB 학교를 졸업하고 서울대학교에서 공부하고 있습니다. 한국을 떠나온 이유가 입시가 아니었음에도, 각자 자신의 꿈을 발견하고 노력해서 진학한 것에 감사할 따름입니다. 한국에서 이룰 수 있었던 경제적 기반은 솔직히 아쉬운 마음도 있습니다. 하지만 자녀의 교육을 위해 해외에 나온 것을 후회한 적은 없습니다. 우리 아이들이 다른 사람과 제대로 어울려 사는 법을 배운 것에 감사하고 있습니다. 해외에서 오래 살다 보면 교육을 제외하고, 한국은 여러 시스템이 잘 갖춰진 너무 살기 좋은 나라인 걸 알게 됩니다. 저는 자녀의 교육을 위해 해외에서 이방인으로 표류하는 삶을 살았습니다. 하지만 앞으로는 한국의 교육이 경쟁 위주에서 개선되어, 저와 같은 맹모가 나오지 않아도 되는 사회가 되었으면 하는 바람입니다.

글로벌화된 세상은 국가 단위로 경쟁하며, 학생에게 다양한 능력을 요구하는데, 한국 학생은 여전히 암기력 경쟁만 하고 있어 안타까웠습니다. 교육도 시대에 맞게 탈바꿈해야 합니다. 인공지능이 나오는데 여전히 계산기 사용법 교육만 하는 우리 교육의 현실을 돌아봐야 합니다. 해외에서 저의 아이와 제자들이 IB 교육으로써 건강한 정신을 가진 사람으로 성장하고, 대학입시에서 좋은 성과를 거두는 것을 오랫동안 지켜봐 왔습니다. 한국에서 중·고등 교육을 받고 온 제자들도 IB 과정에 잘 적응하며 잠재력을 보여 줬습니다. 한국 교사들은 높은 교과 전문성을 바탕으로 학생의 학업성취도뿐만 아니라, 정서적 발달에도 깊은 관심을 두고 헌신합니다. 이러한 교사의 열정과 학부모의 교육열, 교육을 개혁하는 정부의 의지가 함께한다면, 우리 교육은 글로벌 경쟁력을 갖춘 수출 상품이 될 것입니다. 박하식 박사님이 경기외국어고등학교에 처음 IB를 도입한 후 대구, 제주, 경기도 등에서 여러 IB 학교가 생겼고 성과를 내고 있습니다. 교육 시스템을 소수의 관심만으로 바꾸기는 어렵습니다. 교육 관계자와 정부가 IB 교육의 장점에 관심 두기를 희망합니다. IB가 우리 교육의 새로운 방향을 제시하는 길이 되기를 기대합니다.

제가 이 책을 쓴 가장 큰 이유는 해외에서 오랫동안 IB 한국어를 가르친 경험자로서, IB 교육의 장점을 알리고 싶었기 때문입니다. 현재 한국에 IB 관련 책이 많이 출간되고 있지만, 교육학 중심의 이론서가 많습니다. 교육학 전공자가 아닌 학부모가 이해하기는 쉽지 않습니다. 그래서 저와 제자들의 실제 경험담을 쓰면, 어렵게 생각되는 IB 교육을 좀 더 쉽게 이해할 수 있으리라 생각했습니다. 이 책의 1부에서는 저의 IB 교사로의 경험, 유학생 엄마로서의 경험, 한국의 교육개혁과 IB 확산에 대한 제 생각을 담았습니다. 2부에서는 IB로 공부한 학생과 학부모의 인터뷰를 통해서, IB에 대한 긍정적인 경험을 실었습니다. 3부에서는 저의 제자들이 직접 경험한 PYP, MYP, DP 과정의 교과 경험과 다양한 활동을 실었습니다. 4부에서는 IB 교육을 이해하기 위한 핵심 정보를, 최대한 예시를 들어 간추려서 쉽게 풀어썼습니다. IB 교육을 잘 모르는 독자라면 이 부분을 먼저 읽는 것이 도움될 것입니다. 5부에서는 IBDP를 공부하는 학생이나 학부모가 평소 저에게 자주 문의하는 질문에 답하는 형식입니다. 이 책을 통해서 IB 교육이 한국의 교육과 무엇이 다른지 알고, 무엇이 아이의 올바른 성장을 돕는 교육인지 생각해 보는 계기가 되었으면 합니다. 끝으로, 이 책이 IB 확대를 생각하는 많은 분에게 도움이 되기를 희망합니다.

2025년 1월
이미영

 IB 용어 정리

용어	약어	한국어
International Baccalaureate	IB	국제바칼로레아
Primary Years Programme	PYP	초등과정 프로그램
Middle Years Programme	MYP	중등과정 프로그램
Diploma Programme	DP	고등과정 프로그램
Career-related Programme	CP	직업연계과정 프로그램
Higher Level	HL	고급 수준
Standard Level	SL	표준 수준
Extended Essay	EE	소논문
Theory of Knowledge	TOK	지식론(지식에 철학적 접근)
Creativity, Action, Service	CAS	창의 · 체험 · 봉사
Internal Assessment	IA	내부 평가(수행능력)
External Assessment	EA	외부 평가(최종시험)
Exhibition	–	전시회
Personal Project	PP	개인 프로젝트
Approaches to Teaching	ATT	교수 접근 방법
Approaches to Learning	ATL	학습 접근 방법
Unit of Inquiry	UOI	탐구 단원
Interdisciplinary Unit	IDU	학제 간 연계 단원

프로그램	초등과정(PYP)	중등과정(MYP)	고등과정(DP)
대상	만 3~12세	만 11~16세	만 16~19세
교육 방식	통합학습	융합학습	심층학습
교과 구성	• 6개 교과 −언어 −수학 −과학 −사회 −예술 −인성 · 사회성 · 체육	• 8개 교과 −언어와 문학 −언어습득 −개인과 사회 −수학 −과학 −예술 −디자인 −체육과 건강	• 6개 교과군 −언어와 문학(모국어) −언어습득(외국어) −개인과 사회 −수학 −과학 −예술 • 6개 과목 구성 −표준 수준(SL) 3과목 −고급 수준(HL) 3과목
학습 방법	• 콘셉트 기반 학습 • 탐구 단원 중심(UOI) • 여섯 가지 초학문적 주제 탐구	• 콘셉트 기반 학습 • 교과 간 연계수업(IDU) • 개인 프로젝트 수행 • 커뮤니티 프로젝트로 지역사회 참여	• 콘셉트 기반 학습 • 과목별 심층학습 • 주제별 독립연구 • 필수 요건: 소논문(EE) 지식론(TOK) 창의 · 체험 · 봉사(CAS)
평가 방법	• 내부 평가 −발표, 전시회, 프로젝트 등 활동을 통해 학습 과정을 평가하고 피드백 제공 • 외부 평가 없음	• 내부 평가 과제, 프로젝트, 구술 평가 등 척도 기반 평가를 시행 • 외부 평가 −학교에 따라 과목별 온라인 시험을 통해 평가 진행 −개인 프로젝트 −포트폴리오	• 내부 평가 −과제, 포트폴리오, 실험보고서, 구술 평가 등으로 수행 −각 과목의 최종성적에 일정 비율로 반영 • 외부 평가 −6개 과목 최종시험(과목별 최고점: 7점) −소논문과 지식론 최종성적에 포함(3점) • 최종성적(45점) 　=내부 평가+외부 평가

항목	주요 특징	평가 영역
소논문 (EE)	−학생이 6개의 과목 중 관심 있는 주제를 선정한 후, 그 주제를 깊이 있게 연구한다. −학생은 지도 교사와 정기적으로 만나 연구 방향성과 성과에 대한 피드백을 받는다. −학술적 글쓰기의 기본 형식을 엄격하게 준수하며, 표절 방지를 위해 올바른 인용과 참고문헌을 작성한다. −자기주도학습과 비판적 사고를 함양하고, 연구 과정을 성찰하며 문제해결 능력을 기른다.	−교사의 지도하에 4,000단어 이하의 심층적 에세이를 작성한다. −30점 만점으로 A∼E등급이 부여되며, IB 외부 평가자가 채점한다. −연구 계획 및 자료수집 능력, 학술적 글쓰기 및 논리적 전개, 비판적 사고와 분석력, 연구 과정에서 성찰 −소논문(EE)에서 최소 D등급 이상 받아야 하며, EE와 TOK에서 하나라도 E등급 이하일 경우 디플로마를 취득할 수 없다.
지식론 (TOK)	−100시간 이상의 수업을 통해 지식의 본질을 탐구하고 성찰한다. −인문학, 과학, 예술 같은 다양한 지식 영역에서, 지식의 특성과 한계를 깊이 탐구한다. −이론적 지식이 실제 상황에서 어떻게 활용되고 영향을 미치는지 탐구한다. −비판적 사고를 통해 지식이 형성되는 과정과 지식의 본질 및 획득 방법을 탐구한다.	−매년 IB에서 제시하는 질문을 선택한 후, 1,600단어 이하의 에세이를 제출한다. −지식 질문의 명확성, 지식 영역과 인식 방법의 통합, 논리적 일관성, 비판적 분석 능력, 실생활 예시, 지식의 한계 인식 −지식론(TOK)에서 최소 D등급 이상 받아야 하며, EE와 TOK에서 하나라도 E등급 이하일 경우 디플로마를 취득할 수 없다.
창의 · 체험 · 봉사 (CAS)	−학생 개인의 관심사에 맞춰 균형 잡힌 창의 · 체험 · 봉사활동을 주도적으로 수행한다. −다양한 활동에 참여하면서, 자신의 흥미와 관심 분야를 발견한다. −학습을 넘어선 개인적 · 사회적 성찰을 통해 재능을 타인과 지역사회에 기여하며 전인교육을 구현한다.	−활동을 완료할 때마다 성찰 내용을 담은 일지나 기록을 남겨야 한다. −활동 증거로 사진, 동영상, 성찰 일지 등을 활용해 포트폴리오를 작성해야 한다. −공식 성적에 반영되지는 않지만, DP 과정에서 필수적으로 이수해야 한다.

1부 한국 맹모 17년 표류기

01 : IB 교사 이야기 • 25

IB 지금 만나러 갑니다 | IB 너는 내 운명 | IB 신세계 | 빠르게 실패하기 | 호주인 영어 교사 수능 영어 보고 블라블라 | 진달래꽃, 나 보기가 역겨워도 외워라 | 부자는 '송이버섯'이 아니라 '송로버섯'을 먹는다 | 호기심은 열정을 낳고 | 말춤 추기 싫어요 | 다름을 인정하고 열린 생각을 하자 | 교실 이데아, 이젠 그런 가르침은 됐어! | 실패는 성공의 예방주사 | 윌링하트 봉사활동 | 인스타그램을 시작하다 | 문학 소년이 되다 | 아프게 공부해서 약대 가다 | 사랑이냐 공부냐 그것이 문제로다 | 혼자 댄스는 외로워 | 꽃을 든 제자 | 카이스트 떨어지는 IB 45점 제자 | 온라인으로 수업하는 제자들 | 성적 좋은 제자들의 비결

2부 IB 경험자 인터뷰

4부 IB 교육의 이해

5부 IBDP에 관한 중요한 질문들

1부

한국 맹모
17년 표류기

> 교육은 읽을 줄 알지만, 무엇이 읽을 가치가 있는지 구별할 줄
> 아는 사람은 길러 내지 못했다.
>
> — G. M. 트리벨리언

IB 교사 이야기

IB 지금 만나러 갑니다

　싱가포르에 도착하고 몇 달이 지나자 겨우 현지 생활에 적응할 수 있었다. 하지만 생활이 안정될 때쯤 갑자기 환율이 폭등하기 시작했다. 2008년 미국의 '서브프라임 모기지 사태'가 글로벌 금융위기를 촉발한 것이다. 리먼 브러더스 사태로 시작한 초대형 금융위기가 도대체 뭔데? 내가 싱가포르에 오고 몇 달 만에 이런 일이 생길지 몰랐다. 싱가포르 1달러를 630원 환율로 바꿔서 왔는데, 갑자기 1달러에 1,000원을 넘기는 어이없는 상황이 벌어졌다. 애초에 계획했던 예상 생활비가 거의 두 배가 된다는 뜻이었다. 나도 모르게 마트에 가는 횟수를 줄였다. 살아오면서 눈물 젖은 빵을 먹어 본 적은 없지만, 빵을 살 때도 빵 하나를 들었다 놓았다 했다. 주변 유학생 엄마들도 빵을 사는데 손을 덜덜 떨며 환율의 무서움을 몸으로 보여 줬다. 웬만큼 부자가 아닌 이상 외국에서 산다는 것은 빡빡한 생활비를 최대한 효율적으로 계획하고 지출해야 한다. 그런데 갑자기 두 배가 된 월세, 학비, 생활비에 다들 정신을 차릴 수 없었다. 당시에 환율을 못 견디고 유학 생활을 접고 떠나는 기러기 엄마들이 여기저기 생겨서 송별회가 줄을 이었다.

일요일에는 교회를 다녔는데, 이 시기에 교회는 금융위기에 대한 걱정과 해외살이의 고달픔을 서로 위로하는 곳이었다. 어느날 평소 알고 지내던 한 집사님이 본인 집에 가서 점심을 함께 하자고 하셨다. 맛있는 한식 한 끼를 먹을 생각으로 집사님의 집으로 함께 갔다. 집에 도착할 때쯤 집사님은 자신의 집에서 홈스테이를 하는 학생을 좀 도와줄 수 있냐고 은근히 물어 왔다. 학생이 국제학교에서 IB 모국어 한국문학을 공부하는데, 소설 해석하는 것을 어려워한다는 것이다. 아이비리그 학생도 아니고 IB를 공부한다는 말이 무슨 뜻인지 이해를 못 했다. 내가 아는 '아이비'는 한국의 가수 아니면 식물, 그리고 아이비리그뿐이었다. IB가 뭔지도, 뭘 도와달라는 건지도 이해를 못한 채 알겠다고 말할 수밖에 없었다. 그렇지만 속으로는 '아, 역시 공짜는 없구나! 그냥 돌아가기엔 너무 멀리 왔다.'라고 생각했다. 어쨌든 집사님이 차려 주신 한식을 맛있게 먹고 학생의 방으로 갔다. 나는 한국에서 오랫동안 고등학생을 대상으로 문학을 가르쳐 왔기에, 오랜만에 신이 나서 학생에게 소설 해석법 등을 가르쳐 줬다. 이 일이 우연히 내가 처음 IB를 알게 된 계기였다. 내가 가진 국어 교사 자격증을 싱가포르에서 쓸 일이 생긴 것이었다.

IB 너는 내 운명

싱가포르에 온 첫 달에 편의점에서 인도인 아저씨의 말을 못 알아듣고, 생존 영어를 공부해야겠다고 생각했다. 그냥 혼자서 영어 공부를 무작정 시작했다. 기본적으로 알아듣지를 못하니 조금이라도 들으려고 노력했다. 하지만 마음먹고 공부를 시작하면 1살 된 딸이 나를 찾아 울어댔다. 우는 딸을 외면하고 영어 공부를 할 정도로 모진 엄마가 아니었는지, 영어 공부가 절실하지 않았는지 모르겠지만, 매번 하던 공부를 그만두고 귀엽고 예쁜 딸에게 달려가곤 했다. 항상 이런 식이니 혼자 아무리 의지가 있어도 아이를 돌보며 공부한다는 것은 쉽지 않았다. 생각을 바꿨다. 돈 안 들이고 혼자 하는 공부는 이래서 안 되는가 보다. 역시 뭘 배울 때는 돈을 들여야 한다는 이상한 논리로 합리화하고, 나는 영어 공부에 돈을 투자하기로 했다.

처음으로 주 2회 2시간 영어 회화 수업을 하는 어학원에 8주 과정을 등록하러 갔다. 처음 등록할 때는 영어 수준을 테스트하는데, 시험은 어른이나 아이나 다 긴장하게 만드나 보다. 처음부터 영어로 한 마디도 말이 떨어지지 않았다. 말할 때마다 내 입을 한 대 때려주고 싶었다. 대학원을 졸업한 후에는 영어를 쓸 일이 없으니, boy 같은 쉬운 단어들도 자연스럽게 나오지 않았다. 왜 영어 단어는 본드를 붙인 것도 아닌데, 머릿속에서만 달라붙어 밖으로 기어 나오지 않는지를 모르겠다. 영어 공부를 야심 차게 시작했는데, 하필이면 이때 아이가 자주 아팠다. 아픈 딸을 돌보는 게 먼저였다. 싱가포르는 병원비가 살인적으로 비싸다. 하루 입원비가 백만 원이 넘으니, 간단한 수술로 입원한다면 2,000~3,000만 원의 비용이 든다. 그러니 아이가 아파서 병원이라도 간다면 경제적 손해가 엄청나다. 조금 더 여유가 있었을 뿐이지 나는 재벌도 아니고 환율 사태로 인해 경제적으로 어려운 상황에서도 아이가 우선이라 어학원은 뒷전이 되었다. 어쩔 수 없이 수업의 반 이상을 빠졌고, 그렇게 공부하니 영어 실력도 늘지 않았다. 그 후 나는 반강제적으로 독학으로 영어 공부를 해야 했다. 매일 이어폰을 끼고 한동안은 엄청 열심히 한 것 같다. 그 결과 영어로 소통하는 것은 해결되었지만, 돈 주고 제대로 배우지 않아서 그런지 아직도 내 영어는 콩글리시이다.

이렇게라도 어학원을 몇 번 다닌 게 우연일까? 운명일까? 행운이었다. 사람의 인연은 우연히 운명처럼 연결된다. 겨우 몇 번 나간 그 어학원의 같은 반에서 공부하던 한국인 언니를 만났다. 그 언니는 싱가포르에 오기 전에는 호주에서 살았다고 한다. 나는 20대에 호주로 여행을 다녀온 적이 있어, 이런저런 대화를 하며 좀 더 친해지게 되었다. 어학원을 그만두고 얼마 후 언니가 점심을 같이하자며 연락해 왔다. 이 점심 식사가 내 인생의 정말 중요한 자리였다. 밥을 먹으면서 모 국제학교에서 IB 한국어 교사를 뽑고 있으니, 이력서를 보내 보라는 것이었다. IB 한국어 과목이 있다는 것은 교회 집사님을 통해서 우연히 알았지만, 학교에서 일을 해야겠다는 생각은 하지 못했었다. 운 좋게도 이력서를 보낸 국제학교에서 연락이 왔고, 인터뷰 후 정식으로 IB 한국어 교사가 되었다.

IB 신세계

국제학교에 서류 통과는 했지만, 영어 면접이 남아 있었다. 생존 콩글리시만 겨우 하고 있던 상황에서 어찌어찌 통과했다. 그렇게 어렵던 영어 공부도 발등에 불이 떨어지니 되긴 되더라. 드디어 국제학교에서 IB 한국어 교사로서 수업을 시작했다. 지금 와서 고백하자면 첫해에는 내가 IB가 뭔지 모르니, 그동안 배웠던 교육학 지식도 국어 교육 방법도 어디에 어떻게 활용해야 할지 감이 잡히지 않았다. 생각지도 않은 국제학교에서 일이라 IB에 관해 체계적으로 공부한 적이 없기 때문이다. 그리고 싱가포르에서도 이때 막 IB 과정이 새롭게 소개되면서, IB를 도입하는 국제학교가 많이 생기던 시기였다. 나뿐만 아니라 싱가포르의 교사들도 IB가 낯선 과정이었다. 국제학교에서도 한국어 교원 자격증을 가진 교사를 뽑기에 급했고, 나도 준비가 덜 된 상태로 일을 시작한 것이다. IB가 새로운 과정이다 보니 학교도 준비가 완전하지 않았다. 이렇게 제대로 준비되지 않은 학교와 교사는 학생들과 IB를 시작하게 되었다. 한편으로는 어떤 일을 완벽하게 준비했더라도, 처음 무엇인가를 시작한다면 어떻게든 시행착오를 겪기 마련이다.

다행인 건 한국 학생이 몇 명 되지 않아 마치 과외처럼 수업할 수 있었다. 처음에는 그저 한국에서 문학을 가르쳤던 방식으로 어느 정도 될 줄 알았다. 하지만 내 생각은 완전히 빗나갔다. IB 교육과정과 평가 방식은 한국 교육과는 달라도 너무 달랐기 때문이다. 일을 시작하자마자 학교의 IB 코디네이터가 나를 부르더니, IB 학교에서 가르친 경험이 없으니 읽어 보라며 책을 한 권 주었다. 무려 500쪽이 넘는 책은 IB 교육의 소개, IB 교육의 목적, 수업 방식과 평가에 관한 가이드북이었다. 한국어와 한국문학을 가르치러 왔는데, 500쪽이 넘는 영어 번역을 하게 됐다. 첫해 거의 1년 동안 이 책을 도서관에서 한 문장씩 한국어로 번역하고 노트 정리를 했다. 무슨 고시 공부를 하듯이 암기하고 밑줄도 그었다. 입시생이나 고시생도 아닌데 영어를 번역하러 주말 내내 도서관에 갔다. 익숙하지 않은 단어를 찾고 또 찾아가며 번역했다. 대학원까지 공부했는데도 알지 못하는 영어 단어가 이리 많을지 생각도 못 했다. 게다가 졸업한 지가 언제인가……. 학교 다닐 때 배웠던 단어들은 이미 내 머릿속에서 자취를 감춘 지 오래였다. 가이드북을 번역할 때 얼마나 스트레스를 받았냐면, IB 교사고 유학이고 뭐고 다 접고 한국으로 돌아가고 싶어질 정도였다. 하루 종일 번역 스트레스를 받은 날 밤엔 자려고 누운 천장에 영어 단어들이 떠다녔다. 예전에 친구가 테트리스 게임에 빠진 적이 있었는데, 침대에 누우면 천장에서 내려오는 테트리스 조각을 맞추는 중독 증상이 있다고 말한 적이 있다. 당시에는 그 말의 의미가 잘 상상되지 않았으나 번역을 한창 하던 이때의 내 증상이 친구가 말했던 것과 비슷했다. 재미에 의한 중독은 아니고, 스트레스 폭발 증상인지도 알 수 없었지만, 엄청난 정신적 충격을 받았던 것 같다. 내가 꿈에서 영어로 술술 말하는 꿈을 꾸기도 했으니……. 번역을 하면서 매일 한국의 교육과정과 IB 교육과정의 차이를 알아내는 것은 덤이었다.

지금 같은 스마트폰이 없던 시절이라 느리고 사용하기 불편한 전자사전에 의지할 수밖에 없었다. 매일 번역을 하다 보니, 어느새 수백 쪽의 가이드북을 번역해서 정리하게 됐다. 큰 산을 넘었다고 생각했는데, 새로운 산이 나를 가로막았다. 한국어로 번역은 마쳤지만, 이게 도대체 어떻게 가르치고 평가를 해서 성적을 내라는 것인지 이해가 쉽지 않았다. 여전히 학교와 도서관에서 IB가 무엇인지 헤매며 일을 했던 것으로 기억한다. 그나마 학교에서 IB 코디네이터와 영문학 선생님의 도움을 받으며 일했지만, 한국어에 관해서는 물어볼 사람이 거의 없었다. 그저 혼자 이런저런 자료를 번역하고 찾으며 공부해야 했다. 그때는 인터넷이 지금처럼 체계화된 것도 아니었고, 검색해도 IB에 관한 한국어 자료는 거의 없었다. IB 한국어 수업은 한국처럼 교과서가 있는 것이 아니라, IB 본부에서 제시하는 가이드에 따라 문학 작품을 교사가 직접 골라서 수업한다. 교사가 제시한 규정을 제대로 지키지 않으면 피해는 학생의 몫이 된다. 첫해에는 그 가이드조차 잘 이해하지 못해서, 여러 번 영어 가이드를 읽으며 겨우겨우 규정에 맞게 작품을 골라 가르쳤다. 학생이 쓴 에세이를 평가하는 것도 규정에 맞게 해야 하기에 무척이나 어려웠다. 거기에다 나는 한국의 시험과 수업 방식에 익숙했기에, 몸에 밴 생각과 습관을 고치는 것도 꽤 시간이 걸렸다.

인생을 보다 가치 있게 살기 위해서는 새로운 도전이 필요하다. IB 학습자상 10개 중 하나에는 '위험을 감수하고 도전하는 사람이 되는 것'을 목표로 한다. 나에게 IB 교사가 되는 과정은 콜럼버스가 망망대해를 건너 신대륙을 발견한 것만큼이나 큰 도전이었다. 세상 사람 누구나 위험을 감수하지 않는 성공을 보장받을 수는 없다. 나에게도 IB 교사가 되는 것은 포기하지 않고 어떻게든 버텨 냈기에 가능했던 일이었다. 새로운 변화에 직면했을 때 굴복하지 않고 도전하는 사람이 멋있다고 생각한다. 수능 언어영역을 가르쳤던 나도 IB 한국어를 가르치는 새로운 변화에 도전했기에 멋있다고 생각한다. 콜럼버스가 부하들의 선상 반란을 진압하고 신대륙을 발견한 것처럼, 나에게 반란을 일으킨 내 정신을 제압하고 새로운 교육의 영역에 이를 수 있었다. 그래서 나에게 IB 교사가 되는 일은 신세계였다. 돌이켜보면 지금까지 살아온 내 인생에서 가장 의미 있는 일 중 하나가 되었다.

빠르게 실패하기

학교는 평소 별일 없이 평온한 일상의 연속이다. 그러나 많은 학생이 있기에 언제 어디서 사고가 생길지 모른다. 갑작스러운 사고에 대비해 국제학교 교사는 교사 자격증 외 의무적으로 유지해야 하는 자격증이 있다. 매년 심폐소생술(CPR)과 응급처치(First Aid) 두 자격증을 따는 일은 매우 큰 도전 중의 하나였다. 매년 며칠에 걸쳐 교육받아야 했다. 하루 종일 받는 교육도 피곤하지만, 영어로 어려운 말들을 듣고 있으면 나의 뇌세포들이 밖으로 뛰쳐나가는 것 같았다.

적십자(Red Cross)의 CPR & First Aid 자격증을 필수로 따야 했다. 교사들은 종일 이론 교육을 받은 후, 각자 마네킹을 상대로 CPR 연습을 한다. 이후 필기시험과 실기시험을 치르게 된다. 근데 이 시험의 난이도가 쉽지 않다. 오지선다에서 답 하나를 고르는 것이 아니라, '다음 중 맞는 것을 모두 고르시오.' 이런 식이다. 지금 생각해도 머리가 지끈해지는 시험이다. 학생들이 학교에서 다치거나 응급상황이 발생했을 때 교사가 적절히 대처하지 못하면 실격이다. 교사가 자기 과목에 전문성을 가지는 것은 당연하고, 생활에서 발생할 수 있는 사고에 대처할 수 있는 능력을 갖추고 있으면 좋다.

처음 이론 교육을 받을 때는 의학 용어가 어려워 무슨 말인지도 모르겠고 머리만 아팠다. 나중에는 작은 책자를 가지고 단어 하나하나를 찾아가며 공부했었다. 영어로 '당뇨' '경련' '심장마비' 같은 의학 용어를 평소에 알 리가 없으니 말이다. 이런 것을 공부하는 의대생들이 위대해 보이던 시절이었다. 당연히 의학 용어가 머리에 안 들어오니 시험공부가 제대로 될 리가 없었다. 어설프게 시간에 쫓겨 벼락치기 공부를 하고 시험을 봤다. 역시나 슬픈 예감은 우리를 빗나가지 않는다. 필기와 실기 모두 떨어졌다는 이메일을 받았다. 방과 후 어느 강의실로 와서 재시험을 보라는 통보를 받았다. 한숨이 나왔고 짜증과 창피함이 쓰나미처럼 몰려왔다. 어린 시절 나머지 공부를 위해 교실에 불려 가는 아이 같은 창피함을 느꼈다. 나 혼자만 재시험을 보겠다고 생각하니 쥐구멍에라도 들어가고 싶었다.

재시험 준비를 열심히 했다. K-암기가 무엇인지 보여 주리라. 책자에 나온 단어를 모조리 외웠다. 이때는 의사는 아니더라도 간호조무사 정도는 할 수 있을 것 같다는 생각마저 들었다. 다행히 시험장에는 나 혼자만이 아니었다. 당시에 300명 정도 교사가 같이 교육받았는데, 약 10% 정도가 재시험을 보러 왔다. 그날 그 자리에 있던 노랑머리 하얀 피부의 교사들이 왜 그렇게 반갑고 친밀하게 느껴졌는지 모르겠다. '영어 원어민 선생님도 떨어지는구나!' 생각하니 스스로 위로가 되었다. 처음 시험은 비참하게 떨어졌지만, 재시험은 우수한 성적으로 통과했다. 존 크럼볼츠(John Krumboltz)의 『빠르게 실패하기』에서는 빨리 배우기 위해 빨리 실패하라고 했다. 나 또한 처음 실패했기 때문에, 제대로 응급처치를 공부하고 익힐 수 있게 된 것이다.

자격증을 받았을 때 너무 뿌듯했다. 이 자격증을 받으니 이상하게도 예전에는 있는지 없는지도 몰랐던 지하철역 AED(자동 심장 제세동기)가 눈에 들어왔다. 교사뿐만 아니라 일반인도 이런 자격증을 많이 취득해야 한다는 생각도 들었다. 꼭 의료인이나 소방대원이 아니어도 많은 사람이 CPR이나 AED 사용을 할 줄 안다면 귀한 생명을 구할 수 있다. 위급한 상황에서 타인의 생명을 살리는 자격증을 받았다고 생각하니, 나 자신이 세상을 배려하고 도움을 주는 사람이라는 생각이 들었다. 타인을 돌보고 배려하는 사람이 되는 것은 IB 학습자상에서 중요한 교육목표이다. 위험은 예고 없이 찾아온다. 얼마 전 이태원 압사 사고를 보면서, 쓰러진 시민을 살리기 위해 온 힘을 다해 CPR을 하던 시민의 모습이 생각났다. 자격증을 딴다고 해서 어떠한 혜택을 받는 것도 아니다. 아무런 대가를 받지 못함에도, 평소 누군가를 살릴 수 있겠다는 마음으로 자격증을 땄던 그들이야말로 가장 훌륭한 시민이다.

호주인 영어 교사 수능 영어 보고 블라블라

싱가포르 호주 국제학교에서 일할 때의 일이다. 내 옆자리는 남자 영어 교사 존(John)이었다. 그는 키가 190cm가 넘는 훤칠한 호주 남자였다. 허연 얼굴에 머리카락 한 올 없는 대머리로, 영화에 나올 법한 백인 남자였다. 존은 싱가포르에 오기 전 제주도 국제학교에서 몇 년 동안 영어 교사를 해서 간단한 한국말도 할 줄 알았다. 제주도 지도를 펴놓고 이런저런 얘기를 나한테 해주는 친절한 사람이었다. 어느날 둘이 수능 영어 시험과 특례 입학 영어 시험에 관해서 이야기한 적이 있다. 당시의 나는 장난기가 발동해서 영어 교사인 존에게 수능 영어 시험지와 대학교 특례 영어 시험지를 모두 풀어 보라고 했다. 두 시험지를 보더니 존은 이렇게 말했다. "Wow! blah blah……." 이렇게 어려운 것을 한국 고등학생들은 어떻게 시험을 보는지 나에게 반문했다. 특히 특례 시험 문제를 보더니 영어를 모국어로 사용하는 사람들도 거의 쓰지 않는데, 이런 게 왜 한국 대학의 입학 시험에 나오는지 의아해했다. 그리고 언어 능력을 평가하는 시험인데 말하기, 듣기, 읽기, 쓰기 영역을 평가하지 않고, 객관식 시험의 방식도 이해하기 어렵다면서 흥미롭게 말했다. 그도 그럴 것이 IB에서 영어 시험은 듣기, 구두 발표, 에세이를 쓰는 것이다. 한국의 100% 객관식 수능 영어 평가가 상당히 이상했다고 느꼈을 것이다.

유튜브에 유명한 방송인 타일러 라쉬(Tyler Rasch)가 수능 영어 시험지를 푸는 영상이 있었다. 시카고대학교를 졸업한 똑똑한 원어민 타일러가 문제의 의도가 무엇인지 파악하기도 어려워했다. 한국에서 영어를 배우는 것이 소통하기 위한 것이라면, 왜 이렇게 어려운 문제를 내는지 이해하기 어렵다고 했다. 타일러의 말을 빌리자면 수능은 영어 능력을 평가하기 위한 올바른 평가도구라고 말하기는 힘들 것 같다. 또 다른 유튜브 영상으로는 덴마크 수학 교사가 한국의 수능 수학 문제를 보고 인터뷰한 것이 기억난다. 그 교사는 한국의 학생들이 거의 3분에 한 문제를 풀어야 하고, 계산기를 사용하지 않는 것에 굉장히 놀라워했다. 그뿐만 아니라 문제에 글은 거의 없고, 수식만 단순하게 풀어서 답을 적으라는 문제의 유형에도 놀랍다고 말했다. 덴마크의 수학 시험은 4시간 동안 본다고 했다. 실제 생활이 연관된 시험 문제를 내고, 그 문제를 해결하기 위해 수학적 사고를 평가한다고 한다. 문제를 해결하기 위해서는 계산기 등 다양한 도구도 사용이 가능하다. 답이 틀려도 풀이 과정과 설명이 논리적이라면 100점을 줄 수도 있다고 말했다. IBDP 수학도 이와 비슷하다. 계산기를 사용하고 필요한 수학 공식도 문제에서 전부 제공해 준다. 문제를 해결하는 수학적 능력과 논리적인 설명을 평가하기 때문에, 실수 없이 빠르게 문제의 답만 맞히는 한국의 수학 시험과는 큰 차이가 있다.

국어사전에서 '풀다'는 얽히거나 합쳐진 것을 그렇지 아니한 상태로 되게 하는 것이라 정의한다. '해결'은 제기된 문제를 해명하거나 얽힌 일을 잘 처리하는 것이라 정의한다. 그래서 문제 풀이는 어떤 문제에서 요구하는 답이나 결과만을 정확하게 제출하면 되는 것이다. 반면에 문제해결은 모든 지적 기능을 이용하여 어떤 문제를 해명하여 답이나 결과를 제출하는 것이다. 꽉 묶인 매듭을 풀라는 문제를 받았을 때, 한국 학생들은 한 가지 답만 제출하려 한다. 매듭을 풀라는 지시를 묶이기 이전의 상태로 되돌리는 것만으로 이해한다. 그래서 평소 매듭을 빨리 푸는 연습에 시간을 들여 열심히 하는 것이다. 그러나 IB의 학생들은 다양한 답을 제출하려 한다. 자신보다 매듭 푸는 일에 익숙한 사람에게 맡겨 효율적으로 해결하겠다는 답을 내거나, 매듭이 묶인 끝부분을 잘라 내서 빠르게 해결하겠다는 답을 낸다. IB 학생들은 이렇게 다양한 답을 제출하면서, 자기 생각에 대한 이유를 반드시 논리적으로 서술한다. 나아가 문제 외적으로 응용이나 활용하는 방법에 대해서도 자유롭게 서술할 수 있다. 포크와 나이프를 사용하는 서양인과 젓가락을 사용하는 동양인은 몸과 정신에 베인 습관이 완전히 달라진다. 이런 습관은 무의식적으로도 사람이나 상황을 대하는 태도를 다르게 한다. 문제 풀이에 익숙해진 한국 학생들은 문제를 답이 정해진 풀이의 대상으로만 여기게 되는 것이다. 유대인과 더불어 세계에서 뛰어난 지능과 근면함으로 인정받는 민족이 한국인이다. 이렇게 뛰어난 한국 학생들을 문제 풀이에 가둬놓는 것은 범지구적으로도 큰 손실이라 할 수 있다.

킬러문항을 수능에서 배제하라는 대통령의 말에 2024년도 수능에서는 배제했다고 한다. 이전 수능 시험에서는 학생들을 변별하기 위해 킬러문항을 만들어야 했다. 시험에 '킬러'라는 말이 들어가는 것이 우습다. 누구를 죽이려고 만드는 문제인지……. 그런 문제들 때문에 실제로 지쳐 죽어가는 학생들의 모습은 보이지 않는 걸까. 정말 죽어라 공부해도 킬러문항에 당황한 학생들이 "힘들어 죽겠다."라고 말한다. 교육자들은 학생들의 저 말에 "마음이 아파 죽겠다."라고 말한다. 킬러문항이 참 여러 사람을 죽게 만드는 것 같다.

진달래꽃, 나 보기가 역겨워도 외워라

　IB 한국어 수업 시간에 전 국민이 다 알만한 김소월의 시 「진달래꽃」을 주입식 교육으로 가르친 경험이 있다. IB 교육과정과 평가에 대해서 정확히 모를 때의 일이다. 이 시를 마치 문학 참고서에 나오는 것처럼 외우기 좋게 가르쳤다. 한국에서 수능 언어영역을 가르쳤듯이, 객관식 시험을 잘 푸는 방법으로 시를 가르쳤다. 내가 일방적으로 설명하고 아이들은 받아 적기에 바빴다. 시험에 나온다고 강조하고 또 강조하고, '밑줄 쫙~'이라면서 말이다. 당시 나는 아이들에게 늘 강조했다. 나 보기가 역겨워도 외워라…….
　이 시의 주제는 이별의 정한이란다. 사랑하는 사람과의 이별 상황에서 느끼는 슬픔을 "죽어도 아니 눈물 흘리오리다"처럼 반어적 표현을 통해 이별의 슬픔을 승화시킨 시라고 설명했다. 시에 사용된 운율을 설명할 때 '드리오리다' '뿌리오리다' '흘리오리다'에서 사용된 각운을 설명했다. "시의 각 연의 끝 같은 위치에 같은 시어가 반복되면 각운이란다. 너희의 몸과 시를 비교하면 시의 첫 부분이 머리고 끝부분이 다리란다. 머리가 아플 때 '두통'이라고 하지? 그게 '머리 두' 란다. 다리가 예쁠 때 각선미가 이쁘다고 하지? 그 '각' 자가 '다리 각' 자란다. '머리가 두운, 다리가 각운'이러면서 외워라……." 이렇게 가르쳤다. 아주 「진달래꽃」을 꽃잎 하나하나 떼어 내어 해부하듯이 이게 소재고, 저게 주제고, 이런 수사법이 쓰였다고 가르쳤다. 학생들도 내가 설명하는 것을 놓치지 않으려고 받아 적기에 바빴다. 시를 감상하는 것이 아니라 시험을 보기 위한 자료로만 가르친 것이다. 한국에서 갓 유학 온 고등학생들은 늘 이런 수업에 익숙했기에, 내 수업에 너무 잘 적응했다. 시가 전달하는 이별의 슬픔을 가슴으로 느끼는 것이 아니라, 시험 문제로만 머리로 이해하게 된 것이다.

그 후에 기말고사 평가를 위해 「진달래꽃」을 시험 문제로 냈다. 어떤 한 학생이 '위 시에는 드리오리다, 뿌리오리다, 흘리오리다에 각선미가 잘 나타나 있다.'라고 에세이 답안을 쓴 것이다. 답안을 본 나는 당황했지만 누굴 탓하겠는가. 내가 각선미를 말하며 각운을 설명했고, 시를 감상하는 방법보다는 시험 보는 자료로 난도질하듯이 설명하며 가르쳤으니 말이다. 교사나 학생이나 생각 없이 암기해서 시험 보는 것에 익숙하던 사람들이니 이런 일이 벌어진 것이다. 그런데도 한국식 수업에 익숙했던 학생들은 수업을 불평하지 않았다. 우리가 하는 주입식 수업이 잘못됐다는 것조차 인지하지 못했다. 갓 한국에서 유학 온 한국 학생들이니 이런 수업이 당연한 줄 알았다. 첫해에 난 IB 한국어 수업을 수능처럼 가르친 어리석은 교사였다. 아직도 첫해에 가르쳤던 제자들에게는 늘 미안한 마음이 앞선다.

부자는 '송이버섯'이 아니라 '송로버섯'을 먹는다

사람은 선입견이나 편견에서 쉽게 벗어나기 어렵다. "편견은 내가 다른 사람을 사랑하지 못하게 하고, 오만은 다른 사람이 나를 사랑할 수 없게 만든다." 제인 오스틴(Jane Austen)의 명작 「오만과 편견」에 나오는 말이다. 나는 오래전 편견에 사로잡혀 실수한 일이 있다. 국제학교에 유학 온 한국 학생들은 에세이를 쓸 때 틀린 글자를 많이 쓴다. 그럴 때마다 내가 맞춤법에 맞는 글자를 쓰라고 강조했다. 어느날 10학년 남학생이 평가 과제를 제출했는데 '송로버섯을 넣은 소고기볶음을 먹었다'라고 썼다. 나는 송이버섯이라고 수정해 주고, 학생에게 "너는 송이버섯을 송로버섯이라고 썼더라."라며 핀잔주듯이 맞춤법을 반드시 확인하고 과제를 제출하라고 말했다. 그런데 그 남학생이 자기가 맞다고 하며, 자기 집에서는 송로버섯을 넣은 소고기볶음을 먹는다고 자꾸 우겼다. 나는 송이버섯, 표고버섯, 느타리버섯, 팽이버섯 등을 순간 머리에 떠올렸다. 머릿속을 아무리 뒤져도 송로버섯이라는 말은 없었다. "네가 초등학교 3학년까지 한국에서 공부했으니 헷갈려서 그런가 본데, 송로버섯이 아니라 송이버섯이라고 하는 거야." 나도 우겼다. 그때 그 학생은 나를 신뢰하지 못하겠다는 야릇한 표정을 지었다.

난 그 기분 나쁜 표정이 내 옷에 묻은 것처럼 찝찝한 기분으로 교무실에 오자마자 송로버섯을 검색해 봤다. 헉! 송로버섯(서양송로, 트러플)이 고급 식재료였다. 세계 3대 진미가 트러플, 푸아그라, 캐비어라는 것을 알곤 있었다. 근데 송로버섯이 트러플과 같은 말인지는 모르고 있었다. 순간 굴욕감에 머리가 쏴~했다. 지금은 트러플 오일이 가정에서 쓰는 등 대중화되어 있지만, 나는 약 16년 전쯤 송로버섯이라는 말을 들어 본 적이 없었다. 더군다나 비싼 송로버섯을 요리로 먹어 본 기억은 없었다. 비싼 송로버섯으로 볶음요리를 해 먹는다고? 나도 한국에서 어지간한 음식은 다 먹어 보았을 텐데. 이렇게 송로버섯을 넣은 요리를 집에서 해 먹을 줄이야. 그 남학생은 내가 잘 알지도 못하는 비싼 식재료로 음식을 해 먹는 부잣집 도련님이었다.

다음날 나는 그 남학생의 눈을 쳐다보지도 못하고, 45도 각도로 학생의 무릎 언저리를 보며 모기가 앵앵거리듯 작은 소리로 말했다. "찾아보니 송로버섯이 있더라. 미안해. 난 송이버섯만 넣고 음식을 해 먹었어. 송로버섯이란 걸 몰랐네."라고 말하며, 내가 고친 맞춤법을 다시 고쳐 줬다. 그 남학생이 "엄마한테 물어보니 송로버섯이 맞대요. 선생님이 뭘 잘 모르는 것 같다고 하시더라고요."라고 말했고, 그날부터 난 뭘 잘 모르는 사람이 되어버렸다. 그때 내가 일방적으로 교사로서 얼마나 많은 편견을 가지고 있었는지 반성했다. 내가 학생에게 무엇이 '송로버섯'인지 물어보지 않았기 때문이다. 학생의 생각을 확인도 하지 않고 잘못 썼을 것이라는 편견을 가지고 있었다. 나의 편견으로 인해 학생과 학부모에게 창피를 당한 것이었다. 교사와 학생 간의 소통이 얼마나 중요한가. 한 마디만 물어보는 소통을 했더라도 이런 일을 없었을 것이다. 교사가 자기 생각만 옳다고 생각하고 일방적으로 지시하거나, 학생이기 때문에 틀렸을 것이라는 편견을 조심해야 한다.

호기심은 열정을 낳고

아인슈타인(Albert Einstein)은 호기심이 많은 과학자로 유명하다. 그의 호기심이 결국 노벨 물리학상을 받게 했다고 한다. 그의 타고난 특별한 재능에 더해, 지식에 대한 호기심이 위대한 업적으로 이어진 것이다. 이러한 호기심은 재미라고도 표현할 수 있다. 달리기를 좋아하는 사람들은 발과 다리에 상처를 입어도 계속 달리고 싶어 한다. 러너스 하이(runner's high)는 운동할 때 받는 신체적 스트레스가 행복감으로 변하는 것을 말한다. 즉, 몸이 고달픈데도 달릴수록 기분이 상쾌해지는 것이다. 인간이 가지는 호기심의 방식이 이처럼 달리기와 비슷하다. 일상의 사소한 불편에 호기심을 갖고 개선하고자 하면, 온갖 실패에도 포기하지 않고 아이디어를 생각해 낸다. 또한 이러한 작은 호기심으로 발견한 아이디어를 거대한 기업으로 일궈 낸 예도 자주 볼 수 있다. 이러한 아이디어들은 주로 자신이 배우고 있는 분야, 주변의 환경, 가까운 사람들에 대한 호기심으로 비롯될 수 있다. 모르는 것을 알고 싶어 하는 마음이 재미로 이어질 때, 우리의 뇌에서는 도파민이 생성된다고 한다.

국제학교에 다니는 학생들은 다양한 문화를 접하기에 여러 가지 호기심이 더 생길 수밖에 없다. 2012년 싸이의 〈강남스타일〉이 한창 유행할 때, 외국 학생들도 한국어에 대한 관심을 많이 가졌다. 한국문화에 대한 호기심이 한국어를 배우고 싶다는 흥미를 유발한 것이다. 덕분에 나는 외국 학생들을 대상으로 한국어 기초 회화 특별활동 수업을 몇 년 동안 할 수 있었다. 수업에는 특히 중국 학생이 많았는데, 유독 한국의 스타들을 좋아해서 한국어를 배우고 싶어 했다. 수업 시간에 한국 과자를 구매해서 종종 나눠 줬는데, 이러한 나의 작은 호의에 외국 학생들은 더욱 한국을 좋아하게 됐다. 그럴 때 나는 애국자가 된 것처럼 뿌듯하기도 했다. 수업을 마치고 중국으로 돌아가는 여학생이 고맙다며 고가의 초콜릿 세트를 선물로 준 일도 있었다. 상자 안에는 초등학생이 쓴 것처럼 어설펐지만 감사의 손 편지가 있었다. 그동안 잘 가르쳐 줘서 고맙다는 인사말과 함께 중국에 가서도 한국어를 계속 배울 것이라는 내용이었다. 단순히 호기심으로 배운 한국어였지만, 계속 공부한다면 중국어, 영어, 한국어를 구사하는 멋진 학생이 될 것이다. 생각보다 큰 선물과 한국어를 계속 배우겠다는 의지를 보여 준 편지에 감동해서 기억에 남는 학생이다.

이후에도 슈퍼주니어를 아주 좋아한 학생이 노래 가사를 모조리 외워 나에게 들려준 적도 있었다. 매우 잘 외웠는데 아쉽게도 그 가사의 뜻은 모르고 있었다. 또 어떤 학생은 수업 시간에 방탄소년단을 좋아한다며 〈피, 땀, 눈물〉을 불러 주고, 가사를 내 앞에서 자랑스럽게 써서 보여 주기도 했다. 교내에서 마주치면 '안녕'이라고 인사하는 학생도 있었고, 어설픈 한국어로 '안뇨하세요' '안녕허세요'라고 인사하는 학생도 있었다. 모두 발음은 어설폈지만, 한국 문화에 대한 호기심으로 한국어를 배우겠다는 열정이 있었다. 이런 학생들을 가르치는 수업은 아주 재미있었다.

IB 학습자상 중 첫 번째가 '호기심과 탐색적 질문을 하는 사람(inquiries)'이다. 외국 문화에 대한 호기심이 학생들로 하여금 한국어를 배우게 하는 열정을 갖게 했다. 모든 탐구의 시작은 작은 호기심으로 생긴다. 나를 둘러싼 모든 것에 지적 호기심을 가져야 한다. 호기심은 열정을 낳고, 열정은 재미를 낳고, 재미는 과정에서 오는 고통을 없애 주고 즐기는 사람으로 만들어 준다.

말춤 추기 싫어요

2012년에 호주 국제학교에서 '스포츠 데이' 행사 때의 일이다. 당시 학교의 구성은 호주 학생이 75%로 가장 많았고, 한국 학생이 약 5% 정도였다. 스포츠 데이를 본격적으로 시작하기 전 모든 교사와 학생이 대운동장에서 춤을 추며 긴장을 푸는 시간이 있었다. 스피커에서 싸이의 〈강남스타일〉이 나왔다. 거의 모든 학생과 교사가 노래에 맞춰서 싸이의 말춤을 추고 있었다. 춤에는 소질이 없었지만, 나도 노래를 흥얼거리며 가볍게 몸을 흔들었다. 춤을 따라 하면서 대운동장의 학생들을 보는데, 많은 학생 중에서 춤을 안 추고 쭈뼛쭈뼛 어정쩡한 태도를 보이는 학생들이 눈에 띄었다. 걔들은 유학 온 지 얼마 안 된 한국 학생들이었다.

스포츠 데이에 몸이 아프거나 여학생일 경우 월경 중이라면 부모님의 서명이 있는 편지를 제출하고 그늘진 스탠드에서 쉬면서 다른 학생들을 응원할 수 있다. 이날 내가 스탠드에서 학생들을 지도하는 업무를 맡았는데, 대부분이 월경을 이유로 사유서를 제출한 한국 여학생들이었다. 한국 남학생들은 열이 난다거나 배탈로 스탠드로 와서 쉬고 있었다. 스탠드에서 응원하는 학생의 약 90%가 한국 학생이었다. 학생들은 서로 수다를 떨면서 스포츠 데이를 보내고 있었다.

사람은 유전되는 지능보다 길러지는 교육환경에 큰 영향을 받는다고 한다. 한국과 외국의 교육환경은 아주 다르다. 한국 학생들은 10년 이상 수동적인 교실 수업에 익숙하다. 특히 야외 활동은 여러 핑계를 대며 소극적으로 참여한다. 반면에 초등학생 때부터 국제학교에서 교육받은 한국 학생들은 다르다. 춤을 못 춰도 적극적으로 춤을 추는 활동에 참여한다. 춤을 못 춘다거나 조금 튄다고 해서 주변 친구들 사이에서 구설에 오르지도 않는다. 철학자 존 로크(John Locke)는 "인간의 행동은 인간의 사고를 가장 잘 보여 준다."라고 말했다. 한국에서 갓 유학 온 학생들이 적극적으로 행동하지 못했다. 그것은 학생들의 평소 사고가 소극적으로 행동하게 했다고 할 수 있다. 같은 한국인이라도 교육환경이 어떻게 영향을 미쳤는지 알게 하는 부분이다.

다름을 인정하고 열린 생각을 하자

국제학교는 다양한 나라의 교사와 학생이 있어 다양한 문화가 공존한다. 서로 다른 나라나 민족의 문화를 존중하고 가치를 인정하는 것을 몸으로 배우게 된다. IB 학습자상 중에 '열린 마음을 지닌 사람(open-minded)'이 있다. 우리가 각자의 문화를 이해하고, 서로 다른 가치와 전통을 존중할 줄 아는 사람을 만들자는 것이다. 열린 마음을 갖게 되면 다양한 관점을 가질 수 있고 다양한 평가가 가능해진다. 이런 경험을 통해서 성장하는 사람을 만드는 게 IB 교육의 철학이다.

마하트마 간디(Mahatma Gandhi)는 "만약 우리가 다른 문화에 배타적이라면 그 어떤 문화도 살아 있을 수 없다."라고 말했다. 서로 다른 문화를 이해하고 존중하지 않는다면 자신의 문화도 살아남을 수 없다는 말이다. 국제학교에는 여러 나라의 다양한 문화와 음식을 소개하고 교류하는 '인터내셔널 데이' 행사가 있다. 학교마다 행사 방식은 조금씩 다르지만, 각 나라의 학부모나 학생이 자신들의 고유한 전통문화를 보여 주는 것은 동일하다. 인터내셔널 데이를 위해 한국 학생들은 한복, 부채, 윷, 전통 보자기 등의 다양한 소품과 사진을 준비해서 꾸며 놓는다. 벽에 한글을 예쁘게 써 놓고, 세종대왕의 초상화도 붙이며 한글의 우수성을 알리기도 한다. K-POP, 드라마, 영화가 인기를 끌면서 요즘은 한글을 알아보는 외국인이 아주 많다. 방탄소년단처럼 해외에서 인기 있는 K-POP 스타들의 사진이 크게 붙으면 부스는 북적거린다. 이날 행사에서 나도 외국인에게 땀을 흘려 가면서 방탄소년단의 〈피, 땀, 눈물〉을 열심히 소개하며 한국의 문화를 많이 알렸다.

학생들은 자기 나라의 문화를 알리는 공연을 하기도 한다. 무대에서 나라별 특색이 있는 춤을 추고 노래를 부른다. 한국 학생들에게도 몇 주 동안 선후배가 모여서 공연을 준비하며 친분을 쌓는 계기가 된다. 보통 부채춤, 소고춤, 태권도, K-POP 커버댄스 등을 공연한다. 준비 기간이 매우 긴 난타를 공연한 적도 있다. 이런 공연은 여러 명이 각자 역할을 분담해서 준비해야 한다. 춤과 노래, 의상 및 도구, 무대 장치, 진행이나 사회 등을 서로 담당한다. 이 과정에서 학생들은 선후배 관계나 맡은 역할을 떠나 동등한 위치에서 회의한다. 각자 역할이 정해지면 학생들은 주도적으로 행동한다. 누군가의 명령이 아니라 스스로 책임감과 성실함을 가지게 된다. 공연을 통해 협력의 중요성을 배우게 하고, 자기주도적인 태도를 배울 수 있게 한다. IB에서 매우 중요한 교육의 한 부분이다.

인터내셔널 데이 행사 중 다양한 나라의 음식을 경험할 수 있는데, 대부분 음식은 공짜로 제공된다. 행사를 위해 각 나라의 학부모들이 음식을 준비한다. 한국 학부모들은 김밥, 떡볶이, 잡채, 식혜, 떡 같은 학생들이 좋아하고 먹기 편한 음식을 주로 준비한다. 음식을 준비하는 과정은 돈과 정성이 많이 들어가는 일이다. 그럼에도 한국 학부모들은 이런 봉사에 긍정적이고 적극적이어서 음식의 품질도 높은 편이다. 덕분에 한국 음식은 다른 나라 사람들에게 많은 관심을 받는다. 음식은 다른 민족의 문화를 이해할 수 있는 중요한 요소 중 하나이다. 그래서 여행을 가면 그 지역의 음식을 먹어 봐야 한다는 것이다. 음식을 통해서 그 지역의 특색이나 생각과 관심사를 엿볼 수 있기 때문이다. 나라마다 음식의 모양과 맛이 다르듯이, 민족마다 모습과 생각이 다르다는 것을 알게 된다. 다름을 인정할 때 열린 생각을 하게 되고, 다른 문화를 이해하고 존중하는 태도를 배우게 된다.

교실 이데아, 이젠 그런 가르침은 됐어!

1994년, 서태지와 아이들이 〈교실 이데아〉라는 노래를 불렀다. 우리 공교육 현장을 비판하는 가사로 이슈화가 됐던 노래이다. 가사의 일부는 이렇다. "매일 아침 7시 30분까지 우릴 조그만 교실로 몰아넣고 …… 전국 900만의 아이들의 머릿속에 모두 똑같은 것만 집어넣고 있어 …… 막힌 꽉 막힌 사방이 막힌 널 그리곤 덥석 모두를 먹어 삼킨 이젠 지겨운 교실에서 내 젊음을 보내기는 너무 아까워" 공장에서 제품을 찍어 내듯 획일화된 교실의 모습을 보여 준다. 30년 전 노래지만 요즘 교실과도 크게 다르지 않은 느낌이다.

"당신은 실험을 통해 경험을 얻을 수 없습니다. 당신은 경험을 창조할 수 없습니다. 반드시 겪어야 얻을 수 있습니다." 직접 경험으로 얻은 지식이나 지혜가 중요하다는 알베르 카뮈(Albert Camus)의 명언이다. 현장 체험학습은 학생들이 직접 참여하고 경험해서 지식을 습득하는 교육방식이다. 교실에서 책으로 배우는 것과는 다른 형태의 배움이라 할 수 있다. 나는 처음 IB 교사가 되었을 때, 따로 교과서가 없다는 게 너무 놀라웠다. 나는 학창 시절 교과서를 통으로 달달 외우며 시험을 보고 성적을 받았던 사람이다. 내 경험에 비추어보면 교과서를 통해 배우는 것은 큰 비용 없이 지식을 쌓기에는 좋다. 그러나 사람의 배움이란 것이 레고처럼 지식을 쌓는 것이 전부가 아니다. 세상을 살아가는 많은 지혜가 경험을 통해 느낀 감동으로 비롯되기 때문이다.

국제학교에서는 현장 체험학습을 아주 중요하게 여긴다. 나는 10학년 학생들과 말레이시아로 해외 현장학습을 간 적이 있다. 학창 시절 놀이 같던 수학여행이 아니라, 교실을 벗어난 현장에서 이뤄지는 교육이었다. 4박 5일 일정으로 말레이시아 사라왁으로 다녀왔다. 말레이시아는 팜(Palm)나무가 아주 많아서 버스에서 창밖을 보면 끝없이 팜나무만 펼쳐진다. 국경을 넘어 4시간 정도 버스를 타고 가면 내 눈동자에 팜나무가 새겨질 정도다. 체험학습장도 팜나무 숲이 펼쳐진 곳이었다. 숲에 도착한 학생들은 몇 시간 동안 팜나무의 열매를 직접 주워서 조사하고 주변을 관찰하며 돌아다녔다. 그 현장 조사를 바탕으로 저녁 식사 후에 조별 토론을 거쳐 발표한다. 발표의 주제는 그룹마다 자유롭게 정한다. 예를 들면, 낮에 봤던 팜나무 열매의 생산과정을 경제 과목과 연결하여 수출입에 관해 주제를 정하거나, 팜나무 농장이 환경에 미치는 영향을 지리 과목과 연결하여 주제를 정한다. 교사의 개입 없이 학생들끼리 자유롭게 주도적으로 토론하고 발표 주제를 선정하는 것이다. 보통 주제가 미리 정해져 있는 한국의 교육방식과는 다르다. 피곤한 일정에도 학생들은 배운 지식을 활용하여 각자 정한 주제에 대해 열띤 토론을 했다. 교사는 토론에 끼어들지 않고, 토론의 자리를 마련해 주거나 진행 보조를 맡을 뿐이다. 교사로서 학생들이 진지하게 토론하는 모습에 참 기특하다는 생각이 들었다.

한국의 학생들은 교실, 학원, 독서실, 공부방까지 온통 사방이 꽉 막힌 곳에서 궁둥이를 붙이고 공부하고 있다. 한 평 남짓한 사방의 벽이 볼 수 있는 전부이다. 하지만 사람의 눈은 수 킬로미터 떨어진 곳도 보일 만큼 멀리 볼 수 있다. 막힌 곳만 보다 보면 먼 곳은 볼 수 없게 된다. 이제 교실 안에서의 가르침은 좀 줄여도 될 것 같다. 현장 체험학습 중심의 교육이 좀 더 확대되어야 할 것이다. 그러면 교실에서 잠자는 학생들이 좀 줄어들지 않을까?

실패는 성공의 예방주사

사무엘 베게트(Samuel Beckett)는 "시도했는가? 실패했는가? 상관없다. 다시 시도하라. 다시 실패하라. 더 나은 실패를 하라."라는 명언을 남겼다. 실패는 성공의 과정이 아니라, 실패 그 자체만으로도 충분한 가치가 있다는 말이다. 우리의 실패는 부끄러운 일이나, 두려워해야 할 대상이 아니다. 우리는 실패하더라도 계속 도전할 용기만 필요할 뿐이다. 우리는 실패 없이 성공한 사람을 부러워하고 자랑스럽게 여긴다. 그런데 우리는 실패를 딛고 일어나서 성공했을 때 더 큰 찬사를 보낸다. 왜냐하면 우리는 태어나서 두 발로 걷기까지 무수히 많은 실패를 경험했다. 만약 아기가 이런 실패를 경험하지 않는다면 두 발로 서기 어렵다.

국제학교의 해외 현장학습 경험 중 오래도록 기억에 남는 활동이 있다. 흙탕물이 고여 있어 늪처럼 보이는 논바닥이 자리를 잡았고, 그 위로는 손으로 쥘 만한 두꺼운 외줄 다리를 설치해 놓았다. 대략 30m의 거리를 외줄에 의지해 건너가는 활동이었다. 학생의 90% 이상이 외줄을 건너는 도중 아래로 떨어지고 물웅덩이에 빠져 진흙투성이가 된다. 학생들은 외줄에서 떨어지고 다시 걷기를 반복해서 도전한다. 계속해서 반복적인 실패를 경험하다 보면, 처음 떨어질 때보다 별일이 아니라고 생각하게 된다. 어느 순간 학생들끼리 웃으며 다시 도전하러 올라갈 뿐이다. 이 활동은 반복적으로 실패를 경험하게 해서, 다시 뭔가를 도전할 때 실패가 장애물이 아니라는 것을 가르쳐 준다. 실패에도 가치가 있다. 이런 것은 교실에서 배우기 힘든 것이다.

진흙투성이의 물웅덩이 30m 정도를 외줄에 기대 건너다 보면 별의별 실패가 다 등장한다. 아예 시도를 못 하는 학생, 중간쯤에서 외줄을 붙잡고 나아가지 못하는 학생, 죽을힘을 다해 건너다가 마지막에 실패하는 학생 등 여러 형태로 실패한다. 버티다 실패하면 물웅덩이에 굴러떨어져 온몸에 진흙을 뒤집어써야 한다. 그러나 사람이 살면서 겪는 여러 난관은 진흙을 뒤집어쓰는 정도가 아니다. 운전면허 시험에 떨어지는 작은 실패도 있지만, 대학입시를 떨어지는 실패는 물웅덩이와는 비교도 안 된다. 사회에 나가서는 입시보다 훨씬 큰 실패를 경험할 수도 있다. 지금 내가 겪은 실패보다 더 큰 실패를 앞으로 경험하지 말라는 법도 없다. '실패는 성공의 어머니' 같은 진부한 말을 하려는 게 아니다. 사람이 살면서 겪는 실패는 감기와 같다. 감기는 누구라도 걸릴 수 있고, 누구에게는 가볍게 지나가고, 누구에게는 무서운 병이 되기도 한다. 완벽하게 낫는 약도 없어, 그저 평소 건강한 면역을 키우는 것이 가장 좋은 방법이다. 달리기를 많이 하면 다리 근육이 발달하듯이, 실패를 많이 경험하면 우리의 정신에도 단단한 근육이 생긴다. 기성세대들은 요즘 아이들이 온실 속의 화초처럼 자라서 나약하다고 말한다. 온실을 바꿀 수는 없다. 그렇다면 많은 실패를 경험하더라도 도전하여 온실 안에서 잡초처럼 끈질긴 생명력을 보여 주는 것은 어떨까?

윌링하트 봉사활동

평생을 봉사하는 삶을 살았던 테레사 수녀(Mother Teresa)는 "사랑은 그 자체로 머물 수 없다. 그렇다면 의미가 없다. 사랑은 행동으로 이어져야 하고 그 행동이 바로 봉사이다."라고 말했다. IB 교육과정에서는 봉사활동이 아주 많다. IB 학습자상의 일곱 번째가 '타인을 배려하는 사람(caring)'이기 때문이다. 공동체 속에서 타인의 삶을 존중하는 마음을 갖는 것은 정말 중요한 일이다. 봉사는 사회나 타인을 위해 자신을 돌보지 않고 힘을 바쳐 애쓰는 행동이다. 내가 놀고 싶은 시간에 타인을 위해 힘쓰는 것이다. 내가 쓰고 싶은 돈을, 타인을 위해 내어놓는 것이다. 그래서 봉사는 배려와 헌신이 가득 찬 우리 사회에서 가장 아름다운 행동이다.

사람은 혼자서 동굴 속에서 사는 게 아니다. 아리스토텔레스(Aristotle)는 인간을 사회적 동물이라고 표현했다. 자신이 속한 공동체 속에서 타인과 서로 얽히고설켜서 살아간다. 경찰로 인해 우리집이 안전하다. 농부가 농사를 짓기 때문에 나의 직접적인 수고로움 없이 밥을 먹을 수 있다. 환경미화원이 있어서 거리는 깨끗하고, 각종 사고와 화재를 예방한다. 단순히 내가 돈을 냈으니까 당연하게 받아야 하는 혜택일까? 우리 사회는 법복을 입은 판검사는 존중하면서, 빗자루를 든 환경미화원은 업신여긴다. 실제로도 판검사와 환경미화원이 받는 급여와 처우는 하늘과 땅 차이다. 그런 환경미화원이 공동체에서 없어도 될 정도로 하찮은 사람일까? 깨진 유리창 하나를 방치하면 그 지점을 중심으로 범죄가 확산한다는 이론이 있다. 작은 경범죄는 결국 강력 범죄로 이어진다는 사회 현상을 설명한 것이다.

내 집 주변에 온갖 쓰레기와 오물과 동물 사체가 넘쳐난다고 생각해 보자. CCTV가 꺼진 외진 골목길보다 내 집 앞이 더욱 범죄에 취약할 것이다. 넘쳐나는 범죄에 판검사의 숫자를 100배로 늘려도 안전한 사회는 꿈도 꿀 수 없다. 괜히 더불어 살아가는 사회라는 것이 아니다. 타인의 희생과 수고가 없다면, 우리는 지금의 안락한 생활을 누릴 수 없다는 것이다. 사회는 신체와 같은 유기체이다. 공동체 구성원들 간에 서로 존중과 배려로 각자의 자리를 지킬 때 올바르게 돌아가는 것이다. 공부 잘하면 판검사 되고, 공부 못하면 청소부나 된다는 말은 공동체를 파괴하자는 말과 다름없다. 그래서 IBDP의 CAS 중 봉사는 정말 중요한 과정이다. 봉사활동을 통해서 진정한 존중과 배려가 무엇인지 학생들이 직접 체험해서 배우게 하는 과정이기 때문이다.

　　나는 학생들과 싱가포르의 윌링하트(Willing Heart)에서 봉사활동을 했었다. 윌링하트는 2005년에 시작된 싱가포르의 비영리 자선단체이다. 소수의 직원을 제외하고 전적으로 자원봉사자에 의해서 운영된다. 1년 내내 70여 곳에서 매일 대략 7,000개의 도시락을 준비해서 소외계층이나 이주 노동자들에게 배달하는 일을 한다. 나는 10명의 학생과 음식을 준비하는 일을 도왔다. 채소를 썰고, 용기에 밥을 퍼 담고, 과일을 포장하는 등의 일을 했다. 학생 대다수는 처음 봉사활동을 시작할 때는 어떻게든 쉬운 일을 하려고 요령을 피운다. 어떤 학생은 "비싼 국제학교 학비를 내고 우리가 왜 이런 채소를 써는 칼질이나 해야 하나." "더워 죽겠는데 왜 저기서 도시락에 밥을 퍼야 하나." 등 시작부터 인솔 교사인 나에게 불평했다. 왕자나 공주처럼 대접받으며 집안일 한 번 안 해 본 아이들이니 불평은 자연스러워 보인다. 봉사활동은 디플로마를 받기 위한 필수과정이기에 강제로라도 시작해야 한다. 처음에는 이렇게 불평하던 학생들이 조금 씩 봉사활동의 의미를 배워 가는 것을 보고 놀라게 된다.

학생들은 자신들이 했던 윌링하트 봉사활동 경험을 자기성찰기록(reflection)에 써야 한다. 학생들이 쓴 글을 읽어 보면 처음에는 학교 교육과정이라서 억지로 따라갔다는 부정적인 글이 대부분이다. 가식적으로 쓰지 않고 솔직하게 쓴 것은 오히려 다행이다. 그러다가 봉사활동이 다 끝난 후의 글은 조금 달라진다. 우리가 왜 이런 봉사활동을 해야 하는지, 사회적 약자에 대한 배려와 나눔이 왜 필요한지 스스로 자신들의 생각을 찾아낸다. 반복해서 봉사활동을 하러 다니는데, 학생들 자신도 왜라는 생각을 하지 않을 수가 없을 테니 말이다. 학생들의 자기성찰기록을 읽고 힘들게 함께 다닌 봉사활동이 헛된 것이 아닌 것 같아서 나름 뿌듯했었다. 이런 봉사에 관한 교육은 실제 경험을 통해서만 가능하다고 생각한다. 책에 나온 봉사의 뜻을 외우고 '다음 중 봉사가 아닌 것을 고르시오.'라는 문제를 100번을 풀어도 봉사의 진정한 의미를 알 수는 없다. 몸이 힘들어도 직접 봉사활동을 해야 배려가 무엇인지를 알게 된다. 윌링하트 봉사활동을 통해서 달라지는 학생들의 모습을 보고 이런 교육이 왜 중요한지를 알 수 있었다. 봉사가 무엇인지는 교과서로 배우고 대학에 진학하고 나서 하라거나, 봉사도 객관식 시험지로 평가할 수 있다는 착각을 벗어나야 한다. 어릴 때부터 이런 봉사의 가치를 반복적으로 배워야 한다. 공동체가 건강해야 개인의 삶도 행복해지기 때문이다.

인스타그램을 시작하다

싱가포르에서 15년 동안 여러 국제학교에서 근무했다. 그동안 많은 학생을 가르쳤는데, 어느 날 갑자기 졸업한 제자 한 명이 세상을 떠났다는 소식을 들었다. 이 안타까운 일을 계기로 나는 3년 전부터 인스타그램을 하고 있다. 그전에는 SNS를 전혀 하지 않았고, 한창 유행했던 싸이월드나 아이러브스쿨도 사용한 적이 없었다. 페이스북도 초창기에 계정을 만들었을 뿐 활동하지는 않았다. 초창기 제자들이 내 페이스북 계정을 알고 있어 근황을 알려 오는 이메일로 가끔 소식을 읽곤 했다. 그러다가 2021년 여름에 페이스북에서 한 제자의 장례식을 한다는 소식을 받았다. 국제학교를 졸업하고 한국으로 돌아가서도, 싱가포르로 여행 와서 나를 찾아올 정도로 친했던 제자였다. 너무 안타깝고 마음이 아파서 일주일을 힘들게 지냈다. 제자는 혼자 싱가포르에 유학 와서 학교에 다녔는데, 여러 힘든 일이 있을 때마다 내가 위로해 주곤 했다. 학교를 졸업하고 싱가포르를 떠날 때, 가장 고마운 선생님이었다며 저녁을 사 주던 정 많은 제자였다. 가끔 안부를 물으며 잘 지내길 바랐는데, 이런 마음 아픈 일이 생겼다.

제자들은 국제학교를 졸업하면서 세계 각지의 대학으로 진학한다. 졸업한 제자들과는 가끔 카카오톡으로 안부를 묻는 정도라, 제자들이 어떻게 사는지 알기 힘들다. 좋은 대학에 가서 좋은 직장에 취직하고 잘 살 것으로 생각할 뿐이다. 그래도 가끔 궁금하거나 기억에 남는 제자들은 보고 싶을 때가 있다. 제자의 안타까운 소식을 접한 뒤에, 나는 어떻게 하면 제자들과 좀 더 소통할 수 있을까 생각했다. 10~20대가 많이 사용하는 인스타그램에 계정을 만들고 하나씩 배워 나갔다. 3년 정도 인스타그램을 하다 보니, 새로운 피드를 올릴 때 졸업한 제자들의 '좋아요'도 자주 받는다. 전화나 카카오톡은 작정하고 연락하는 느낌이라 상대방을 귀찮게 하는 건 아닌지 신경 쓰일 때가 많다. 오랜만에 연락하려면 망설여질 때도 있다. 하지만 인스타그램은 별말 없이 '좋아요'를 남겨도 되고, 부담 없이 가볍게 소통할 수 있는 특징이 있다. 부담스럽지 않기 때문에 꾸준히 소통할 수 있는 방식이다. 많은 사람이 관계의 깊이에만 주목하지만, 때로는 가벼운 관계가 더 나을 때도 있다. 80억 인구 중에 제자와 선생님으로 만나 그 인연이 끊어지지 않고, 서로 인스타그램 친구가 되어 어색하지 않게 안부를 주고받으며 지낸다. 이러한 온라인 소통을 통해서 새로운 귀한 인연도 생겼다. 어른의 시선으로 SNS가 사회적 문제가 많다고 지적하지만, 다 사용하기 나름이다. 화재가 두렵다고 불을 사용하지 않는 것은 더 큰 손실이기 때문이다.

IB 학습자상 중 하나는 소통하는 사람을 만드는 것이다. 서로 다른 문화, 민족, 종교, 세대를 초월하여 서로 다름을 인정하고 소통할 수 있어야 한다. 자기 생각을 말과 글로 명확하게 표현할 줄 알아야 하고, 다른 사람의 생각을 인정하며 소통하는 사람이 되어야 한다. 이러한 소통의 방법은 여러 가지가 있다. 기성세대가 전화나 팩스에 익숙하다면, 요즘 학생은 인스턴트 메시지나 온라인 소통에 익숙하다. 나도 이미 기성세대라서 요즘 학생이 경험하는 것들을 쉽게 익히긴 힘들다. 살아온 환경이 다르기에 지금의 4050 세대와 1020 세대의 벽은 엄청나게 높다. 당연히 이러한 차이는 서로 다른 생각이나 가치관을 형성한다. 그래서 기성세대의 경험과 생각만으로 요즘 학생을 평가하는 것은 좋지 않다. 학생에게 다름을 인정하도록 가르치려면, 교사도 언행일치를 보여 줘야 한다. 1020 세대는 '신인류'라고 불릴 정도로 기성세대와 다른 모습을 보여 준다. 헤르만 헤세(Hermann Hesse)는 소설 「데미안」에서 "새는 알에서 나오기 위해 투쟁한다. 알은 세계이다. 태어나려고 하는 자는 누구든 하나의 세계를 파괴하여야 한다."라고 표현했다. 요즘 세대가 세상에 나오기 위해서는 기성세대를 깨고 나오는 것이 당연할지도 모르겠다. 먼저 어른이 된 우리는 아이들의 다름을 나무라기보다는, 어른의 자존심을 내려놓고 아이의 눈높이에 맞추어야 한다. 나이가 많다고, 인생의 선배라고, 경험이 많다며 자기 생각과 방식만을 고집하면, 결국 꼰대라는 소리밖에 못 듣는다. 젊은 세대와 소통하고 싶다면, 그들의 언어를 먼저 배우는 시도를 하자.

문학 소년이 되다

전 세계 다양한 학교에서 IB 수업이 이루어진다. 한국 학생이 많은 학교도 있지만, 한두 명뿐인 경우도 있다. 학생 수가 적으면 학교는 비용 문제로 교사를 따로 고용하지 않는다. 이러한 경우 학생은 외부 강사의 도움으로 독학(Self-taught) 과정으로 공부한다. 학생은 외부 강사와 수업하고, 학교에서는 감독 교사의 지원을 받는다. 나도 오래전부터 이런 학생을 위해 온라인 수업을 해 왔다. 몰타에 있는 제자는 초등학교만 마쳤고, 한국어에 자신이 없었기에 고등학교 수준의 한국문학을 선택하기를 망설였다. 일상과 수업이 모두 영어로 진행되었기 때문에, 한국어책을 거의 접해 보지 못했기 때문이다. 그런데 김소월의 시를 가르치던 중, 제자가 카카오톡으로 자신의 자작시를 보내왔다. 내가 시 쓰기 과제를 낸 것도 아닌데, 한국어 시를 배우며 흥미가 생겨 자발적으로 썼다고 이야기했다. 문득 자기 생각을 시로 적어 나에게 보여 주고 싶었다며, 생애 첫 시라며 쑥스럽게 말하는 모습이 아직도 생생하게 기억난다.

노래, 연극, 사진, 문학 등은 인간의 생각을 표현하는 예술이다. 이처럼 예술의 방식은 다양하고 사람마다 좋아하는 분야도 다르다. 흥미가 생기면 직업이 될 수도 있고, 꾸준히 취미로 즐길 수도 있다. 이 중 문학은 생각과 감정을 글로 표현하는 예술이다. 제자는 한국어 수업을 통해 글로 다양한 감정을 표현하는 것에 흥미를 느꼈고, 시를 쓰면서 재미를 찾은 것이다. 내가 의도하지 않았지만, 스스로 문학을 즐기게 되었다. 그런 자신이 신기하다는 듯 웃으며 말했다. "사람은 음식물로 체력을 배양하고, 독서로 정신력을 배양한대요." 그 제자는 내게 쇼펜하우어(Schopenhauer)의 말을 들려주며, 문학을 통해 새로운 자신을 발견할 수 있었다고 했다. 이후 문학에 흥미를 느낀 제자는 한국어 작품을 찾아 스스로 읽기 시작했다. 처음 수업할 때는 어떻게 해석해야 하는지도 헤맸지만, 나중에는 자신만의 창의적인 해석으로 작가의 창작 의도를 파악하고, 작품의 아름다움에 공감하기 시작했다. IB 문학 수업에는 정해진 교과서가 없다. 교사는 IB 가이드라인을 바탕으로 학생과 함께 맞춤형 수업 프로그램을 구성할 수 있다. 이 유연함 덕분에 제자는 자신의 흥미를 따라 문학을 깊이 있게 탐구할 수 있었다. 만약 한국처럼 교과서에 정해진 정답을 외우는 방식이었다면, 제자는 문학의 재미를 느끼지 못했을 것이다. 축구가 아무리 즐거운 운동이라도, 직업이 되면 엄청난 스트레스를 받을 수 있는 것처럼 말이다.

제자는 몰타에서 국제학교를 졸업한 후, 싱가포르 국립대학교에 진학했다. 온라인으로만 보다가, 싱가포르에서 처음 만나 저녁을 함께했다. 식사 자리에서 항상 책을 가지고 다닌다며, 지금 읽고 있는 책을 보여 주었다. 나는 이 제자를 보면서 요즘 책을 읽지 않는 학생들이 떠올랐다. 책을 읽는 것도 악기 연주나 공 차기와 같은 즐거운 취미이다. 하지만 대부분의 학생은 책 읽는 것을 재미있다고 생각하지 않는다. 초등학생부터 교과서로 배워서 책이 성적 평가의 도구가 되었기 때문이다. 한국의 교실에서는 시를 배울 때, 여전히 시험에 나오는 중요한 것을 외우느라 제대로 감상하지 못한다. 한국에서 중학교를 마치고 유학 온 학생 중에는, 수필과 소설의 차이를 제대로 설명하지 못하는 경우도 있었다. 더욱이 그동안 배웠던 시나 소설 중에서 기억에 남은 작품이 없다고 대답했다. 그러면서 성적 때문에 어쩔 수 없이 공부했다며 씁쓸히 말했다. 뉴스에 따르면 20% 정도의 한국 학생들은 수업 시간에 잔다고 한다. 어쩌면 더 많은 학생은 문학 수업 시간에 졸고 있을지도 모른다. IB 문학 수업은 단순히 시험을 치르기 위해 암기를 목표로 하지 않는다. 우리가 왜 문학 작품을 읽어야 하는지, 문학이 우리 삶을 어떻게 반영하고 있는지, 우리가 문학을 통해 타인과 세계를 이해하는 법을 배운다. 또한 문학 작품 속에 드러난 시대상과 보편적인 글로벌 이슈를 통해 깊은 성찰을 돕는다. 무엇보다도 문학에 흥미를 느끼고 감동을 경험할 수 있도록 충분한 시간을 준다. 그 감동이 바로 문학을 재미있게 만드는 힘이다. 문학은 인간의 삶을 이야기하는 언어예술이다. 작가의 이야기에 마음을 열고 그 삶에 공감하는 순간, 우리는 타인과 세상을 배려하는 사려 깊은 사람으로 성장한다. 시험을 넘어서 문학을 배우는 이유와 본질을 먼저 가르쳐야 한다.

아프게 공부해서 약대 가다

"비극적인 현실은 많은 사람이 '어떻게 배워야 하는지'보다 '어떻게 가르쳐져야 하는지'만 배운다는 점이다." 교육학자 말콤 놀즈(Malcolm S. Knowles)는 이 한 마디로 현대 교육의 한계를 꼬집었다. 자기주도학습이란 스스로 교육의 전 과정을 계획하고 수행하는 것이다. 하지만 이를 실천하려면 먼저 "왜 공부해야 하는가?"라는 질문에 답해야 한다. 목표가 분명한 사람은 시간, 감정, 스트레스까지 효율적으로 관리한다. 부모는 자녀가 이런 능력을 갖추길 바라지만, 실상은 쉽지 않다. 헨리 포드(Henry Ford)가 말했듯이, "일만 하고 쉴 줄 모르는 사람은 브레이크가 없는 자동차처럼 위험하고, 쉴 줄만 아는 사람은 모터가 없는 자동차처럼 무용지물"이기 때문이다. 결국 자기주도학습의 핵심은 일과 쉼의 균형을 잡는 것이다.

학교 성적은 거짓말을 하지 않는다. 공부를 하지 않고 좋은 성적을 기대하는 건 욕심이다. 공부하다 보면 허리가 아프고, 머리가 지끈거리기도 한다. 의자에 오래 앉아 생기는 땀띠도 견뎌야 한다. 좋은 성적을 받으려면 여기저기 아픈 게 정상이다. 실제로 IB 최종 성적 40점 이상을 받은 제자들은 대부분 스스로 학습했다. 44점이나 45점 만점을 받은 학생들은 특히 부모가 시간 관리를 해 주지 않았다. 시켜서 하는 공부는 분명히 한계가 있다. 더 흥미로운 점은 IB 최상위권 학생 중 학원이나 과외에 의존하는 경우가 많지 않다는 것이다. 이들은 공부 방법을 이미 알고 있었기 때문이다. 한국의 유명한 학원 강사가 "공부법을 아는 학생은 학원에 올 필요가 없다."라고 말한 것처럼, 자기주도학습 능력이 중요하다. IB의 '학습자상'에서 가장 먼저 언급되는 자질도 '탐구하는 사람'이다. 호기심을 가지고 스스로 즐기며 배울 것을 중요시한다. 억지로 하는 공부는 오래 갈 수 없기 때문이다.

유학생들을 지켜보면, 어린 나이에 유학 온 학생은 상대적으로 환경에 빨리 적응한다. 하지만 고등학교 10학년처럼 다소 늦은 시기에 유학을 온 학생은 큰 어려움을 겪곤 한다. 한 제자는 영어 수업에 적응하지 못해 힘들어했다. 한국에서는 공부를 잘했지만, 새로운 환경에 성적도 잘 나오지 않았다. 우수하던 아이가 갑자기 다른 학생보다 성적이 떨어지면 방황하기도 한다. 하지만 제자는 좌절하지 않고, 상황을 타파할 구체적인 방법을 찾았다. 방학 동안 영어 실력을 끌어올리고, 스스로 과목별 계획을 세우며 수업에 적응해 나갔다. 제자는 약대 진학이라는 확고한 목표 아래, 여섯 과목을 계획적으로 준비했으며, 매주 자기 컨디션에 맞게 계획을 짰다. 늦게 시작한 만큼, 다른 학생들이 자러 간 후에도 책상에 남아 끝까지 버텼다. 결국 IB 최종성적 44점을 받고, 싱가포르 국립대학교 약학대학에 진학했다. 'No pain, No gain'이라는 말처럼, 뭔가를 얻으려면 고생이 필요하다. IB가 훌륭한 교육이지만, 노력 없이 좋은 결과를 얻을 수는 없다. 자신의 의지가 아닌 타인의 강요였다면, 힘든 순간마다 핑계를 찾았을 것이다. 하지만 제자는 스스로 배움의 주인이었기에, 벽을 만날 때마다 길을 찾아냈다.

사랑이냐 공부냐 그것이 문제로다

얼마 전 뉴스에서 한국 중고생의 절반 이상이 이성과 교제한 경험이 있다고 보도했다. 요즘 청소년들은 부모 세대보다 훨씬 어린 나이에 연애를 시작한다. 고등학생의 연애도 어른들의 연애와 크게 다르지 않다. '오늘부터 1일 하자'고 동의만 하면, 그날부터 키스와 같은 스킨십도 쉽게 시작한다. 국제학교에서도 이성 교제는 흔한 일이다. 한국 학생들과 다른 점이 있다면, 외국인 학생과도 자주 교제한다는 것이다. 10대의 연애는 시대를 불문하고 공통적인 부분이 있다. 청소년들은 이성에 관심이 많고, 연애를 통해 자신을 발견하고 싶어 한다. 학교에서 학생들의 고민을 들어주다 보면, 이성 문제를 털어놓는 경우가 의외로 많다. 어느날 한 남학생이 나를 찾아와 삼각관계에 대해 털어놓았다. 중국인 여학생과 교제 중인데, 그녀의 가장 친한 친구인 인도네시아인 여학생에게 자꾸 마음이 간다고 했다. 두 사람을 모두 좋아하는 자신이 도둑놈 같다고 느껴진다며 이렇게 물었다. "선생님, 사람이 꼭 한 사람만 좋아해야 하나요? 이 친구도 좋고, 저 친구도 좋은데 어떻게 해야 할지 모르겠어요. 공부가 손에 잡히지 않고, 잠도 안 와요. 둘 다 놓치고 싶지 않지만, 이러다가 셋의 관계가 모두 망가질까 봐 너무 불안해요." 남학생은 수업 시간 내내 두 사람을 생각하다 머리가 아프다고 하소연했다. 입시를 준비하는 학생이지만, 공부보다 연애 고민이 더 급해 보였다. 한꺼번에 두 사람을 좋아하는 욕심을 내면, 그에 따른 대가를 치를 각오를 해야 하나 보다.

힘든 입시를 준비하면서 이성 친구까지 신경 쓰면 공부가 쉬울 리 없다. 고등학생의 하루는 사실 공부만 해도 에너지가 부족하다. 그런데 11~12학년이 되면 공부 스트레스를 견디지 못해, 자신을 위로해 줄 누군가를 찾게 된다. 이성 친구가 위로될 수 있다고 생각하지만, 현실은 다르다. 연애를 하면 자기관리를 훨씬 더 잘해야 한다.

특히 IBDP 12학년이 되면 소논문 작성, 평가 과제 제출, 과목별 시험 준비 등으로 하루 24시간도 모자란다. 잠잘 시간도 부족한 상황에서, 연애까지 한다면 공부와 연애 모두 놓칠 가능성이 크다. "왕관을 쓰려는 자, 그 무게를 견뎌라." 셰익스피어(William Shakespeare)의 말처럼 목표를 이루기 위해서는 책임과 인내가 필요하다. 연애도 장점이 있지만, 수험생 시절에는 이별의 무게를 견디지 못해 학업에 영향을 받을 수 있다. 실제로 이성 문제로 원하는 대학에 가지 못한 학생들을 간혹 본 적이 있다.

어쩌면 초등학교나 중학교 시절 가벼운 연애를 경험하고, 고등학교 때는 공부에 집중하는 것이 더 현명할 수도 있다. 공부는 결국 집중과 인내의 싸움이다. 이성 친구 문제, 가족 문제, 경제적 고민 등은 모두 집중력을 떨어뜨리는 요소이다. 법륜 스님은 "10번째 만나는 이성이 진짜 내 사람이다. 그전까지 만나는 사람은 다 연습이다."라고 말했다. 스님이 이성 상담을 해도 되나 싶었지만, 연애 역시 시행착오가 필요하며, 진정한 만남은 시간이 필요하다는 의미일 것이다. 『장자: 외편』에는 "견리이망기진(見利而忘其眞)"이라는 말이 있다. 눈앞의 이익에 사로잡히면 자신의 본질을 잃는다는 뜻이다. 자신의 목표가 대학인지, 사랑인지 명확히 할 필요가 있다. 정말 사랑에 모든 것을 걸 자신이 없다면, 딱 2년만 참고 입시에 집중하자. 대학에 가서 새로운 만남을 경험하며, 진정한 짝을 찾는 것도 늦지 않다.

혼자 댄스는 외로워

IB 수업은 학생들에게 적극적인 참여와 도전을 요구한다. 교과외 활동도 예외는 아니다. 학생들은 공연, 체육활동 등에 활발히 참여하며 학교생활을 즐긴다. 하지만 한국에서 유학 온 학생들은 해외 학생들보다 활동 참여가 소극적인 경우가 많다. 이는 주입식 교육에 익숙해져 활동적인 수업 방식에 적응하기 어려운 탓이다. 게다가 영어로 소통해야 한다는 부담감도 크다. 그래서 나는 학생들에게 이렇게 말하곤 했다. "로마에 오면 로마법을 따르라고 하잖아. 영어가 서툴러도 괜찮으니 도전해 봐!" 학교 활동에서 누구보다 적극적이었던 한 제자가 떠오른다. 어려서부터 해외에서 자라서 한국어가 서툴러서, 부족한 한국어 실력을 극복하기 위해 늘 노력하던 학생이다. 어느 날 과제를 성실히 해 온 모습이 기특해서, 학생들 앞에서 칭찬한 적이 있다. 그 뒤로 제자는 더욱 열심히 수업과 과제에 참여하며 발전해 갔다. 그해 학교 축제에서 K-POP 공연의 에피소드이다. 제자는 다른 학생들과 함께 무대에 오른 후에도, 단독 무대에서 멋진 춤을 선보였다. 훤칠한 남학생이 춤을 출 때마다 관객들의 환호와 박수가 이어졌다. 무대 위에서 밝게 웃는 제자를 보며, 남모르게 흘린 땀과 노력이 느껴졌다.

공연 전날, 방과 후 학교를 지나가다가 우연히 제자가 연습하는 모습을 보게 되었다. 아무도 없는 식당 옆 공터에서 혼자 땀을 뻘뻘 흘리며 춤을 연습하고 있었다. 너무 열심히 하는 모습에 살그머니 다가가 말했다. "충분히 잘하니까 좀 쉬면서 해도 돼." 그러자 환하게 웃으며 이렇게 대답했다. "이왕 하는 거 완벽하게 잘해야죠!" 제자의 대답에는 자신이 맡은 역할에 대한 강한 책임감과 열정이 담겨 있었다. 자율적인 학교 행사였기에, 누구도 강제로 시킨 것이 아니었다. 성적에 반영되는 것도 아니었다. 비록 서툴렀지만, 스스로 즐기며 끝까지 최선을 다했다. 제자의 연습 모습은 마치 일본의 장인

정신을 떠올리게 했다. 남들의 평가를 의식하기보다는 자기 내면에서 우러나오는 즐거움과 책임감을 바탕으로 움직이고 있었다. 책임감은 누군가의 강요로 생기는 것이 아니다. 스스로 선택하고 노력할 때 진정한 책임감이 생긴다. 제자는 그것을 행동으로 보여 줬다.

무대 위에서의 5분은 관객들에게 짧고 간단해 보였을 것이다. 그러나 그 짧은 순간을 위해 제자는 몇 배나 되는 시간과 노력을 쏟아부었다. 제자는 자신의 부족한 점을 인정하고 이를 극복하기 위해 책임감과 열정으로 연습을 거듭했다. 사람은 누구나 타고난 재능이 다르다. 잘하는 것과 서툰 것이 있는 건 당연하다. 제자도 춤에 대한 재능이 부족함을 잘 알고 있었다. 하지만 부족하다고 느낄수록 더 많은 시간을 들여 노력했고, 그 과정을 긍정적으로 받아들이며 즐겼다. 즐기는 사람은 따라갈 수 없다는 말처럼, 자신의 노력과 과정을 기쁨으로 채웠다. 졸업 후 미국 대학에 진학했고, 방학 때마다 싱가포르에 있는 집으로 돌아왔다. 졸업 후에도 연락을 주고받으며, 가끔 만나고 있다. 어느덧 대학교도 졸업하고 성숙해져서 멋진 청년이 되었다. 지금은 라오스에서 직장을 다니며 혼자만의 춤을 추고 있다. 많은 사람이 존경하는 훌륭한 아버지의 뒤를 이어, 한국과 라오스를 잇는 글로벌 리더가 되기 위해서이다. 지금도 제자의 카카오톡 프로필을 보다 보면, 식당 옆 공터에서 혼자 외롭게 춤추던 모습이 떠오른다.

꽃을 든 제자

선물은 내 마음을 상대에게 전달하는 특별한 수단이다. 선물에는 각자 의미가 담겨 있으므로, 적절한 상황에 맞게 선물하면 마음이 더 잘 전달된다. 선물을 주고받으며 관계가 깊어지는 건 그래서일 것이다. 물론 '선물보다 마음이 중요하다'라고 흔히 말하지만, 솔직히 사랑한다는 말만 하는 자식보다, 작은 선물 하나를 더하는 자식이 더 효자처럼 보이지 않을까? 학교에서 졸업한 제자가 찾아오는 일은 흔하지 않다. 대개 졸업 후에는 선생님과 연락할 일이 거의 없으니까. 특히 국제학교 학생들은 외국 대학으로 진학하거나 고국으로 돌아가는 경우가 많다. 그런데도 졸업 후 일부러 선생님을 찾아오는 제자는 진짜 '찐'이다. 몇 년 전 고등학교를 졸업한 제자가 크리스마스를 앞두고 나를 찾아왔다. 손에는 향초와 꽃을 들고 있었다. 학창 시절에 내가 해 준 격려가 큰 힘이 되었다며, 고맙다는 말을 전했다. 당시 나는 한국 학생들이 털어놓는 이야기가 재미있어 자주 들어주곤 했는데, 그것만으로도 제자에게 큰 위로가 되었던 모양이다. 이 제자는 지금 대학을 졸업하고, 좋은 직장에 취업한 멋진 사회인이 되었다. 게다가 싱가포르에 거주 중이라, 이후로도 가끔 안부를 주고받으며 지내고 있다. 한 번은 싱가포르 오차드 로드(Orchard Road)에서 미용실에 갔을 때 인스타그램 스토리를 올렸는데, 얼마 지나지 않아 이런 메시지가 왔다. "쌤, 오차드에 계세요? 저도 근처인데 커피 한잔해요." 그렇게 번개 모임처럼 커피를 마시고, 가끔 밥도 먹으며 친밀한 관계를 이어가고 있다.

제자들은 거의 졸업 후 선생님을 찾지 않는다. 사실 생각이 나도 연락하거나 만나기가 쉽지 않다. 대학에 진학하고 사회로 나가면 각자 바빠지고, 자연스레 소원해진다. 더 솔직히 말하자면, 학생들은 중고등학교 선생님을 그리 좋아하지 않을 때가 많다. 공부하라는 잔소리나 지적이 많았던 탓이다. 그런 환경에서 단순히 지식만 전달하는 관계라면 사제지간의 정이 싹트기 쉽지 않다. 하지만 IB는 전인교육을 목표로 한다. IB에서 교사는 단순히 지식 전달자가 아니라, 학생의 성장과 탐구를 돕는 멘토이다. 학업적 성취뿐 아니라 정서적, 사회적 성장도 이룰 수 있도록 돕는다. 따라서 졸업 후 잘 성장한 제자가 찾아오면 교사로서 큰 보람을 느낀다. 불교에서는 한 번 만나는 데도 전생에 3,000번의 인연이 필요하다고 한다. 잠깐 스치는 인연조차 이렇게 깊은데, 몇 년을 사제지간으로 지내는 관계는 얼마나 더 큰 인연일까? 선생님과 제자로 맺어진 인연은 단순한 지식 전달 이상의 관계이다. 먼저 세상에 태어난 사람이 늦게 태어난 사람을 잘 성장하도록 돕는 역할이 바로 선생님이다. 지식을 전달하며 성장에 힘을 보태고, 때로는 위로와 격려로 학생들을 일으켜 세우는 어른이기도 하다.

카이스트 떨어지는 IB 45점 제자

IBDP는 45점이 만점이다. 40점 이상을 받으면 미국의 아이비리그 대학이나 영국의 옥스퍼드, 케임브리지 등 해외 명문대학에도 진학할 수 있다. 그 정도로 세계적인 대학들은 IBDP 학생을 학문적 역량을 갖춘 인재로 인정한다. 43점 이상이면 장학금을 받고 입학하는 학교도 아주 많다. 그런데 45점 만점을 받고도 한국의 카이스트나 의과대학에 입학하기는 매우 어렵다. IBDP 성적을 잘 받은 한국 학생들도 아이비리그 대학교에 가는 것보다 한국 대학에 가는 것이 더 힘들다고 푸념한다. 우스갯소리로 '서울대학교에 떨어지면 아이비리그 대학교에 간다'라는 말도 있다. 학문적 역량이 뛰어나도 한국의 대학은 들어가기 어렵다는 말이다. IBDP 45점 만점을 받아 한국의 의대를 지원했지만, 떨어진 제자가 있다. 영국 의대에 합격했지만, 한국에 돌아가서 공부하고 싶어 했던 학생이다.

한국의 명문대학은 너도 나도 가겠다며 재수에 삼수까지 피땀 흘려 공부한다. 한국 안에서 명문대학을 지원하는 학생은 차고 넘친다. 그러니 대학에서는 전 교육과정 해외 이수자나 해외 고등학교 졸업생에게 입학의 문을 넓힐 이유가 없다. 당연히 자국에서 공부한 학생들에게 우선적인 기회가 돌아가야 한다고 생각한다. 하지만 해외에서 공부한 한국 유학생들에게도 한국 대학의 문턱이 조금 낮아졌으면 좋겠다. 대학은 다양한 배경의 학생들이 다양한 학문을 함께 공부할 때 시너지가 난다. 정부에서도 대학 정원의 10% 정도는 사회적 배려 대상자에게 기회를 줄 것을 권고하고 있다. 해외에서 IBDP를 공부한 학생들도 수능 시험을 준비하는 학생 못지않게 치열하게 공부한다. 교과 수업 외에도 다양한 활동을 하면서, 타문화를 존중하고 배려하는 열린 마음을 가진 글로벌한 인재로 성장한다. 특히 경쟁보다는 협력하여 문제를 해결하는 능력을 갖추었다고 평가해서, 세계 명문대학에서는 IB 출신의 인재를 선호한다. IB 학생은 많은 과제와 수업과 활동을 스스로 시간 관리하면서 이수했기에, 자기주도학습 능력도 뛰어나기에, 연구 중심의 대학 교육에도 매우 적합한 인재이다.

요즘은 해외에서 유학한 많은 학생이 한국 대학을 가고 싶어 한다. 사실 학생보다는 부모님들이 한국 대학으로 보내기를 원한다. 이유는 여러 가지가 있지만 가장 큰 이유는 학비 부담이다. 한국의 학비가 비싸다고 하지만, 해외의 학비와 비교하면 훨씬 저렴하다. 또한 코로나19 이후로 해외에서 주거비와 생활비도 갈수록 높아지고 있다. 가족이 전부 이민을 떠나는 것이 아니라면, 유학생 자녀 한 명의 학비와 생활비를 감당하기는 쉽지 않다. 그래서 한국의 대학으로 진학을 원하지만, 유학생들에겐 바늘구멍을 통과하는 것처럼 어렵다. 대다수 학생은 어쩔 수 없이 비싼 학비와 생활비를 내고 해외 대학을 선택하게 되는 것이다. 해외에서 공부했으니 한국 대학에 경쟁률을 올리지 말고, 해외 대학으로 가라고 할 수 있겠지만 엄청난 외화 낭비이다. 한국 학생이 외국에서 대학에 다닌다면, 결국 한국의 국부가 유출되는 것이다. 또 어쩔 수 없이 해외에서 대학을 졸업하고 해외에서 취직을 하면 아주 해외에서 눌러살게 된다. 결국은 한국 국적도 버리고 재외교포가 되는 길을 선택하게 된다. 어느 나라든지 시민권이 없으면 엄청난 불이익을 받기 때문이다. 한 명이라도 더 낳아 출산율을 높이려고 정부에서 애쓰면서, 똑똑한 젊은 인재들을 잡지 않는지 모르겠다. 물론 국내에서 교육받은 학생들과 유학생들과의 형평성 문제도 있을 것이다. 하지만 세계 각국에서 인재 모셔 오기 경쟁을 하고 있는데, 국내로 들어오겠다는 자국의 인재에게 문을 열어 주지 않는 것은 국가적으로 큰 손해라고 생각한다.

2023년에 하태경 전 국회의원이 IB를 한국 대학의 입시에 연계하는 법안을 발의했다. 대학이 고등학교의 학교생활기록부, 수능, 논술, 면접 등 대학별 시험 외에도 IB 이수 성적을 입학 전형 자료로 활용할 수 있도록 규정하는 내용이었다. 이 규정이 적용되는 시점이 2027년 3월부터라고 하는데, 법안은 통과되지 못한 모양이다. 2024년을 기준으로 IBO와 MOC를 체결한 교육청은 서울 · 경기 · 인천 · 충북 · 충남 · 대구 · 경북 · 부산 · 전북 · 전남 · 제주 11개이다. 대전 교육청은 내년 IB 예산을 확보하여 12개로 확대될 예정이다. 2024년 10월 교육부 집계에 따르면, 공교육 내 IB 관심 학교 이상이 472개교,

이 중 후보학교 이상은 96개교에 달한다. 점차 IB를 도입하는 학교와 학생이 늘고 있지만, 현행 정시 입시에는 IB 성적이 반영되지 않아 입시의 형평성이 훼손된다는 비판이 늘고 있다. 이렇게 해외나 국내에서 IB 교육을 받은 학생들이 한국 대학에서 입시에 불이익이 없도록 제도로 정착이 되어야 한다. 우리는 쇄국의 아픔을 이미 경험했었다. 한국의 인재를 다른 나라에 빼앗기지 않으려면, 현행 입시제도를 유연하게 운영하는 게 좋지 않을까 싶다.

온라인으로 수업하는 제자들

요즘은 병원 치료도 비대면 진료가 가능한 시대다. 교육도 마찬가지이다. 직접 대면이 가장 좋겠지만, 상황에 따라 비대면 방식이 효율적일 때도 많다. 특히 코로나19를 거치며 온라인 수업은 교육의 일상적인 형태로 자리 잡았다. 단방향으로 송출하는 교육 방송이나 강의와 달리, 줌(Zoom) 같은 플랫폼은 양방향 소통을 가능하게 해 주었다. 교육은 전 세계적으로 큰 시장이다. 경쟁이 치열해지며, 디지털기기와 인터넷을 활용한 교육 서비스가 빠르게 발전하고 있다. 하지만 내가 처음 온라인 수업을 시작한 14년 전만 해도, 이런 방식은 학생과 학부모 모두에게 낯설었다. 당시에는 상황이 여의찮아 온라인 수업을 선택한 경우가 많았지만, 장점도 분명히 있었다. 우선 물리적 거리를 넘어 원하는 교사에게 배울 수 있다는 점이 컸다. 또한 비대면 환경에서도 교사와 학생은 충분히 친밀한 관계를 형성할 수 있었다. 실제로 나는 싱가포르뿐만 아니라 아시아, 호주, 유럽 등 다양한 나라의 학생들과 온라인 수업을 해 오고 있다. 방학 중에 서울에서 만난 제자도 있고, 싱가포르로 여행하러 온 학생과 식사를 함께한 적도 있다. 온라인 수업이 만들어 준 소중한 인연이다.

내가 처음으로 온라인 수업을 시작한 건 일본이었다. 14년 전, 일본 대사관 직원의 자녀가 IB 한국어를 선택했는데, 학교에 한국어 교사가 없었다. 그 학교의 IB 코디네이터가 나를 추천해 처음으로 온라인 수업을 하게 되었다. 2명의 학생을 가르쳤는데, 다들 집중해서 성실히 수업에 잘 참여했다. 게다가 두 학생 모두 IB 한국어에서 만점을 받는 좋은 결과까지 나왔다. 이 경험을 통해 온라인 수업으로도 학생의 역량을 충분히 끌어낼 수 있음을 깨달았다. 그 후 여러 나라의 학생들을 만나게 됐다. 학생마다 문화적 배경과 사고방식이 달라, 나 역시 새로운 시각을 배우게 됐다. '이 나라의 학생은 이렇게도 생각하는구나'라며 내가 세상을 보는 시각도 좀 더 관용적으로 변해 감을 느꼈다. 가끔은 해프닝도 있었다. 미국 학생과는 시차를 착각해 수업 시간을 조정해야 했고, 유럽의 서머타임을 몰라 시간을 혼동했던 일도 있었다.

코로나19로 전 세계가 멈췄던 시기, 나 역시 온라인 수업 일정이 빡빡했다. 어느날 홍콩에서 근무하는 미국인 영어 교사로부터 이메일을 받았다. 친구의 학교에서 한국어 교사가 갑작스럽게 그만두었다며, IB 한국어 수업을 맡아 줄 수 있겠냐는 요청이었다. 처음엔 일정이 너무 바빠 고민했지만, 머릿속에 한국 학생들이 자꾸 떠올랐다. 몇 달 동안 제대로 된 수업을 받지 못했다는 말이 마음에 걸렸다. 결국 한밤에 수업을 진행하기로 했다. 비록 밤늦게 진행된 수업이었지만, 학생들은 무사히 과정을 마치고 졸업할 수 있었다. 대학에 합격했다며 감사 인사를 전하는 제자들을 보며, 참 잘한 선택이었다고 생각했다. 이처럼 가끔 나와 함께 근무했던 IB 코디네이터가 다른 국제학교에서 일하면서 수업을 부탁하는 이메일을 보내오곤 한다. 학교에 한두 명의 한국 학생들만 있을 때, 학교에서 소외되기 쉽다. 더군다나 부모의 갑작스러운 발령으로 유학 온 학생들은 영어 수업에 적응하기 힘들다. 외국 학교에서 적응하기도 힘든데, 낯선 IBDP 과정을 공부할 때 어려움도 많다. 그런 경우 학생들은 한국어 Self-taught 과정을 많이 공부한다. 이런 학생들의 이메일을 받으면 나는 외면하기 어려워 대부분 수락한다. 내 자녀들도 외국에서 낯선 교육을 받으며 어려움을 겪었기에 학생들의 마음을 이해하게 된다. 여러 나라의 학생들을 가르치려면, 먼저 각 나라의 문화적 배경을 알아보거나, 수업 외적인 공감대를 형성할 수 있는 것들이 필요하다. 단순히 동영상 강의처럼 지식을 전달하려 하면, 생각만큼 좋은 성적이 나오지 않는다. IB 문학 수업은 학생이 스스로 읽고, 생각하며, 쓰는 자기주도학습을 강조한다. 교사는 지식을 주입하기보다, 학생이 스스로 탐구할 수 있는 방향을 제시하고 동기를 부여하는 역할을 한다. 그래서 교사와 학생의 관계에서 신뢰는 매우 중요하다.

나 역시 고등학교 시절 신뢰를 배운 경험이 있다. 2학년 때, 기록적인 폭우로 도로가 물에 잠겨 집으로 가는 버스가 끊긴 적이 있었다. 학교 입구에서 망연자실 서 있던 나를 발견한 영어 선생님이 이유를 물으셨고, 자신의 하숙집으로 가자며 손을 내밀었다. 저녁으로 경양식 돈가스를 사 주셨고, 하숙집에서는 영어 잡지들을 보여 주시며 편안하게 대해 주셨다. 평소 어렵게만 느껴졌던 선생님이 조카처럼 다정하게 대해 주시니 거리감이 사라졌다. 게다가 영어 공부를 하라며 『성문종합영어』를 주셨는데, 진짜 열심히 공부했던 기억이 난다. 학교를 졸업하고 대학에 가서도 인연은 이어졌다. 교생 실습을 나갔을 때도, 선생님이 계신 학교라서 편하게 실습할 수 있었다. 교사와 학생도 결국 인간관계의 하나이다. 교육 방법도 중요하지만, 사람을 믿는 데서 오는 에너지가 진짜 힘이라고 생각한다.

성적 좋은 제자들의 비결

오랫동안 학생들을 가르쳐 보니 성적이 좋은 학생들은 몇 가지 특징이 있다. 사람들은 지능이 높은 학생이 성적이 좋을 것으로 생각한다. 물론 머리가 좋고 습관이 잘 잡히면 당연히 최상위권 학생이 된다. 공부 머리는 타고난다고 하고, 공부를 잘하는 두뇌를 가지고 태어나는 것도 복이다. 그러나 수천 명 중 머리 좋은 사람 한 명을 빼고, 나머지 학생들은 습관을 잘 만들면 공부를 잘할 수 있다. 아무리 지능이 높아도 목표가 없거나 습관이 안 잡혀 있으면, 그냥 똑똑한 농땡이가 될 뿐이다. 반면 평범한 지능이라도 습관이 잘 잡혀 있으면, 노력한 시간만큼 반드시 보상받는다. 그래서 내가 생각하는 성적 좋은 학생의 최고 비결은 습관이다. "처음에는 우리가 습관을 만들지만, 나중에는 습관이 우리를 만든다."라는 영국 시인 존 드라이든(John Dryden)의 말에 전적으로 공감한다.

우선 성적이 좋은 학생들은 자신의 꿈이 명확하다. 왜 공부를 해야 하는지 그 이유를 안다. 자신이 도착해야 할 목적지를 알고 있으니, 얼마만큼 인내하고 노력해야 하는지 계산도 할 줄 안다. 끝없는 사막을 걷는 것과 정상이 보이는 산을 오르는 것에는 엄청난 차이가 난다. 꿈이 명확하지 않은 학생들은 사막을 걷는 것처럼, 공부할수록 두렵고 힘들어지는 것이다. 어느 대학에 간다든지, 어떤 전공을 한다거나, 어떤 직업을 가지겠다는 구체적인 목표가 있어야 한다. 교육은 학생이 원소기호 118개를 효과적으로 암기하는 방법을 가르치는 것보다, 미래의 꿈이나 직업을 구체적으로 말할 수 있게 가르쳐야 한다. 42.195km의 마라톤을 완주하기란 정말 어렵다. 마라톤은 자신의 체력을 정확히 파악해서, 완주할 때까지 체력을 분배하는 것이 매우 중요하다. 초반에 다른 선수들에 휩쓸려서 빨리 달리면, 결국 자신의 페이스를 잃어 완주에 실패하게 된다. 반면 자신의 체력을 정확하게 파악하고 심박수 단위까지 점검해서 달리면, 구간마다 페이스를 조절하면서 완주하게 되는 것이다. 꿈이 명확한 학생들은 자신의 실력을 정확하게 파악한다. 그래서 주변의 사건에 휩쓸리지 않고 평소 자신의 페이스로 공부할 수 있는 것이다.

성적 좋은 학생은 대부분이 어릴 때부터 독서 습관이 잘 들어 있다. 고등학교 공부를 잘하는 학생들을 보면, 중학교 때까지 책을 많이 읽어서 인문학적 소양과 상식이 풍부했다. 인문, 사회, 역사, 경제, 과학 등의 여러 가지 상식과 문학적 감성은 다른 현상을 이해하는 데 도움이 된다. 즉, 현재 공부하고 있는 과목의 개념을 빠르게 이해하는 것이다. 또 책을 많이 읽은 학생은 문해력과 독해력이 좋고, 무엇보다 어휘력이 좋다. 어휘력이 좋으면 자신이 생각하는 것들을 막힘없이 표현할 수 있다. 공부는 단어와 단어의 연속적인 확장이기에, 어휘력이 좋은 학생들은 무한대로 생각을 펼칠 수 있는 것이다. 요즘 문해력이 떨어지는 학생이 많다고 하는데, 내가 보기에는 어휘력이 떨어져서 표현하지 못하는 것이 더 큰 문제라고 생각한다. 성적은 학생의 머릿속의 이해를 끄집어내서 답을 적어 냈을 때 평가받는다. 즉, 아는 것을 표현하지 못하면 모르는 것과 다름없다. 책을 많이 읽은 학생의 글을 보면 창의적인 사고력도 좋지만, 상징적이거나 은유적인 표현도 잘한다. 표면적인 것만 보는 게 아니라 통찰력이 있어서 전체를 보고 의도를 파악할 줄 알기 때문이다. 그래서 나는 독서 습관이 최고의 공부 습관이라 생각한다. 부모의 역할은 좋은 과외 선생님을 붙여 주기보다, 학생이 책을 읽을 수 있는 환경을 만들어 주는 것이다. 지식 습득하는 책만 강요하지 말고, 웹소설이라도 학생이 재미있게 읽는 습관을 지니게 하는 것이 중요하다.

성적 좋은 학생들은 시간을 잘 관리해서 성실하다. 시간을 지배하는 사람이 인생을 지배한다는 격언처럼 말이다. 하루, 한 주, 한 달에 무엇을 해야 하는지 순서를 알고 있다. 과제 제출 날짜를 확인해서 놓치지 않게 관리한다. 보통 자신이 공부하는 책상 앞에 작은 화이트보드를 놓거나, 수첩에 해야 할 일을 써 놓고 점검한다. 그러면서 과목별 과제의 우선순위나 중요도를 따져 가며, 어디에 자신의 에너지를 많이 쏟아야 할지 관리한다. 이런 시간 관리는 좋은 성적을 내는 중요한 습관이다. 국제학교는 워드프로세서로 과제를 내는 경우가 많다. 성적이 안 좋은 학생들은 대부분 틀린 글자를 확인하지 않고 시간에 쫓겨 대충 제출한다. 반면 성적 좋은 학생들은 맞춤법이나 띄어쓰기를 확인하고 깔끔하게 정리해서 제출한다. 또한 손글씨로 쓴 과제물을 보더라도, 글씨가 예쁘지 못해도 최대한 바르게 쓰고 줄에 맞춰 쓴다. 이런 과제물을 보면 학생이 성의껏 준비했다는 인상을 느끼게 된다. 글씨를 예쁘게 쓰는 학생이라도 시간적 여유가 없으면, 제출된 과제에 그 다급함이 다 나타나게 되어 있다.

성적 좋은 학생들은 수면 습관이 잘 잡혀 있다. 이런 학생들은 충분히 잠을 자야 스트레스가 풀린다는 것을 잘 안다. 사람의 체력을 가장 잘 회복하는 방법이 수면인데, 하루 5시간 이하로 자게 되면 집중력이 떨어지고 체력이 고갈되기 시작한다. 수면이 부족한 상태에서 오랫동안 책상에 앉아 있어도 집중하는 시간은 많지 않다.

오히려 잠을 충분히 잔 학생이, 공부 시간은 적더라도 집중한 시간은 훨씬 많다. 잠을 줄여 가며 공부한 학생들은 자주 몸이 아파 학교에 빠지는 일도 잦다. 특히 벼락치기 공부를 하고 시험을 친 학생들은 한 주 내내 수업 시간에 졸기 일쑤이다. 성장기의 청소년은 적어도 매일 7~8시간은 자야 한다. 또한 짬짬이 쪽잠을 자면서 피로도 풀어 주어야 한다. 뇌는 우리가 자는 동안 단기기억을 장기기억으로 바꾼다. 게다가 언어로 습득한 지식을 이미지화해서 이해를 높여 준다. 그래서 잠을 자지 않으면, 낮 동안 노력해서 공부한 지식이 허공으로 날아간다.

성적 좋은 학생들은 정리를 잘한다. 공부에 집중하기 위해서는 공부 외의 다른 고민이 없어야 한다. 친구도 양적으로 많이 사귀기보다 질적으로 깊은 관계를 선호한다. 친구를 많이 사귀면 관계를 유지하기 위해 많은 시간을 투자해야 한다. 기본적으로 생일 파티를 다 챙겨야 하고, 관계 유지를 위한 만남을 자주 가져야 한다. 또 SNS상의 많은 친구의 소식이나 댓글에 신경 써야 한다. 여러 친구의 패션이나 헤어스타일을 보면서 외모에 지나치게 신경 쓰게 된다. 여기에 이성 친구까지 사귀면 자신을 가꾸고 주변을 챙기는 데 아주 많은 시간을 써야 한다. 물론 교우관계도 완벽하게 관리하면서, 이성 친구도 사귀고, 공부도 열심히 할 수 있는 학생도 있을 수 있다. 하지만 이 말은 나와 우사인 볼트는 똑같이 다리가 두 개니까, 노력하면 100m를 9.58초에 뛸 수 있다는 말과 비슷하다. 공부를 열심히 하는 학생이라 해서 친구와 노는 게 왜 좋지 않겠는가. 다만 입시를 목표로 하는 자신의 상황을 알기에, 할 것과 하지 말아야 할 것을 스스로 구분하는 것이다. 이는 책상 위에서도 마찬가지이다. 지금 공부에 필요한 물건과 그렇지 않은 것을 구분해서, 비교적 깔끔하게 정리된 모습을 보여 준다. 또 이런 학생들은 술을 마시거나 담배를 피우는 것처럼 학생이 하지 말아야 하는 것도 가능하면 하지 않는다. 잘 정리된 환경이 잡다한 고민을 줄여 주고, 공부에 집중하게 해 준다는 것을, 경험을 통해서 알기 때문이다. 집중은 고민의 숫자와의 싸움이다. 고민의 숫자만큼 불안의 숫자는 늘어나기 때문이다. 좋은 대학을 목표로 한다면 자신과 주변을 잘 정리하는 것이 필승의 전략이다.

성적 좋은 학생들은 실천하지 못할 계획은 말하지 않는다. 새해가 되면 사람들은 많은 계획을 말한다. 단골로 등장하는 것이 공부, 운동, 다이어트와 같은 자기 계발이다. 많은 사람이 자신이 부족한 것, 자신이 해야 할 것, 자신에게 도움이 되는 방향을 알고 있다. 하지만 이러한 의지를 행동으로 옮기기는 쉬운 일이 아니다. 설사 처음 몇 번은 성공했더라도 목표 달성까지 꾸준하기는 더욱 어렵다. 다이어트를 예로 든다면 유튜브에서 100kg에서 50kg으로 감량한 영상을 보며, 저 사람도 했으니 나도 할 수 있겠다는 믿음이나 희망을 품는다. 그러나 다이어트에 실패하는 이유 대부분이 이런 근거 없는 믿음에서 온다. 1시간 운동해서 1kg을 뺄 수 있다면 누구나 운동을 할 것이다. 하지만 현실은 1kg을 빼기 위해서는 1시간 운동을 수십 번에서 수백 번을 반복해야 한다. 이게 노력이다. 노력은 한 번에 보상받는 것이 아니라, 수백 번을 반복해야 얻을 수 있는 열매이다. 그래서 노력은 열매를 맺기 어렵지만, 노력은 배신하지 않는 것이다. 공부도 마찬가지이다. 그래서 성적 좋은 학생들은 자신의 계획이 얼마만큼의 노력이 필요한지 경험했기에 실천할 수 있는 계획을 말하는 것이다. 실패한 계획은 좌절감을 성공한 계획은 성취감을 준다. 일상에서 반복된 성취감을 얻게 되면 자신감이 생기고, 자신감은 두려운 것에 한 발을 내디딜 수 있는 용기가 된다. 작은 일이라도 말로만 하는 게 아니라, 꼭 실천할 수 있는 의지를 가질 수 있도록 반복해서 연습해야 한다.

02

유학생 엄마 이야기

싱가포르 한 달 살이

2001년, 싱가포르 창이 공항에 도착했다. 첫 느낌은 너무 후덥지근해서 난생처음 느껴 보는 후끈함에 숨이 턱 막혔다. 이것이 동남아시아 날씨로구나! 2000년부터 싱가포르에서 주재원 가족으로 살고 있는 언니를 만나러 여행 왔다. 이 여행으로 나와 싱가포르는 인연을 맺게 되었다. 공항에서 택시를 타고 언니가 사는 콘도로 이동했다. 청결하게 잘 정리된 도심과 도로 주변으로 펼쳐진 이국적인 가로수들이 내 눈길을 사로잡았다. 언니가 사는 콘도는 수영장이 있는 관광지의 호텔 같았다. '언니는 매일 이런 호텔 같은 집에서 살고 있었구나!' 생각하니 부러움이 밀려왔다. 지금부터 23년 전의 일이다. 이때만 하더라도 한국에서 수영장과 정원이 있는 고급 아파트는 보기 어려웠다. 수영장 옆에는 바비큐장이 있었고, 펑션룸이 있어서 생일 파티나 가족 파티를 할 수 있었다. 콘도마다 테니스장과 헬스장이 있었고, 어떤 콘도는 탁구장이나 당구장도 있었다. 도서관과 작은 독서실 등 커뮤니티 시설이 잘 갖춰진 콘도를 보면서, 1기 신도시의 평범한 아파트에 살고 있던 나는 별세상처럼 느껴졌다. 이렇게 깨끗하게 잘 정리된 도시와 고급 주거지에 살면, 내 삶이 여유로워질 것 같았다. 그렇게 한 달 동안 여기저기를 여행하면서 싱가포르 곳곳을 돌아다녔다. 휴양을 위해서 정말 좋은 나라라고 생각했던 생각이 점차 바뀌기 시작했다. 싱가포르는 휴양이 아니라 자녀 교육을 위해서 와야 하는 나라였다. 나는 우리나라와 전혀 다른 외국의 새로운 교육 시스템을 알게 됐다. 무엇보다 조카들이 싱가포르에서 교육받고 있었는데, 한국에 있을 때보다 다양한 긍정적인 모습을 자주 보여 줘서 놀랐다. 한 달 살이를 경험한 후에 2007년 나는 자녀의 교육을 위해 싱가포르에 왔고, 이렇게 17년이라는 오랜 기간을 살게 되었다.

아시아 최고의 교육인프라 싱가포르

싱가포르는 1965년에 말레이시아로부터 독립한 서울보다 큰 도시국가이다. 한강의 기적이라고 불리는 우리나라 못지않게, 기적 같은 경제 발전을 이룬 국가이다. 대한민국, 대만, 홍콩, 싱가포르는 아시아의 네 마리 용이라 불린다. 제2차 세계대전 이후 열강의 지배에서 벗어나, 급격한 경제 성장을 이룩한 국가들이다. 이 국가들의 공통적인 특징은 우수한 인적 자원이 경제 성장의 바탕이 되었다는 것이다. 싱가포르도 우리나라 못지않게 교육열이 높은 나라다. 영토가 작고 자원이 적은 나라가 경쟁력을 갖추려면 인적 자원의 개발

말곤 선택지가 없다. 싱가포르는 동남아시아 교통의 요충지라는 지리적 이점을 활용해, 중계무역과 금융산업을 집중적으로 육성했다. 세계적인 금융의 허브로 발전했고, 각종 세금혜택으로 다국적 기업의 본사도 많이 유치하고 있다. 마이크로소프트, 구글, 애플, 페이스북 같은 다국적 기업들의 아시아본부는 모두 싱가포르에 자리 잡고 있으며 삼성전자, 롯데 같은 대기업들도 싱가포르 현지법인을 설립해서 글로벌 비즈니스를 펼치고 있다. 우리가 청소기로 잘 아는 다이슨은 아예 싱가포르로 본사를 옮겼다. 아시아 전체에서 다국적 기업의 본부가 가장 많은 곳이 싱가포르이다. 물론 이면에는 검은돈 세탁이라든지, 세금 회피라는 숨겨진 이야기도 존재한다. 그럼에도 싱가포르는 아시아 최고의 금융허브로 발전했음을 인정하지 않을 수 없다. 면적은 서울보다 약간 넓으면서, 인구는 600만 명 정도라서 서울보다 인구밀도가 낮아 좀 더 쾌적하다. 다국적기업이 많아서 다양한 외국인이 모여 살고, 각 나라의 문화와 종교가 혼재되어 있다. 1960년대 가난한 어촌이었던 섬을 오늘날 국제 도시국가로 만들다 보니, 인공적인 계획도시의 느낌이 강하다. 그래서 어딜 가도 깨끗하고 안전하니 아이들을 키우기 좋은 나라이다. 특히 돈만 많으면 너무 살기 좋은 나라이다.

싱가포르의 공교육은 초등학교 때부터 우열반을 나누어 수업한다. 얼핏 보면 차별하는 교육처럼 보이겠지만, 사교육 없이 공교육으로 학생들의 수준에 맞춰 실력을 키워 주는 시스템을 운영한다. 공교육 시스템이 잘 되어 있어, 우리나라만큼 사교육은 심하지 않다. 싱가포르의 대표적인 공용어는 영어와 중국어인데, 학교와 기업에서는 거의 영어를 사용한다. 노인 세대를 제외하고는 거의 영어권 환경에 익숙해져 있어서 영어 교육인프라가 세계적 수준으로 탄탄하게 갖춰져 있다. 하지만 코로나19와 '홍콩 민주화 운동' 이후 싱가포르의 높은 집세와 학비 때문에 외국인이 살기 어려워졌다. 그런데도 여전히 유학을 많이 온다. 국제학교마다 입학 순서를 기다리며 시험을 보고 입학하는 진풍경이 벌어진다. 한국 학생들도 정말 유학을 많이 온다. 교육인프라를 관광상품처럼 개발해서 전 세계의 유학생이 몰려오도록 만든 것이다. 서울보다 조금 큰 이 나라에 국제학교 숫자만 100개가 넘는데, 지금도 계속해서 늘어나고 있다. 싱가포르 국립대학교(NUS)는 2024년 QS 대학평가에서 세계 8위로 아시아 최고의 대학교이다. 그뿐만 아니라 난양이공대학(NTU)도 세계 26위로 세계적인 이공계 대학교이다. 우리나라 서울대학교가 세계 41위이니 두 대학교의 위상을 알 수 있다. 물론 QS 대학평가가 민간기관이며 여러 비판이 있지만, 전 세계에서 학생과 학부모에게 미치는 영향은 대단하다. 이러한 국립대학교에서의 성과는 뛰어난 인적 자원을 만들기 위한 싱가포르 정부의 노력을 제대로 보여 준다. 나는 이런 우수한 대학들을 견학하면서, 어떻게 이런 작은 나라의 대학교가 아시아 최고가 되었을까를 생각했다. 그리고 한국도 세계적인 교육 인프라를 만들 수 있는 잠재력과 자원이 있음에도, 매년 논쟁이 되는 입시와 교육 시스템에 안타까움을 느꼈다. 언제가 덴마크가 세계에서 가장 행복한 국가라는 뉴스를 봤다. 덴마크 사람들은 대부분 학벌과 직업에 대한 차별이 없고, 남과 비교하지 않는 사회 분위기로 소신있게 살기에 행복하다고 말한다. 이렇게 행복한 나라가 되기 위해서 투명한 정치, 정부의 효율적인 운영, 높은 수준의 사회 신뢰도 등을 꼽았다. 한국 학생들의 피 터지는 경쟁과 미래에 대한 불안은 한국 교육의 현실을 잘 보여 준다. 그리고 이러한 교육은 한국에서 어떠한 정치가 이루어지고 있는지를 여실히 보여 준다. 교육이 바뀌려면 정치가 바뀌어야 한다.

초등학교 1학년부터 학원 뺑뺑이

한국에서 아들이 초등학교 1학년이 되었다. 신도시에서 당시 가장 좋은 학군 중 하나로 유명하다는 초등학교에 입학했다. 나는 자녀 교육에 대한 열정은 있었지만, 초등학교 때는 아이답게 놀아야 한다고 생각했다. 그런 생각에도 피아노 학원, 미술 학원, 태권도장을 다니게 했다. 어릴 때 예체능을 배우면 좋을 것 같다고 스스로 합리화했다. 그 외에 따로 학습 관련 학원은 보내지 않았다. 아들을 데리고 서점을 다니며 책을 가까이하게 했다. 당시 유행처럼 다니던 영어 유치원이나 어학원은 다니지 않았다. 대신 야외 활동과 놀이를 주로 하는 유치원으로 보냈다. 아들은 밭에 콩을 심거나 고구마를 캐러 가는 등 농촌 체험 활동을 많이 했다. 또래들과 조금 다른 모습을 보고 주변 사람들은 걱정스러운 조언을 했다. 대학에 가려면 유치원부터 영어와 수학을 제대로 가르쳐야 한다는 것이다. 또 영어를 안 가르치는 것은 시대에 뒤떨어지는 것이라 말했다. 나는 아들이 초등학교 3학년쯤 싱가포르에서 3~4년 동안 살 계획을 했었기에, 굳이 영어 유치원이 아니라 우리말이 먼저 자리 잡아야 한다고 생각했었다. 그래서 아들은 초등학교 1학년 때 알파벳 b와 d를 헷갈리는 아이였다.

학교에서 1학년 엄마들 모임에 처음 나갔을 때의 일이다. 회의가 시작되기 전에 여기저기에서 '영어 학원은 어디를 다니냐?'를 시작해서 아이들 과외와 학원 이야기가 들렸다. 초등학교 1학년인데도 영어 학원을 비롯한 3~4개는 기본으로 다니고 있었다. 하긴 처음 보는 엄마들이 무슨 개인적인 이야기를 할 것은 아니지만, 아이들의 학교생활 관련해서 학원 말곤 다른 이야기가 없다는 건 좀 심하다는 생각이 들었다. 그날 회의는 남자 아이들 축구 모임을 만드는 문제에 관해서였다. 축구 코치를 섭외해서 축구 교실을 하니 가입하라고 했다. 또 생일 파티도 돌아가며 하니, 엄마들의 연락처도 적어 달라고 했다. 말로만 듣던 엄마들 모임을 처음 경험했고, 연락이 오면 저녁 식사 모임에도 참여했었다. 어떤 장소에서 모임이든지 영어 학원과 공부 관련 이야기는 계속됐다. 겨우 초등학교 1학년인데 입시경쟁이 시작된다고 생각하니, 아들이 대한민국에서 겪을 피터지는 경쟁에 걱정이 됐다.

나는 조기 유학을 선택했다

초등학교 1학년 교실 청소는 엄마들이 담당했다. 나는 '왜 엄마들을 불러 청소를 시켜?'라며 불만이 있었지만, 혹시라도 아들한테 불이익이 생길까 봐서 청소하러 갔다. 청소를 마치고 커피를 마시는데, 또 학원과 과외 이야기가 오갔다. 그때 나이가 지긋하신 여자 담임 선생님이 나를 부르시더니, 아들이 수업 시간에 옆 짝꿍이랑 이야기를 해서 혼내 줬다고 말씀하셨다. 나는 그 말을 듣자마자 조건반사적으로 "선생님 죄송해요."라며 다른 엄마들 앞에서 죄인처럼 고개를 숙였다. 왜 그 말이 그렇게 빨리 튀어나왔는지 모르겠다. 집에 돌아와서 아들한테 물어보니, 교실 맨 뒤에 앉았는데 선생님 말씀이 잘 안 들려서 짝꿍에게 물어봤다고 대답했다. 선생님은 아들한테 왜 무슨 말을 했는지 묻지 않고, 그냥 선생님 말씀에 집중하지 않았다고 혼내셨다.

우리나라 교실에서는 교사의 말을 집중해서 가만히 듣는 수업이 이루어진다. 수업 시간에 학생이 자유롭게 말할 기회를 잘 주지 않는다. 자기 의견을 잘 말할 수 있어야 하는데, 수업과 조금만 관련이 없으면 아이들의 입을 막는다. 입시와 관련된 단어와 공식을 외우면서, 초·중·고 12년을 책상에 앉아 보내야 한다. 문득 '아들이 이제 학교에 입학했으니, 한국에서 입시 전쟁을 치르는 삶을 살아야 하는구나!'라는 생각이 들었다. 나는 당시 입시를 준비하는 학생을 가르치는 사람이었기에, 더더욱 아들을 이렇게 키우고 싶지 않았다. 적어도 유치원과 초등학교 생활은 입시를 떠나 자유롭게 키우고 싶었다. 하지만 내가 살던 지역이 사교육이 치열한 곳이라, 나와 아들도 휩쓸려 떠밀릴 것만 같았다. 물론 나도 아들이 좋은 대학을 가고, 싱가포르에 사는 조카들처럼 영어를 잘하는 사람으로 만들고 싶은 욕심은 있었다. 그래서 아들이 초등학교 3학년을 마치면 싱가포르에서 몇 년간 조기 유학을 계획했었다.

나는 초등학교 1학년 엄마들의 모임에 참석하면서 답답함을 느끼고 있었다. 그 와중에 담임 선생님의 말씀에 실망하여 예상보다 앞당겨 유학을 결정했다. 학교를 다녀와서 몇 달 후에 한국에서의 모든 계획을 수정했다. 영어로 수업하는 싱가포르 학교를 대비해서, 아들이 몇 달이라도 어학원에 다니게 하려고 상담을 받았다. 안타깝게도 초등학교 1학년을 위한 기초부터 배우는 반은 없다고 했다. 원장들은 1학년이 되도록 왜 알파벳도 제대로 안 가르쳤냐는 듯한 눈빛으로 나를 바라봤다. 파닉스 수업부터 해야 한다며 너무 늦었다고 야단이었다. 아들이 수업을 등록하려면 4~5세 반에 들어가라는 학원도 있었다. 영어를 처음 배우는 초등학교 1학년이 갈 수 있는 학원이 없다는 사실에 놀라웠다. 아들을 영어 학원에 보내고 싶어도 갈 곳이 없는 상황이라, 싱가포르로 떠나기 전까지 집에서 한국어책 독서를 했다.

나는 한국에서 오랫동안 입시생을 가르쳤다. 강의실에서 매번 나만 말하고 학생들은 듣기만 하는 교육에 회의감도 있었다. 우리나라의 교육이 교사 중심의 주입식이라는 건 모두가 아는 사실이다. 그렇다고 해서 당시에 내게 교육을 혁신할 생각이나 방법이 있었던 것도 아니다. 솟아날 구멍이 없더라도 걱정이나 불평은 할 수 있지 않겠는가. 그리고 주입식 교육이 무조건 다 나쁘다는 것도 아니다. 20세기 산업화 시대에는 이런 교육이 효율적이었다. 베이비붐 이후 교실 숫자보다 학생이 폭발적으로 늘었다. 모든 학생에게 공평한 교육의 기회를 제공하기 위해서는, 학생 맞춤식보다는 획일화된 공장식 교육이 유리했다. 나도 과거 이런 교육을 받고 대학에 진학했으니 말이다. 그래서 나는 이런 교육을 받아 봤고 가르쳐 봤던 경험을 모두 가지고 있다. 이 경험을 토대로 주입식 교육이 그때는 맞을 수 있지만 지금은 아니라고 주장하는 것이다. 21세기에는 주입식 교육이 맞지 않다. 주입식으로 지식을 가르치면, 학생이 자율적으로 탐구하려는 호기심이 사라진다. 또한 정답 외의 주장은 받아 주지 않아, 비판적 사고력을 기르기도 어렵다. 게다가 솔직히 학교 교육의 최종 목표가 무엇이겠는가. 문명의 규칙과 기술을 가르쳐서, 자본주의 시대의 핵심인 기업에서 필요한 인재를 육성하는 게 아니겠는가. 과거 20세기 소품종대량생산을 하던 시대에는 규칙을 준수하고 명령을 잘 수행하던 직원을 채용했었다. 하지만 21세기 다품종소량생산 시대로 변하면서, 소비자의 니즈를 잘 파악하는 통찰력과 소비자를 설득할 수 있는 창의적인 사고를 하는 직원을 채용하기 시작했다. 기업의 요구사항이 변했으니, 당연히 교육도 그것에 맞게 변해야 하는 것이다. 우리들은 학원이나 학교가 마음에 안 들면 다른 동네나 도시로 이사도 간다. 돈과 시간이 허락되면 다른 나라로도 이사 갈 수 있다. 맹모도 자녀의 교육을 위해서 세 번이나 이사했으니 말이다. 나도 자녀를 21세기가 요구하는 인재로 키우고 싶어서 조금 멀리 이사했다.

우리나라의 조기 유학은 2006~2007년에 절정을 이뤘다. 2006년 한 해에만 초중고생 29,511명의 학생이 유학을 떠났다. 2007년에도 27,349명의 학생이 유학을 떠났고, 우리 가족도 이 대열에 합류했다. '한 아이를 키우려면 온 마을이 필요하다'라는 말이 있다. 아이를 키우려면 학교만이 아니라, 학부모와 정부가 모두 책임지고 동참해야 한다. 수능을 시작한 지 30년이 넘었다. 하지만 여전히 암기와 문제 풀이 위주의 객관식 평가를 하고 있다. 교육과혁신연구소 이혜정 소장이 쓴『서울대에서는 누가 A+를 받는가』를 보면, 서울대학교에서 A+를 받는 학생들은 교수가 하는 농담까지 다 받아 적어서 암기한다고 한다. 이렇게 공부해야 A+를 받는 교육이 걱정된다. 하지만 이건 서울대생의 잘못이 아니다. 그런 교육을 해온 우리나라 모든 교육 시스템이 잘못이다. 영화 〈자산어보〉에서 정약전의 "외우기만 하는 공부가 나라를 망쳤다."라는 그의 대사가 더욱 뼈아프게 들리는 이유이다. 지금이라도 학교, 학부모, 정부가 함께 틀린 것을 인정하고 다른 교육을 받아들여야 할 때이다.

집 떠나면 개고생

싱가포르 출국을 앞두고 갑자기 한국에 50일 정도 더 머물러야 했던 힘든 상황이 생겼다. 한국의 아파트는 전세를 줬고, 짐은 이미 배로 다 보낸 상태였다. 50일 정도 늦게 도착한 싱가포르에서의 생활은 시작부터 난관이었다. 사람보다 먼저 도착한 우리 짐은 컨테이너에서 썩고 있었다. 싱가포르의 덥고 습한 날씨로 인해 옷을 비롯한 살림살이에 곰팡이가 피어 써 보지도 못했다. 콘도를 구하고 살림이 제자리를 잡기까지 우리 가족이 겪은 고생은 한마디로 개고생……. 반년간의 고생담만 엮어도 소설을 쓸 자신이 있다. 한국을 떠나올 때 주변에선 '안정적인 한국 생활을 접고 자녀 교육 때문에 싱가포르로 떠난다고? 미쳤니?'라는 말을 들을 정도로 자녀 교육에 매달리는 엄마처럼 보이기도 했다. 물론 자녀 교육의 목적이 우선했지만, 10년 넘게 너무나 바쁘게 일만 했던 나에게 휴식이 필요하기도 했었다. 이상과 현실은 다르다는 옛 성인의 말씀이 왜 그렇게 떠올랐을까? 17년 전 싱가포르는 마트에서 한국 음식이나 물건을 사기도 어려웠다. 우리 가족은 '로빈슨 크루소'가 하나하나 자신의 섬을 만들어 가듯이, 현지에 적응하기 위해 정말 힘겹게 사투했다. 왜 집 떠나면 고생이고, 외국 생활이 쉽지 않은지 제대로 깨달았다. '헬조선'이라며 한국을 떠나 이민이나 유학을 도망치듯이 가겠다고 하면 오판이다. 외국에서 내가 원하는 대로 기회를 얻고 꿈을 이루기 위해서는 몇 배는 더 노력해야 한다. 왜냐하면 외국인으로서 차별받으며 경쟁해야 하기 때문이다.

알파벳 b와 d를 헷갈리는 아들을 초등학교에 입학시키던 날이었다. 난 아들에게 화장실에 가고 싶으면 손을 들고 'toilet'을 빨리 말하라고 한 단어만 알려줬다. 어디서 나온 용감함인지 모르겠지만, 아무런 영어 교육 없이 아들을 그냥 입학시켰다. 또 무슨 배짱인지 나는 일부러 한국 학생들이 거의 없는 학교를 선택했다. 당시에는 한국에 싱가포르 유학 바람이 불어서, 우리보다 이미 3~4년 전부터 유학 온 한국 학생들이 로컬 학교와 국제학교에 꽤 많이 다니고 있었다. 어떤 국제학교에는 수백 명의 한국 유학생이 다니기도 했다. 학생 대부분이 영어와 중국어를 완벽하게 배우기를 원했던 열성 엄마들에 의해서 온 아이들이었다. 당시 나도 다른 엄마들과 비슷했다. 한국 학생들이 있는 학교에 보내면 영어를 제대로 배우기 어렵다고 생각했다. 한인타운에 살면 영어를 쓸 일이 없는 것처럼 말이다. 그래서 영어 한 마디 알아듣지 못하는 아들을, 한국 애들이 거의 없는 학교에 밀어 넣은 것이다.

자녀 교육을 위해 부부가 같이 사는 것도 포기하는 기러기 가족이 이렇게 많은 줄 몰랐다. '그들은 왜 가족과 떨어져 살면서, 외국에 돈을 쏟아부으며 살았을까?'라는 질문에 한국에서 살 만했고 돈 좀 있으니까 유학 가는 게 아니냐고 할 수 있다. 하지만 유명 연예인이나 수백억 자산가만 가는 게 아니다. 대부분은 자신이 현재 가진 경제적 여력을 모두 투자하는 부모도 많다. 자녀를 교육하기 위해 헌신하는 부모들이다. 피겨 스케이팅 퀸 김연아 선수를 위해 19년간 헌신한 엄마나, 손흥민을 뒷바라지한 손정웅 감독의 일화는 유명하다. 한국의 교육환경이 마음에 들었다면 당연히 한국에서 자녀를 교육했을 것이다. 하지만 한국의 교육은 여전히 학생의 다양성을 키워주지 못한다. 손을 쓰는 농구를 잘하는 학생에게, 발을 잘 써야 하는 축구를 획일적으로 가르치는 것처럼 말이다. 리처드 도킨스(Richard Dawkins)의 『이기적 유전자』에 의하면 부모는 자녀를 자기의 연속성으로 생각한다고 한다. 더욱이 한국은 자녀의 성공이 부모의 성공이라는 사회적 인식이 매우 크다. 이렇게 보면 나도 전형적인 한국인 엄마라 할 수 있다. 한국에서 안정적으로 살던 걸 포기하고, 고생을 감수하며 자녀 교육을 위해 싱가포르에 와서 개고생하니 말이다. 무엇보다 2008년 발생한 '서브프라임 모기지 사태'로 인해 경제적 손해는 막심했다. 친인척과 떨어져 정서적인 외로움도 컸다. 한국에서 흔하게 먹던 음식 하나도 못 먹는 게 이렇게 서러움이 되는지도 몰랐다. 나뿐만 아니라 대부분 해외에서 자녀를 교육하는 부모들은 다양한 모양으로 각자 상황에 맞게 헌신한다. 한국에서도 자녀 교육은 정말 쉬운 일이 아니지만, 자녀의 유학은 정말 만만한 일이 아니다.

인글리시 들어 봤어요?

나라마다 영어는 그 나라의 특성에 맞게 어휘와 발음이 차이가 난다. 일본식 영어만 보더라도 'white shirt'는 '와이셔쯔' 'concentric plug'는 '콘센토'라고 부른다. 심지어 우리나라 사람들도 와이셔츠와 콘센트는 너무나 익숙한 콩글리시이다. 또한 영국의 남북 도시마다 사투리 차이가 심하고, 미국의 동서도 차이가 심해서 원어민들도 알아듣지 못하는 경우도 많다. 실제 학교에서 여러 국적 선생님의 발음을 들어 보면 차이가 확 난다. 한국인이 콩글리시, 일본인이 재플리시를 사용하듯이 싱가포르 사람들도 싱글리시를 사용한다. 싱글리시도 처음 들으면 어색하지만, 인도인이 사용하는 인글리시 발음은 세계에서 가장 알아듣기 힘들다고 한다.

싱가포르에 온 첫 달에 있었던 일이다. 싱가포르에서는 콘도 SP 요금(아파트 관리비)을 편의점에서 낼 수 있다. 처음 나온 관리비를 내기 위해 콘도 후문에 있는 편의점에 갔다. 관리비 청구서를 내밀었는데, 얼굴이 까무잡잡한 인도인 아저씨가 흰 눈동자를 굴리며 나한테 갑자기 "캐슈넛?"이라고 말하는 것이다. "아니! 나는 관리비를 내러 온 것이지, 캐슈넛을 사러 온 게 아니다."라고 말했다. 그러자 다시 한번 아저씨는 "캐슈넛?"이라고 말했다. 나는 짧은 영어와 당황스러움으로 제대로 설명하기도 어려웠고, 갑자기 입도 얼어붙어 뻥긋도 못했다. 결국 관리비를 못 내고 편의점 밖으로 나오고 말았다. 이럴 때 학교에서는 "Pardon?"이라고 말하면 된다고 배웠는데⋯⋯. 이날은 내가 알고 있는 영어 지식이 아무 소용 없었다. 내가 한국에서 10년을 더 영어 공부하고 시험도 봤었는데⋯⋯. 이게 뭔 창피인가 싶었다.

도대체 왜 그 사람은 "캐슈넛?"이라고 말했을까? 산책을 하면서 관리비도 못 내고 당황하던 모습을 계속 떠올렸다. 싱가포르에 처음 온 해에는 아들과 남편은 학교에 공부하러 가고, 나는 돌 지난 딸을 계속 돌봐야 했다. 그러니 영어 공부를 제대로 하기 어려웠다. 이 일이 있고 난 뒤 싱가포르에서 살아남으려면 영어를 빨리 알아들어야겠다고 생각했다. 나중에 알아보니 '캐슈넛'은 견과류가 아니라 'Cash or Nets?'였다. 그 사람은 나에게 현금으로 낼 거니? 카드로 낼 거니? 물어보는 것이었다. 이 말을 인도인 특유의 악센트로 매우 빠르게 말하면 너무나 이상하게 들린다. 인도 사람들의 영어 발음은 익숙하기 전까지는 정말 알아 듣기 쉽지 않다. 그 사람이 또박또박 '캐쉬 오알 넷츠?'라고 천천히 발음했더라면 혹시 알아들었을까?

우리나라 사람들은 영어를 말할 때 특히 발음에 신경을 많이 쓴다. 우리가 외국어로 말할 때는 의사소통이 중요한 것이지, 굳이 원어민처럼 발음을 하지 않아도 된다. 한국 사람은 옆에 한국 사람이 있을 때 영어를 제일 못한다는 말이 있다. 우리나라 사람은 외국 사람과 혼자 대화할 때는, 콩글리시나 브로큰 잉글리시라도 막 내뱉으며 말한다. 하지만 한국 사람이 옆에 있으면, 자기 영어 발음에 신경이 쓰여 제대로 영어로 말하지 못한다. 미국에서 태어난 백인처럼 말하면 세련돼 보일 수 있겠지만, 어릴 때부터 너무 발음을 강조하면 오히려 영어에 대한 자신감이 떨어질 수 있다. 아무리 혀를 굴려도 극복하기 어려운 것이 발음이다. 어린 시절 부산에서 사투리를 쓰던 사람이 성인이 되어 서울에서 표준어를 쓰면 어색한 발음에 티가 나기 마련이다. 굴리는 발음보다는 천천히 말하더라도 정확하게 소통하는 영어를 말하자.

랜턴과 '후레쉬'의 차이

로마에 가면 로마법을 따르라 했다. 서로 다른 나라 문화의 우열을 따지기보다, 그 나라의 문화를 따르는 것이 상식이라는 말이다. 나도 싱가포르 유학에 관해서 많은 준비를 했지만, 문화를 몰라서 실수하는 경우가 종종 있었다. 첫해에 가장 많은 실수를 한 것이 대중교통을 이용하는 것이었다. 싱가포르에서는 버스 요금을 현금으로 내면 거스름돈이 나오지 않는다. 나는 이 문화를 모르고 80센트의 버스 요금을, 잔돈이 없어서 10달러짜리 지폐로 내고 거스름돈을 달라고 말했다. 운전기사는 어이없다는 표정으로 줄 수 없다며 싱글리시로 "Can not."이라고 말했다. 나는 따졌지만 더 이상 어쩔 수가 없어서 자리에 앉아야 했다. 잔돈을 거슬러 주지 않는 것은 이 나라의 교통문화였다. 이런 사소한 것까지도 알고 있어야 실수를 안 하게 된다. 특히 문화를 모르면 나처럼 경제적인 손해를 보기도 한다.

학교 문화를 몰라서 창피한 실수를 한 적도 있다. 아들이 초등

1학년 때 학교에서 가정통신문을 보냈다. 학교에서 '랜턴 페스티벌 (Lantern Festival)'을 하니, 랜턴을 가지고 추석 전날 저녁 7시까지 학교에 오라는 것이었다. 나는 이게 무슨 행사인지 다른 사람들에게 제대로 물어보지 않고, 아무 생각 없이 집에 있는 랜턴을 가지고 학교에 갔다. 내가 가지고 간 것은 한국에서 '후레쉬'라고 하는 비상용 랜턴이었다. 그런데 학교에 도착해서 보니 다른 가족들은 모두 알록달록한 각양각색의 등불을 들고 있었다. 싱가포르는 한국의 연등회처럼 추석 전에 등불을 밝히는 문화가 있었다. 한 손에 후레쉬를 들고 당황하여 우두커니 멍하니 있었다. 이 모습을 보고 같은 콘도에 사는 크리스틴의 아빠가 웃으면서, 얼른 우리 아들한테 자기가 가져온 여분 랜턴을 주면서 같이 참여하자고 했다. 다른 학부모가 내가 들고 있는 후레쉬를 봤다면 얼마나 웃었을까……. 결국 그 친절한 크리스틴의 아빠 덕분에 아들도 그날 행사를 잘 참여했다. 싱가포르 사람들은 추석 전날 보름달 밤에, 서로 모여서 랜턴에 불을 켜며 서로의 행복을 빌어 준다. 초등학교에서 이런 행사를 하는 것이었다. 이런 문화에 대한 배경을 모르고 비상용 후레쉬를 가지고 갔으니, 지금 생각해도 창피하고 웃음만 나온다.

품앗이 과외는 공짜

외국에 살면 한국처럼 예체능 학원이나 과외 선생님을 찾기 힘들다. 한국에선 흔한 미술 학원이나 피아나 학원도 집 주변에 없다. 그러니 엄마들은 대부분 비싼 개인 과외를 시키게 된다. 그런데 딸은 미술, 피아노, 수학, 테니스를 모두 공짜로 배웠다. 딸이 초등학교 2학년 때쯤, 근처 살던 딸의 친구 엄마가 한국어 교육에 관한 고민을 나에게 말해 왔다. 나는 평소 마음에 맞는 엄마라서 한국어를 직접 가르쳐 주겠다고 말했다. 그랬더니 그 엄마는 우리 딸에게 피아노를 가르쳐 주겠다고 했다. 이렇게 품앗이처럼 서로의 자녀에게 과외를 해 주게 되었다. 처음에는 이렇게 둘이 시작했는데, 한국에서 미술 교사를 했던 엄마가 한국어를 부탁해 왔다. 딸을 포함해서 3명의 아이를 가르치기 시작했고, 나중에는 동생들까지 합류하여 5명을 그룹으로 가르치게 됐다. 일주일에 한 번 정도는 마치 공부방처럼 우리집 거실에서 한국어를 공부했다. 아이들이 학년도 다르고 수준도 달랐기에, 큰 테이블에 모여 앉아서 각자 스스로 학년에 맞는 문제집을 풀게 했다. 모르는 것이 있으면 내가 알려 주는 방식으로 가르쳤다. 시작할 때 공부할 분량을 정해 주고, 다음 주까지 공부해 올 분량을 과제로 내 줬다. 그날 공부할 분량을 다 하면 거실 소파에서 한국책을 읽게 했다. 우리집 거실은 마치 작은 도서관 같았고, 아이들은 각자 자기 공부나 독서했다. 그리고 독서를 한 후에는 꼭 감상문을 쓰게 했는데, 초등학교 아이들의 글쓰기 실력을 향상하는 아주 효과적인 방법이었다.

우리 세 가정은 자주 모여 함께 주말을 보내곤 했었다. 특별한 일이 없으면 주말 중 하루는 부모가 선생님이 되어 아이들을 품앗이로 가르쳤다. 아이들도 서로 모여서 놀면서 공부해서 그런지 한국어, 미술, 피아노, 수학, 테니스를 힘들지 않게 배웠다. 이렇게 거의 5년을 함께했다. 다행히 아이들도 서로 다툼 없이 잘 지냈고, 엄마들도 작은 갈등들은 서로 배려하고 양보하며 지냈다. 무엇보다 우리는 해외에 살기 때문에 정말 이웃사촌이 어떤 의미인지 잘 알고 있었다. 벌써 10년이 지난 일이지만 여전히 우리들은 친하게 잘 지내고 있다. 많은 과외비를 들이지 않고, 이렇게 여러 가지를 만족할 수준으로 배운 것은 엄청난 경제적 이득이었다. 문화적 차이로 한국 아이들이 해외에서 외로울 수도 있는데, 품앗이 과외 덕분에 재미있고 정서적으로 안정될 수 있었다. 요즘 한국에서도 교육협동조합을 통해 학생, 학부모, 교직원, 지역주민이 함께 소통하며 아이들을 교육하는 사례가 있다. 어른들이 함께 소통하며 협동하는 것을 아이들은 보고 경쟁이 아니라 협력의 가치를 배운다. 혼자 꾸면 꿈에 머물지만, 함께 꾸면 현실이 된다고 말하고 싶다.

공부만 하고 놀지 않으면 바보가 된다

"All work and no play makes Jack a dull boy."라는 영국 속담이 있다. 번역하자면 일만 하고 놀지 않으면 따분한 사람이 된다는 뜻이다. "노동 뒤의 휴식이야말로 가장 편안하고 순수한 기쁨이다."라는 칸트(Immanuel Kant)의 말처럼, 일이나 공부할 때 휴식은 꼭 필요하다. 휴식 없이 일만 하는 사람은 브레이크 없는 자동차와 같다. 짧은 거리는 빨리 달릴지 몰라도, 긴 거리에서는 과열된 엔진이 녹아내리게 된다. 죽어라 일만 한다고 해서 일의 능률도 같이 오르는 것은 아니다. 주 37시간 근로하는 덴마크인이 주 52시간 일하는 한국인보다 노동생산성은 2배나 높다. 근무시간과 효율성은 비례하지 않는다. 근무하는 시간 동안 얼마만큼 온전하게 일에 집중하느냐가 더 중요하다. 또 업무나 회사에 대한 애착 같은 것들이 더욱 집중하게 만드는 요소이다. 매주 월요일 출근이 공포인 직원과 출근이 행복한 직원의 결과는 달라질 수밖에 없다. 제대로 놀고 쉬게 해 주는 회사여야 행복한 얼굴로 출근할 수 있는 것이다. 싱가포르의 휴가와 비교하면 한국의 휴가는 대체로 짧은 편이다. 그만큼 한국은 경쟁이 치열한 사회다. 이런 경쟁은 회사뿐만 아니라 학교에서도 더욱 치열하게 나타난다. 한국은 학교를 마치고도 밤 10시까지 학원에서 공부한다. 방학이라도 별다를 게 없이 온종일 학원에서 공부한다. 국제학교 선생님들에게 이런 이야기를 해 주면 눈이 휘둥그레진다. 왜 그렇게까지 하냐며 오히려 나에게 되물은 적이 한두 번이 아니다. 외국인들의 눈에는 한국의 이런 학원 문화가 도무지 이해하기 힘든 것 중 하나이다.

싱가포르에는 초등학교 6학년에 대학입시처럼 중요한 로컬 초등학교 졸업시험(PSLE)이 있지만, 학생들은 학원을 많이 다니지 않는다. 입시를 준비하는 학생들도 방학에는 주로 여행을 다닌다. 아들이 초등학교 겨울 방학 때, 근처 쇼핑몰에 있는 학원에 상담을 간 적이 있다. 그런데 학원 상담원은 뜻밖에도 겨울 방학 동안은 학원을 열지 않는다고 말했다. 나는 하마터면 'Sorry?'라고 다시 물어볼 뻔했다. 내 귀를 순간 의심하며, 왜 방학에는 학원을 열지 않느냐고 물었다. 상담원은 방학에는 선생님이나 학생들이 모두 여행을 다니면서 휴가를 보내기 때문이라고 말했다. 그러니 11월 20일부터 1월 초까지 운영하지 않으니, 그 후에 다시 오라고 했다. 이 학원은 싱가포르 로컬 초등학생들이 많이 다니는 유명한 프랜차이즈 학원이었다. 물론 모든 학원이 이런 것은 아니지만, 대부분의 다른 학원도 이렇다는 것이다. 아마 한국 대치동의 학원들이 방학 동안 문을 닫는다면 온종일 특집 뉴스가 나올 것이다. IB 국제학교에서는 디플로마 과정이 아니라면, 방학 숙제를 내는 일은 거의 없다. 수십 년간의 경험을 통해, 학생들이 제대로 휴식했을 때 학업성취도가 더 뛰어났음을 알기 때문이다. 이처럼 생산성이 높은 나라들은 대체로 휴식의 중요성을 알고 있다. 반면 한국의 20~30대 직장인 10명 중 7명이 번아웃 증후군을 겪고 있다고 한다. 어린 시절부터 혹독한 입시에 시달리고, 성인이 되어서는 치열한 취업 경쟁에 내몰렸다. 그렇게 20년 가까이 공부하느라 모든 에너지를 다 써 버렸다. 그래서 정작 자기 꿈을 펼쳐야 할 직장에서는 무기력해져 버린다. 물론 직장에서의 과도한 업무도 한몫한다. 저출산이 국가소멸로 이어지는 이유는 인구감소로 인한 국력의 감퇴 때문이다. 그러면 일할 사람이 점점 태어나지 않는 것과 아예 일을 포기하는 사람이 늘어나는 것 중에 과연 어느 쪽이 국가소멸의 더 큰 이유가 될까? 조금만 생각해 보면 공부나 일이 힘드니까, 결혼이나 출산도 포기한다는 것을 알 수 있다. 결국 저출산의 원인도 20~30대가 지쳐 포기했기 때문이다. 이 국가적 위기를 극복할 방법은 교육이다. 학생들에게 노력과 성실만을 강요할 것이 아니라, 제대로 휴식하는 방법을 가르쳐야 한다.

알파벳도 모르던 아들의 영어 공부

싱가포르로 유학을 준비할 땐 현지에 오면 영어가 자연스럽게 늘 거라고 쉽게 생각했다. 원래는 아들이 초등 3학년은 마치고 올 생각이었는데, 갑자기 오느라 알파벳도 잘 모르는 초등 1학년 때 입학시켰더니 아들이 고생을 많이 했다. 입학식 때 있었던 일이다. 나는 입학식을 마치고 불안한 아들의 눈빛을 애써 외면하고, 손을 흔들고는 도망치듯 집에 왔다. 그런데 학교를 마치고 집에 온 아들이 "엄마, 영어를 못 알아들어서 대충 애들 보면서 눈치껏 따라다녔는데,

말을 못 하니 식당에서 밥을 못 사 먹고 배고파서 물만 마셨어요. 하루 종일 가슴이 꽉 막힌 것처럼 답답했어요."라고 말하는 것이다. 점심도 못 먹었다는 말에 나는 가슴이 철렁 내려앉았다. 싱가포르 학교는 급식을 하지 않고, 애들이 각자 학교 식당에서 먹고 싶은 것을 직접 사서 먹는다. 나는 아들이 어떻게 점심을 먹을 것인지 미처 생각하지 못했다. 첫날부터 아들에게 미안한 마음과 이러다가 아들이 밥도 못 먹겠다는 생각에 눈앞이 아찔했다. 이제라도 빨리 영어를 가르쳐야겠다고 생각했다. 그날부터 아무도 사용하지 않는 콘도의 도서실에서 아들은 영어책을 읽으며 공부하기 시작했다. 어느날은 내가 집에 가자고 해도, 아들은 더 공부하고 가겠다며 혼자 밤 11시까지 공부하기도 했다. 영어를 잘해야 굶지 않는다는 절박함이, 아들을 스스로 공부하게 만든 것 같았다. 영어권에 살다 보면 영어 실력이 향상되는 것은 맞다. 하지만 현지에 살면서 시간이 지난다고 저절로 향상되는 것은 아니다. 영어를 쓸 수밖에 없는 환경에 노출되어야 절박함에 빠르게 향상되는 것이다.

처음 계획은 3년 정도 유학을 마치고 한국에 돌아올 생각이었다. 그래서 아들이 영어를 빨리 배우게 하고 싶은 욕심에, 한국 학생이 없는 로컬 학교에 입학시켰다. 아들은 어릴 때부터 친구들과 어울리기 좋아하는 외향성 성격이었고, 지기 싫어하는 승리욕 기질도 가지고 있었다. 그런데 영어를 한 마디도 못 하니, 학교 친구들과 제대로 어울릴 수 없었다. 반 친구들은 유일한 외국인인 아들이 신기해서 이런저런 말을 걸어 왔지만, 아들의 보디랭귀지로는 친구들과 놀고 싶은 욕구를 해소해 주지 못했다. 또 수업이 모두 영어로 진행되다 보니, 수학 과목 외에는 문제도 이해하지 못했다. 당연히 성적이 잘 나올 수 없었고, 아들은 주변 친구들보다 뒤처져서 무시당할

지도 모른다는 걱정을 했다. 점심을 먹어야 했고, 친구들과 놀고 싶었고, 무시당하는 게 싫었던 절박함과 욕구가 아들이 영어 공부를 열심히 하게 하는 큰 동기가 됐다. 초등학교 1학년 영어 수준이 크게 높지 않기에, 아들은 한 달에 대략 10% 정도씩 영어 수업을 알아들을 수 있었다고 말했다. 1학년 내내 하위권 성적을 유지하더니, 2학년이 되어서 처음 반에서 9등을 했다. 3학년에는 성적우수반에 들어가더니, 외국인임에도 학교 홍보 모델이 되었다. 3학년 때 동물원 야외수업에서 학부모 보호자로 참여했을 때, 아이들이 나에게 아들은 어떻게 공부하는지 이것저것 물어왔다. "책을 매일 읽어요?" "어떻게 어려운 단어를 그렇게 많이 알아요?" "상식은 어떻게 쌓았어요?" 같은 질문들이었다. 순간 긁어 보면 안다고 말하고 싶었지만, 평소 책을 많이 읽어서 그렇다고 대답해 줬다. 이후로도 아들은 5~6학년 때는 학교 임원도 하면서, 늘 학교 가는 걸 재미있어했었다. 돌이켜 생각해 보면 처음 로컬 학교에 입학시켰을 때는, 아들을 사지에 밀어 넣은 것 같아 미안한 마음이 든다. 그런데 이런 게 전화위복이라고 해야 할지 모르겠지만, 절박함에 영어를 공부하던 1~2년이 꾸준한 학습 습관으로 자리 잡혔던 것 같다. 거기에 평소 책을 많이 읽는 습관이 더해져, 공부로 속 썩이지 않는 아들이 되었다고 생각한다. 어른이든 아이든 목표를 이루기 위해서는 특별한 동기가 중요하다. 그리고 저학년 때의 습관이 고학년이 되어서도 꾸준한 학습 습관으로 쉽게 이어진다. 아들이 학교에 가기 싫다며 떼를 썼을 수도 있었겠지만, 스스로 잘 극복해 줘서 운이 좋은 엄마였다.

　　나는 과외보다는 독서를 통해서 아이의 영어 실력을 키워야겠다고 생각했다. 모든 공부의 기본이 독서라고 생각했기 때문에, 초등학교 저학년 수준의 다양한 영어책을 읽히기로 했다. 하지만 초등학생 수준의 책이라고 해도 나한테도 어려운 단어가 많을 뿐만 아니라, 아들이 모르는 단어가 너무 많았다. 나는 영어책을 먼저 읽고, 단어들을 찾아 가며 노트 정리를 했다. 예를 들어, 'boy'라는 영어 단어 옆에 '소년'이라고 한국어 단어를 쓰며, 중고교 시절 단어장처럼 만들었다. 아들은 내가 미리 만들어 놓은 단어 노트를 옆에 펼쳐 놓고, 모르는 단어가 나오면 하나하나 찾아보면서 책을 읽어 나갔다. 영어 공부를 위한 특별한 비결은 없었다. 내가 중고교 시절에 했던 방법대로 아들에게 단어 노트를 만들어 줄 뿐이었다. 다만 나는 꾸준히 영어책을 읽을 수 있도록 환경을 만들어 주는 방법을 선택했다. 우선, 나는 영어 단어와 한국어 단어를 함께 알아야 한다고 생각했다. 유학생들이 영어만 공부하다 보면 영어 단어로는 아는데, 한국어로는 무슨 말인지 모르는 경우가 많다. 아무리 해외에 나와 살아도 우리는 한국인이다. 한국인으로서 정체성을 잊지 않으려면 한국어는 반드시 알아야 한다고 생각했다. 내 방식이 통했는지 운이 좋았는지 모르겠지만, 아들은 영어와 한국어 두 언어의 어휘력이 모두 좋아지기 시작했다. 나는 아들이 영어책을 읽을 때마다, 옆에서 다음에 읽을 다른 동화책을 읽고 단어 노트를 정리했다. 아들은 책을 읽으면서 이해가 안 되는 것들을 바로바로 물어보면서 내용을 제대로 이해하면서 읽었다. 하루에 한두 시간씩 늘 나와 함께 책을 읽었고, 나머지 시간은 아들이 혼자서 읽었다. 아들은 하루 종일 학교에서 영어만 듣고 오기에, 집에서 혼자 책을 읽을 때는 한국어책만 읽으라고 했다. 사람은 모국어로 생각한다. 모국어로 독서해야 책의 내용을 제대로 이해할 수 있다. 영어책만 읽어 언어 능력만 키우다 보면, 제대로 이해하고 생각하는 능력을 키우는 데 한계가 있기 때문이다. 영어책을 다 읽고 나면 가끔 부담 없이 한국어로 줄거리를 요약해 보라고 했다. 이렇게 특별한 방법 없이 책 읽기와 줄거리 쓰기 정도를 꾸준히 반복했다. 어느새 알파벳도 제대로 모른 채 싱가포르에 왔던 아들은, 2학년이 되자 영어 수업을 알아들을 정도로 놀랍게 달라졌다.

아이가 독서할 수 있는 가정 환경을 만드는 것이 중요하다. 우리 가족은 집에 텔레비전이 있어도, 싱가포르 프로그램이 나오니까 볼 일이 없었다. 봐도 알아듣지 못하니 재미도 없었다. 환경이 강제적으로 텔레비전을 멀리하는 상황이 되었다. 거실에는 살림은 거의 없고 초등학생용 책만 가득했다. 아들이 읽는 책을 사는 것에는 돈을 아끼지 않았다. 아들이 6학년이 되었을 때, 집에 읽지 않은 책이 거의 없을 정도로 많이 읽었다. 다양한 책을 읽다 보니 한국어도 잊지 않았을 뿐만 아니라, 학교 공부에 필요한 다양한 배경지식을 많이 얻게 됐다. 학교에 학부모 상담을 하러 갔을 때의 일이다. 학교의 영어 선생님은 아들이 한국 학생인데도 영어 어휘력이 아주 풍부하고 표현력이 좋다고 했다. 싱가포르 학생들보다 영어로 발표도 잘하고, 에세이도 논리적으로 잘 쓴다고 칭찬하셨다. 6학년 300명 중에서 영어를 제일 잘한다며, 외국인이지만 아들을 학교 대표로 싱가포르 전국 영어 토론 대회에 출전시켰다고 말씀하셨다. 알파벳도 제대로 모른 채 입학했지만, 6년 동안의 꾸준한 독서가 만들어 낸 성과였다. 혁신적인 영어 공부 비결이 없냐고 물어보신다면, 모든 공부의 왕도는 독서라고 정직하게 말할 뿐이다. 아들이 초등학교 시절 내내 함께 책을 읽으며 책과 친하게 만들어 준 것이 영어를 잘하게 만든 비결이라 생각한다.

약속이 부러졌어요

외국에 살면서 부모가 한국어를 아이에게 제대로 가르치는 일은 쉽지 않다. 영어와 한국어를 모두 구사하는 이중언어 사용자가 되길 바라지만 현실은 녹록지 않다. 왜냐하면 언어를 빠르게 습득하기 위해서는 얼마나 해당 언어에 오랫동안 노출되었는지, 체계적인 교육을 받았는지 중요하기 때문이다. 주변에 한국어 사용자가 거의 없고, 교사가 아닌 부모는 그래서 한국어를 가르치기 힘들다. 그래서 나는 싱가포르에 온 지 얼마 안 되었을 때부터 교회에서 1시간씩 한국어를 가르쳐 주는 봉사활동을 한동안 했었다. 우리 아이를 포함해서 초등학생 아이들이 조금이라도 한국어를 잊지 않기를 바라는 마음이었다. 초등학생 시기를 놓치고 중학생이 되면 한국어를 공부하기가 더 힘들어지기 때문이다.

교회에 한국말을 유치원생 수준으로 말하고 쓰는 고등학생이 있었다. 이 학생은 아기 때부터 싱가포르에서 성장했기에, 청소년이 되면서 자기 정체성에 대한 고민이 많았다. 그래서 한국인과 어울리고 싶어서 한인 교회를 찾아온 것이었다. 어느날 기도 시간에 한국말로 기도하다가 무심코 "하나님, 아빠가~" 하는 바람에, 눈 감고 기도하던 다른 고등부 학생들이 웃음을 터뜨렸다. 생각하면 정말 사소한 일이지만, 학생은 그 후로 한인 교회에 나오지 않았다. 한국 국적을 가지고 있었지만, 한국말을 잘 못해서 제대로 못 어울리는 자신이 부끄러웠을 것이다. 그 후 학생의 가족은 모두 한국 국적을 포기하고 싱가포르 국적을 취득했다. 결국 학생은 영어로 소통하며 싱가포르 로컬 교회에 다니는 선택을 한 것이다. 언어는 국가 정체성에 지대한 영향을 미치며, 같은 민족이라는 동질성을 가지게 하는 핵심이다. 그래서 한국어를 제대로 배우지 못하면, 이 학생처럼 한국인으로서의 정체성을 가질 수 없게 되는 것이다.

나는 학교에서 근무해야 했기에, 딸이 30개월이 되자마자 집 앞 유치원에 보냈다. 5세 전까지는 그냥 하루 종일 놀고 먹고 자는 돌봄 기능만 있는 유치원이었다. 유치원에 다니는 딸이 집에 오면 자연스럽게 간단한 말을 다 영어로 했다. 좀 신기하기도 해서 가끔 영어로 대답해 주기도 했다. 어린 딸이 귀여운 발음으로 영어로 말하니, 엄마 눈에는 그저 예쁘게만 보였다. 이렇게 딸은 자연스럽게 영어와 한국어를 같이 쓰는 아이가 되는 줄 알았다. 하지만 내 예상은 빗나갔다. 딸이 4살 때쯤 오빠를 '오빠'가 아니라 원어민처럼 이름으로 불렀다. 어릴 때부터 존댓말로 가르쳤는데, 어느날부터 "밥 다 먹었다요." "스터디해요."처럼 한국어 존댓말을 어색하게 영어와 섞어 말했다. 어느날은 "약속이 부러졌어요." "버스고 오고 중이에요."처럼 문법적 표현도 이상해졌다. 아들은 초등학교 1학년 때부터 유학을 와서 이런 문제가 없었지만, 딸은 1살에 싱가포르에 왔고 30개월부터 유치원에서 온종일 영어로만 노출되어 부작용이 생긴 것 같았다. 종일 유치원에서 영어만 쓰다가 저녁에 잠깐 엄마와 말을 하는 딸이 한국어를 잘 하기는 힘들었다. 이러다가 한국어를 제대로 못해서, 한국인으로서의 정체성을 잃을까 봐 걱정됐다. 그래서 나는 영어보다 한국어를 우선으로 가르쳐야겠다고 생각했다. 그림 그리기를 좋아하는 딸과 매일 그림을 그리면서 놀아 줬다. 한글을 미술 놀이처럼 가르치려고, 한국에서 사 온 낱말 카드를 거실 여기저기에 붙이고 하나씩 가져오라고 했다. 예를 들면, 사과를 가져오라고 하고 도화지에 사과를 그리고, 그 뒤에 있는 '사과' 글자를 그림처럼 그려서 색칠하며 놀았다. 이런 식으로 매번 단어를 그림처럼 그려서 색칠하며 한글을 배웠다. 딸은 한글 공부를 엄마와의 그리기 놀이로 생각하며 자연스럽게 한글을 습득했다. 몇 달 동안 이렇게 놀아 주고, 유치원용 한국어책을 읽어 주며 아는 단어를 찾아보게 했다. 그랬더니 자연스럽게 단어 찾는 놀이로 인식했고, 책에 대한 거부감 없이 재미있게 한글을 배워 나갔다.

톰 소여 효과

처음 싱가포르에 올 때는 3~4년만 유학하고 돌아갈 계획이었다. 아들이 한국에 돌아갔을 때 4학년 정도의 한국 수업을 따라가려면 국어 공부를 해야 했다. 나는 특별히 공부를 가르치기보다는, 자기주도학습 습관을 만들어 주고 싶었다. 한국에서 사 온 초등학교 1학년 문제집을 하루에 두 장씩 하고 싶은 시간에 풀게 했다. 대략 30분 정도 문제를 풀고 나면, 정답지를 보고 혼자 채점하게 했다. 틀린 문제는 정답 해설지를 읽도록 했다. 주중에는 이렇게 공부하고 주말은 무조건 놀게 했다. 내가 해 준 것은 문제집에 주 단위로 날짜를 써 주고, 그 주에 하도록 지도한 것이었다. 이 방법은 은근히 공부한 날짜를 눈으로 볼 수 있어서 성취감을 느낄 수 있게 한다. 아들은 주중 스케줄을 보면서 스스로 공부할 시간을 정하고 놀았다. 해야 할 일을 다하면 컴퓨터 게임을 하거나 밖에 나가서 수영하며 친구들과 놀았다. 하루에 두 장이지만 한 달이면 수십 장이 된다. 아들도 공부가 노는 시간을 많이 뺏지 않으니, 큰 불평 없이 꾸준히 공부했다. 오히려 30분 정도의 공부를 마치면 자유롭게 놀 수 있으니, 문제를 다 풀

때마다 성취감을 느낄 수 있다. 가랑비에 옷이 젖는 게 모르듯이, 이렇게 아들은 꾸준히 공부하는 습관이 배게 되었다.

국어 문제집을 한 학기에 한 권씩 풀었다고 해서, 한국에서 초등학교 수준을 따라잡기는 어렵다. 문제집과 더불어 아들은 꾸준히 많은 독서를 해 왔기에 시너지를 얻은 것이다. 아이가 초등학교 때 엄마가 너무 모든 것을 통제하고 강제로 시키다 보면 공부 자체가 싫어질 수 있다. 억지로 가르치려고 하다 보니 서로 갈등만 생기고 사이만 안 좋아진다. 「톰 소여의 모험」에서는 이모가 시킨 지루한 페인트칠을 톰 소여가 기발한 아이디어로 아이들에게 시키는 장면이 나온다. 톰 소여가 너무나 재미있게 페인트칠을 하니, 친구들이 호기심에 서로 돈을 주면서까지 페인트칠하게 해 달라고 말이다. 신경과학자인 대니얼 핑크(Daniel Pink)는 보상과 처벌이 따르는 일에는 흥미가 떨어지고 효율도 낮아지지만, 자발적 동기로 임하면 힘겨운 일도 즐겁게 할 수 있는 현상을 '톰 소여 효과(Tom Sawyer effect)'라고 불렀다. 아이에게 지금 당장 억지로 시키는 공부는 장기적으로는 공부에 흥미 자체를 떨어뜨리게 만든다. 부모는 보조교사처럼 적당한 거리를 두고 가끔 체크하고 격려하며 자녀가 자기주도적으로 공부할 수 있는 동기를 만들어 줘야 한다. 어떤 엄마는 딸과 함께 공부하면서 같이 수능시험을 쳤다고 한다. 자녀가 겪고 있는 힘듦을 함께하면서 공감대를 형성한 것이다. 지천명의 나이에 수능시험을 치겠다며 도전하는 엄마의 노력을 보면서, 딸도 스스로 동기를 가지고 공부하지 않았을까 한다.

공부가 독서? 독서가 공부?

　최고의 대학교에 입학한 수험생, 오타쿠로 시작해서 월 1억을 버는다는 사업가, 15년 넘게 최고의 자리에 있는 솔로 아이돌, 서로 다른 이들이 공통으로 하는 말이 있다. 꾸준하게 독서해서 성공할 수 있었다고 한다. 왜 이들은 독서가 인생의 성공이라고 말할까? 여기 과일의 왕 두리안을 모르는 학생이 있다. 이 학생에게 두리안을 가장 효율적으로 설명할 방법은 ① 직접 보여 준다, ② 영상을 보여 준다, ③ 사진을 보여 준다, ④ 글로 설명한다 중 무엇일까? ①~③이 가능하다면 가장 빠르게 직관적으로 쉽게 학생에게 설명할 수 있다. 심지어 세계의 역사, 우주의 원리, 철학 같은 매우 어려운 내용도 다큐멘터리를 보는 것만으로 빠르게 이해된다. 편하게 의자에 앉아서 눈만 뜨고 있으면 저절로 지식이 쌓인다. 이렇게 효율적인 방법이 있는데, 왜 재미없고 귀찮은 독서를 하라고 할까?

　영상 시청과 독서를 러닝머신과 야외 달리기로 비유해 볼까 한다. 신체를 건강하게 유지하기 위해서 헬스장이나 가정에서 러닝머신을 많이 사용한다. 러닝머신을 설치할 작은 공간만 있으면, 날씨와 상관없이 언제든지 달리기를 할 수 있다. 반면에 야외 달리기는 러닝머신보다 무조건 더 힘들다. 추운 날씨, 더운 날씨, 비바람, 여러 가지 사물이나 사람을 신경 쓰면서 달려야 한다. 장애물을 피하고, 다른 사람과 부딪히지 않는 등 눈과 뇌는 바쁘게 움직여야 한다. 그리고 다양한 지형적 특성에 맞게 더욱 다양한 근육을 사용해야 한다. 그러다 보니 같은 거리를 달리면 러닝머신보다 야외 달리기가 훨씬 열량을 많이 소모한다. 정신적인 부분에서도 많은 차이가 발생한다. 러닝머신에서 뛰면 보이는 사물은 움직이지 않는데, 뇌는 뛰고 있다는 착각을 일으키게 된다. 수백만 년 동안 유전적으로 전해진 달리는 방식이 아니기 때문에, 우리 뇌는 인지부조화의 상태가 되어 버린다. 경험해 본 사람은 알겠지만, 야외 달리기보다 러닝머신에서 달리면 더 피곤해지는 것이다. 실제 러닝머신의 탄생도 똑같은 동작을 반복하게 해서 고통을 주는 고문 도구였다고 한다. 그래서 달릴수록 기분이 상쾌해진다는 '러너스 하이(runner's high)'는 러닝머신 위에서는 발생하지 않는다. 러닝머신에서 훈련해서 메달을 땄다는 육상선수는 본 적이 없다. 그렇다고 러닝머신이 무조건 단점만 있는 것은 아니다. 달리지 않는 것보다 분명 운동 효과가 있고, 하퇴부 특정 근육 활성도는 러닝머신이 더 뛰어나다는 논문도 있다. 그래서 큰 근육을 키우는 보디빌더들은 야외 달리기가 아니라 러닝머신을 많이 이용한다. 영상 시청과 독서가 이러하다. 영상이 빠르고 직관적으로 빠른 정보전달에 유리하고, 제품의 사용 설명 같은 정보전달은 책보다 월등하게 뛰어나다. 러닝머신이 특정 근육을 키우는 일부 보디빌더에게 유리하듯이, 영상 시청도 특정 지식을 쌓는 경우에는 유리하다.

앞서 두리안을 처음 보는 학생에게 글을 써서 설명한다고 해 보자. 글쓴이는 학생이 이해할 수 있는 표현과 예시를 찾아야 한다. 자신이 가지고 있는 지식을 총망라하여 고민해야 한다. 이 과정에서 우리 뇌는 적당한 스트레스를 받으면서, 능력을 최대한으로 활용하려고 가동한다. 덕분에 글쓴이의 생각과 표현은 다양하고 창의적일 수 있는 것이다. 이것은 글을 읽는 사람도 마찬가지이다. 두리안을 설명하는 영상을 보는 것만으로 어떠한 고민도 없이 빠르게 이해한다. 하지만 이렇게 쌓은 지식은 그리 오래 기억되지 않는다. 우리 뇌는 쉬운 방법으로 들어온 정보를 귀하게 생각하지 않는다. 그리고 눈과 귀만 열고 영상을 보면 되기 때문에, 뇌도 한정적으로 활동하게 된다. 왜 헬스장에서 힘들게 무거운 쇳덩어리들을 반복해서 들까? 근육을 강하게 만들기 위해서는 운동을 통해서 근육을 적당히 찢어 주어야 하기 때문이다. 무거운 것을 반복적으로 들게 되면 근육이 늘었다 줄었다 하면서 미세하게 찢어진다. 이렇게 찢어진 근육은 새살이 돋듯이 커지면서 강해지는 것이다. 이 과정에서 근육에 염증도 생기고 고통도 생기게 되지만, 이 과정을 거쳐야 근육이 성장하는 것이다. 이것은 우리의 뇌도 마찬가지다. 불친절하고 불편한 글자밖에 없는 책을 읽으려면, 살아온 지식을 총동원하여 상상하고 이해하려고 노력해야 한다. 이때 우리 뇌는 더 많은 활동을 하게 되고, 때로는 고통을 겪기도 한다. 소설의 직관적인 단어들을 읽을 때와, 인문학 서적의 어려운 단어들을 읽을 때를 떠올려 보면 된다. 우리 뇌도 몸의 근육과 성장하는 방식이 비슷하다. 평소 운동을 전혀 하지 않으면 기초체력이 저하되고 각종 성인병에 시달리게 된다. 우리 뇌도 평소 적당히 훈련하지 않으면 기억력, 언어 능력, 판단력 같은 뇌의 기능이 저하될 수밖에 없다. 수십 년 전에 배운 교과서의 내용이 기억날까? 나는 작년에 읽었던 책을 다시 읽어도 마치 새 책을 읽는 것 같다. 수만 권의 책을 읽어도 뇌에 쌓이는 지식은 극히 일부에 지나지 않는다. 사람은 망각의 동물이라고 한다. 꼭 필요한 것만 기억하고 대부분을 잊어버리지 않으면 뇌가 버티지 못하기 때문이다. 그래서 독서는 지식을 쌓는 용도라기보다는 꾸준하게 뇌를 훈련하는 용도라고 말하고 싶다. 책을 많이 읽어서 똑똑한 것이 아니라, 책을 많이 읽는 뇌 훈련을 했기에 똑똑한 것이다.

나는 독서의 힘을 믿는 사람이다. 아이가 공부를 잘하길 바란다면 꾸준하게 독서하는 습관을 만들어 주는 것이 최선이라고 말이다. "어릴 적부터 도서관은 내 인생에서 중요한 역할을 했다. 컴퓨터 시대에도 도서관의 역할이 지속되고 향상된다고 생각한다. 공공도서관에 예산을 투입하는 것은 국가의 미래에 대한 투자이다." 마이크로소프트의 빌 게이츠(Bill Gates) 회장은 1997년 북미 지역 공공도서관을 대상으로 2억 달러를 기부하며 했던 말이라고 한다. 이후로도 빌 & 멀린다 게이츠 재단의 중요한 기부활동은 세계 곳곳에 공공도서관을 설립하며 지원하는 것이다. 컴퓨터 운영체제를 만들면서 시작한 마이크로소프트는 세계 시가총액 1~2위를 다투는 기업이다. 한때 20년 넘게 세계 부호 순위 1위는 항상 빌 게이츠였다. 그 누구보다 IT의 정점에 있는 그가 도서관에서 책을 읽는 것이 미래라고 말하는 것이다. 생각해 보면 노트에만 기록하던 우리가 컴퓨터, 스마트폰, 클라우드에까지 지식을 기록하게 되었다. 나아가 앞으로는 인공지능이 우리의 지식을 무한대에 가깝게 기록할 것이다. 그래서 독서로 뇌에 지식을 쌓겠다는 것은 매우 비효율적이다. 독서는 인공지능을 활용하고 판단할 수 있는 통찰력을 가진 뇌를 만드는 훈련이다. 21세기를 선도하는 인재는 독서로 만들어진다.

아이가 독서하는 습관을 지니려면 부모가 환경을 만들어 줘야 한다. 부모가 독서해야 아이가 따라 한다. 반대로 부모가 책을 멀리하면 아이도 책을 멀리하게 된다. 그래서 부모는 넷플릭스, 디즈니 플러스 등 수많은 OTT 서비스를 구독하면서 볼 게 아니라, 먼저 책을 읽는 모습을 보여야 한다. 아이들은 글자만 있는 책을 싫어하니, 처음에는 '그래픽 노블(Graphic Novel)' 같은 만화 느낌의 책도 좋다. 매일 자리에 앉아서 조금이라도 책을 읽는 행동을 반복하는 것이 중요하다. 우리 아들은 '해리 포터 시리즈'를 여러 번 반복해서 읽었다.

6학년 때 시험 기간에도 해리 포터 시리즈를 읽어서 아빠가 몰래 감 춘 적도 있었다. 그 정도로 독서를 좋아했었다. 대학에 입학한 후 아 들이 첫 시험을 보고 나한테 말했다. "내가 쓴 에세이를 교수님이 잘 썼다고 샘플로 학생들에게 보여 줬어요. 내가 에세이를 잘 쓰는 건 다 어릴 때 책을 많이 읽은 덕 같아요. 대학에서 공부하면서 에세이 를 써 보니 그동안 했던 독서의 중요성이 실감이 나요." 초등 과정과 중등 과정에서 한 독서가 고등학교나 대학교에 가서 다 실력으로 나 타난다. 내가 가르친 제자들도 초 · 중 · 고등학교를 다닐 때 독서를 많이 한 학생이, 문학 작품을 이해하고 해석하는 실력이 뛰어났다. 결국 독서가 공부였던 거다.

아들의 공부 비결은 달리기

아들은 어릴 때부터 흔히 말하는 공부 잘하는 모범생이었다. 그 런데 사춘기가 시작될 5학년 무렵에 갑자기 한국 연예기획사에 들 어가 아이돌 가수가 되겠다고 했다. 주변 친구들이 노래를 잘한다고 부추기고, 아이돌 스타들의 화려한 모습이 어린 나이에 멋있어 보 였나 보다. 엄마 몰래 성악을 전공한 교회 청년을 찾아가 보컬 트레 이닝도 받았다고 했다. 엄마는 과외비를 안 줄 것 같아서 자기 용돈 으로 받았는데, 결국 돈이 없어서 겨우 4번만 받았다고 했다. 무모 한 건지 기특한 건지 모르겠지만, 어린 나이에 자기 꿈에 대한 의지 는 있었던 것 같았다. 나는 노래는 취미로 하면 좋은 것 같다고 말하 며, 한국 아이돌 연습생의 아주 힘든 현실도 알려 줬다. 그래도 포기 하지 않는 아들에게 한 가지 제안을 했다. 방학 동안 한국 친척들 앞에서 노래를 불러 보고, 다수의 평가에 따르자고 했다. 친척들은 동네에서는 잘하는 수준이지만 전국에서 잘하는 수준까지는 힘들다는 평가를 줬다. 결국 아들은 노래는 취미로 하기로 했고, 중고등학교 6년 동안 뮤지컬 클럽 활동을 하며 노래를 즐겼다. 또 매주 일요일에는 아침 일찍 일어나 교회에서 고등부 찬양대 봉사도 했다. 한참 공부해야 할 시기에 주말마다 공연 연습을 하러 간다고 해서, 엄마 입장에서는 이 시간에 공부를 더 하면 좋을 텐데 하는 우려도 했었다. 하지만 아들은 자기가 하고 싶었던 일을 취미로 하면서, 오히려 스트레스를 풀며 공부할 수 있었다. 이 일이 있고 난 뒤 아들은 구체적으로 자신의 목표를 찾았다. 대학에 가서 문학과 커뮤니케이션을 전공해 방송국에 들어가거나 엔터테인먼트 사업을 운영하겠다고 말했다. 이때부터 아들은 스스로 이전보다 더욱 학교 공부에 집중하고 열심히 하기 시작했다. 내가 만일 아들의 개성을 인정하지 않고 억지로 꿈을 꺾게 했더라면, 아들은 스스로 자기 길을 발견하지 못했을 것이다. 자녀들은 부모로부터 비롯되었기에 유전적으로 종속적인 관계지만, 부모와 다른 인격을 가진 독립체들이다. 그래서 부모의 주체적 기준으로 자녀들을 틀렸다고 단정하는 것은 좋지 않다. 부모와 자녀들이 서로 다름을 인정하고 함께 더 나은 대안을 찾는 것이 부모의 역할이라 생각한다.

초등학생 시절을 제외하고 아들은 중학교 1학년 때 대학생에게 1년 정도 수학 과외를 받았다. 고등학교 3학년 시험 막바지에 경제 과목을 학원에서 두 달 정도 배웠다. 한 번의 과외와 학원을 제외하고는 줄곧 혼자 공부했었다. 이 책의 원고를 쓰면서 아들에게 혼자 공부하는 비결이 있는지 물어봤다. 이런 나의 난감한 질문에 아들은 잠시 생각하더니, 생뚱맞게 자신의 공부 비결은 달리기라고 대답했다. 아들은 왜 달리기가 자신의 공부 비결인지 이야기해 줬다. 중학교에서 고등학교로 진학하니 이전보다 공부 난이도가 갑자기 올라 힘들었다며 말을 꺼냈다. 쉽게 했던 공부가 어려워지자 조금씩 스트레스를 받기 시작했는데, 어느 날 공부하러 책상에 앉았더니 집중도 잘 안되고 뭔가 답답함도 느꼈다며 말을 이었다. 책을 덮고 근처 공원으로 바람을 쐬러 나갔다가, 주변에서 달리기 하는 사람을 보고 따라 뛰었다며 당시를 회상했다. 처음에는 달리기가 익숙하지 않아 숨이 턱 밑까지 차올라서, 당장이라도 쓰러질 것 같았다며 당시를 떠올렸다. 그런데 달리기가 너무 힘들어서인지, 신기하게도 집을 나올 때 느낀 답답함이나 고민이 생각나지 않았다고 이야기했다. 몸은 너무 힘들었지만, 머리는 엄청나게 상쾌해지는 새로운 경험이었다고 설명했다. 이때부터 책상에 앉기 전에 매일 밤 나가서 뛰기 시작했고, 한 달 정도 달리기를 하니 4km 정도는 무리 없이 달리게 되었다고 덧붙였다. 이전보다 체력이 좋아지니 오래 앉아있어도 덜 피곤했고 집중력도 올랐다고 강조했다. 이후로도 꾸준하게 2~3개월을 달리기를 하니 잠도 잘 오고, 아침에 일어났을 때 이전보다 덜 피곤하다고 덧붙여 설명했다. 그리고 무엇보다 끝이 보이지 않는 공부가 막막했는데, 4km를 완주하고 나면 무언가를 이뤘다는 성취감에 작은 행복감을 느꼈다고 한다. 이런 작은 행복감이 공부라는 긴 터널을 버티고 나아가게 해준 원동력이 되었다고 말이다. 아들은 지금도 매일 밤 1시간 정도 달리기를 꾸준히 하고 있다.

흔히 부모들은 고등학생 시절은 입시를 위해 하루 종일 책상에서 공부만 해야 한다고 생각한다. 또 학교도 일주일에 1~2시간 남짓한 체육 수업을 자습으로 대체하거나, 고등학교 1학년 때 체육 수업을 몰아서 하고 2년 내내 체육활동을 하지 않기도 한다. 물론 이렇게 교실에 앉아서 교과서를 암기하면 지식을 많이 쌓을지도 모른다. 하지만 글로벌 시민으로 성장하기 위해서는 암기력만으로는 부족하다. 세상의 다양하고 복잡한 문제를 해결하는 데는 창의력·응용력과 협력할 줄 아는 사회성이 필요하기 때문이다. 이러한 능력은 수업 외적인 다양한 활동으로 길러진다. 또한 초·중·고 12년, 대학교 4년 최소 16년의 엄청나게 긴 공부를 해 내려면 무엇보다 체력이 중요하다. 갓 태어난 망아지는 바로 네 발로 걷기 시작하지만, 아기는 두 발로 걷는 데 1년 가까이 걸린다. 뇌가 클수록 발달하는 데 많은 에너지가 필요하기 때문이다. 이러한 뇌 발달에 에너지를 공급하는 것이 바로 체력이다. 아무리 똑똑한 아이라도 체력이 고갈되면 아무 것도 하지 못한다. 무적의 나폴레옹 군대가 보급이 부족해서 러시아에서 패배했던 것처럼 말이다. 그래서 아이들이 공부로 성공하길 바란다면, 적당히 스트레스를 풀어 줄 취미 활동과 운동을 꼭 하게 해야 한다. 건강한 신체에 건전한 정신이 깃들기 때문이다.

엄마가 너 먹여 살릴게, 공부하지 마

딸이 12학년 1학기를 보내던 무렵의 일이다. 창백한 얼굴로 학교에서 돌아오더니, 곧장 자기 방에 들어가 침대에 몸을 파묻고 울기 시작했다. 나는 너무 놀라서 딸을 따라 조용히 방으로 들어갔고, 이불을 뒤집어쓴 채 울고 있는 딸에게 무슨 말을 해야 할지 몰라서 당황스러웠다. 침대 한쪽에 앉아서 조용히 등을 토닥여 줄 뿐이었다. 한참을 울고 난 딸이 공부가 너무 힘들어서 죽을 것만 같다며 울먹였다. 딸의 이 말을 듣자마자 가슴이 무너졌다. 속상해서 그저 딸을 안아 주면서 엄마가 벌어서 너 먹여 살릴 테니까, 공부 안 해도 된다는 말이 나도 모르게 튀어나왔다. 어느 정도 진정되고 나서 딸의 속사정을 들을 수 있었다. 학교에서 평가 시험이 있었고, 딸은 몇 주 전부터 밤낮없이 시험을 준비해 왔었다. 그런데 지난주에 몸살감기에 걸려서 컨디션이 엉망이 되었고, 정작 시험장에서 평소 실력만큼 적어내지 못했다. 시험에 대한 불안감과 만족스럽지 못한 결과에, 그동안 쌓여 왔던 스트레스가 극한까지 치솟아 버린 것이었다. IB를 공부할 때 12학년 1학기가 가장 힘들다. 모든 과목의 IA와 소논문도 완성해야 하니, 이 시기의 학생이 힘들어하는 걸 수년간 봐 왔다. 수능이든 IB든 입시를 준비하는 수험생은 다 힘든 과정이 있다. 딸은 11월에 태어나서, 생일이 빠른 또래와는 1년 가까이 차이가 난다. 아무리 고등학생이라고 해도 고작 17살에 불과한 성장기 아이이다. 아직 제대로 자기 인생을 살아 보지도 못한 아이가, 완벽하게 공부하려고 애쓰고, 불확실한 미래에 불안해하며 스스로 압박받은 것이었다.

IBDP 2년의 공부는 절대 쉽지 않다. IB가 학생 중심으로 자율성을 중시하고, 창의적인 학습 방법과 환경을 제공하는 혁신적인 교육이지만, 입시 과정이라는 부분에서는 똑같이 힘들고 어려운 여정이다. 학생은 다양한 과목을 깊은 수준으로 공부해야 하고, 매일 같이 쏟아지는 과제와 시험 준비에 쉴 틈이 없다. 5월에 최종시험을 치르고 나서 딸은 두 달 내내 낮이고 밤이고 잠만 잤을 정도이다. IB의 PYP와 MYP 과정은 학생에게 비교적 여유롭다. 그러나 마지막 DP의 2년은 힘든 입시 과정이다. 그런데 한국의 입시는 이보다 더욱 길다. 만약 딸이 한국에서 입시를 치렀다면 제대로 버텨 낼 수 있었을까 싶었다. 나는 싱가포르에 오기 전, 한국에서 오랫동안 수능 입시생을 가르쳤다. 또 학세권 신도시에 살면서 많은 학부모와 학생을 만났다. 그들 모두는 자녀의 성공을 위해 아낌없이 최선을 다했다. 하지만 그 과정에서 아이가 겪는 정서적 고통에 대해서는 잘 알지 못했다. 한국에서 입시 과정은 그야말로 치열하다. 초등학교 때부터 학원과 과외를 병행하며, 중학교와 고등학교에 이르러서는 밤늦게 공부하는 것이 일상이 된다. 수능이라는 단 한 번의 시험으로 대학 입학이 결정되기 때문에, 학생은 엄청난 압박감 속에서 공부해야 한다. 나는 이런 환경에서 공부하는 많은 학생을 가르쳤고, 그들이 겪는 스트레스와 고통을 직접 목격해 왔었다. 이러한 경험을 바탕으로, 나는 아들과 딸에게 정서적으로 안정감을 줄 수 있는 교육환경을 제공하고 싶었다. 그래서 한국에서 쌓은 커리어와 경제적 이득을 포기하고 싱가포르로 이주하게 된 것이다.

2023년 말, 평소 좋아하던 김창옥 강사가 치매 증상을 보인다는 충격적인 기사를 보게 되었다. 단기 기억 상실 증상으로 숫자를 잘 기억하지 못한다고 했다. 오랫동안 수많은 사람의 마음을 치유해온 유명 강사였고, 나 또한 해외에 살면서 유튜브를 통해 강의를 보며 도움받았기에 더욱 안타까웠다. 김창옥 강사는 방송에서 어릴 적 가정폭력과 강연에 대한 압박감이 그 원인이 되었다고 말했다. 아버지가 엄마를 때리는 상황이 많았고, 엄마는 그 삶을 힘들어했는데 자신이 엄마를 구하지 못했다는 죄책감이 있었다며 고백했다. 그리고 이러한 트라우마는 뇌가 아니라 몸이 기억하는 것이라며, 어느날 갑자기 찾아온다고 덧붙여 말했다. 폴 콘티(Paul Conti)의 『트라우마는 어떻게 삶을 파고드는가』에서는 아우슈비츠 수용소를 경험하지 않은 그들의 후손에게서도 유전되어 트라우마가 발현된다고 설명한다. 이처럼 트라우마는 우리 기억에서 잊었다고 해도, 우리 몸속에 각인되어 의지와 상관없이 되살아나게 된다. 초등학교 6년, 중학교

3년, 고등학교 3년 총 12년의 성장기에 겪는 치열한 경쟁, 승리 아니면 패배, 불안 등의 기억은 입시가 끝난다고 해서 절대로 사라지지 않는다. 아이의 몸에 영원히 각인되어, 어른으로 성장한 미래의 삶에서 되살아나 고통스럽게 할 수 있다.

성장기의 트라우마는 아이의 삶을 고통스럽게 할 뿐만 아니라, 어른이 되었을 때 올바르지 못한 인성을 가지게 만든다. "당신 어디까지 배웠어요? 내가 카이스트 경영대학 나와서 MBA까지 했는데, 카이스트 나온 학부모들이 문제라고 말하는 건가요?"라며 유치원 교사에게 말하는 학부모의 말과, "왕의 DNA를 가진 아이이기 때문에 왕자에게 말하듯이 듣기 좋게 돌려서 말해도 다 알아듣습니다."라는 교육부 사무관의 말을 들으면, 과연 이런 고학력자들이 받은 교육이 제대로 된 것인지 의문스럽게 한다. 영국의 역사학자인 G. M. 트리벨리언(George Macaulay Trevelyan)은 "교육은 읽을 줄 알지만, 무엇이 읽을 가치가 있는지 구별할 줄 아는 사람은 길러 내지 못했다."라며 현대교육의 문제점을 비판했다. 20세기 초반에 대학에서 가르쳤으니, 무려 100년 전부터 현대교육이 어떻게 변질될지 통찰한 것이다. 교육의 본질은 단순히 지식을 전달하는 것이 아니라, 아이가 건강한 정신과 육체를 가지고 성장할 수 있도록 돕는 것이다. 그러나 현재 교육 시스템은 아이에게 과도한 스트레스와 압박을 주어, 아이의 정서적 안정과 행복을 해치는 경우가 많다. 특히 입시경쟁이 치열한 한국에서는 이러한 문제가 더욱 두드러진다. 물론 자본주의 현대 사회에서 학교 교육이 입시 결과로 평가받는 것을 부정할수는 없다. 또 입시를 포기하고 아이에게 전인 교육만을 하자는 것도 아니다. 최소한 교육이 아이에게 정서적 고통을 주는 과정이 되어서는 안 된다는 것이다. 입시 교육에만 치우쳐서 균형을 잃어 목표를 상실한 한국 교육은 분명 잘못되었다. 한국 학생이 겪는 정서적 고통은 학창 시절에만 그치지 않고, 그들의 삶에 전반적으로 깊은 영향을 미치게 된다. 성장기 동안 겪는 트라우마는 성인이 되어서 지속될 수 있으며, 그들의 인성과 대인 관계에서도 부정적인 영향을 미친다. 그래서 현대교육은 아이의 학업성취뿐만 아니라, 아이의 감정과 생각을 존중하고 이해하는 교육과정을 반드시 포함해야 한다.

교육개혁과 IB 이야기

인공지능 시대에는 어떤 인재를 필요로 할까

고고학에서는 인간 사회의 급격한 변화가 있을 때 시대적 구분을 한다. 구리와 주석을 발견한 인류는 청동 기술을 통해 본격적으로 문명시대를 열게 된다. 제철 기술을 발견했을 때 인류는 철로 무엇을 가장 많이 만들었을까? 역사적 유물에서 가장 많이 차지하는 것이 철제 무기들이다. 철의 잘못된 활용으로 안타깝게도 이후 2,500년 동안 인류는 끊임없이 전쟁을 겪어야 했다. 역사적 사실을 통해 기원전 4세기부터 동서양을 막론하고 정복 전쟁이 엄청나게 일어났음을 알 수 있다. 근대에는 증기기관을 발명하여 산업혁명의 시대를 열었고, 현대에는 이동 수단과 통신 수단의 급격한 발달로 지구 전체가 하나의 생활권이 되었다. 이처럼 인류사를 살펴보면 인류를 전혀 다른 시대로 이끄는 기술들이 존재해 왔다.

불과 30년 전만 하더라도 나는 공중전화 부스에 줄을 서서 통화를 했었다. 90년대 말에도 사람들은 휴대전화기로 밖에서 텔레비전 보는 것은 공상과학 소설 정도로 생각했었다. 그런데 2007년 아이폰 출시와 2010년 카카오톡 출시 이후 14년이 지난 현재의 모습은 어떠할까? 카카오톡 가입자는 5,300만 명에 이르고, 한국 성인 97%가 스마트폰을 사용하고 있다. 불과 14년 만에 스마트폰 없이 생활이 힘들어지는 시대가 된 것이다. 이제는 '호모 사피엔스'에서 '포노 사피엔스'라고 불러도 손색이 없을 정도다. 오랜 세월을 살진 않았지만, 21세기를 기점으로 시대의 변화가 과거보다 더욱 급격하게 가속화되고 있음을 느끼게 된다. 정말 눈뜨고 나면 다른 세상이 열려있어도 놀랍지 않을 정도다. 2023년 'ChatGPT'가 발표된 이후부터 전 세계 매스컴은 매일 인공지능 관련 보도를 쏟아 내고 있다. 인공지능이 가져올 미래의 모습과 인공지능이 사회에 어떠한 영향을 미치는지가 전지구적 관심사가 되었다. 이제는 'AI 사피엔스'라고 불리는 시대로 바뀌는 게 아닐까 싶다. 나는 철에 버금가는 시대를 이끄는 기술로 인터넷과 인공지능이라고 생각한다. 철은 인류를 새로운 시대로 이끌었지만, 잘못된 활용으로 전쟁의 도구가 되었다. 인공지능도 인류가 어떻게 활용하는가에 따라 전혀 다른 세상이 되리라 생각한다. 가까운 미래에는 인공지능을 올바르게 활용할 줄 아는 인재가 시대를 이끌어 갈 것이다. 그래서 교육도 이러한 시대적 흐름에 부합하는 역량을 갖춘 인재 육성에 집중해야 한다. 과거처럼 고지능으로 자기 머리에 많은 것을 암기하는 인재가 아니라, 세상을 비판적, 창의적, 윤리적으로 사고하는 인재가 인공지능을 제대로 활용하고 감시할 수 있다고 생각한다.

1968년 창업한 인텔은 컴퓨터 CPU를 중심으로 한 미국의 반도체 회사이다. 창업 이후 꾸준한 성장을 하던 인텔은 1990년대 컴퓨터의 대중화 이후 CPU 시장을 독점에 가깝게 선점하며 급격한 성장을 하게 된다. 현재에도 인텔과 AMD가 꾸준히 경쟁 관계에 있지만, 여전히 데스크톱 부분에서 인텔의 시장 점유율은 70%가 넘는다. 엔비디아는 1993년 창업한 컴퓨터 GPU를 중심으로 한 미국의 반도체 회사이다. 컴퓨터의 필수 부품인 CPU와 달리 그래픽 부품인 GPU 시장은 어느 정도 한계가 있었다. 그래픽카드는 비디오게임에서 좀 더 나은 성능을 얻기 위해 사용하는 정도로 인식되었다. 그러다가 2018년 비트코인 열풍이 일어나면서, 그래픽카드를 병렬로 연결해서 만든 '채굴기' 덕분에 큰 성장을 하게 된다. 1999년 엔비디아는 시가총액 6,250만 달러(834억)로 상장했는데, 당시 인텔의 시가총액은 2,750억 달러(377조)로 4,500배가 넘는 차이가 나는 회사였다. 2024년 8월 기준 엔비디아의 시가총액은 3조 812억 달러(4,112조)이고, 인텔은 837억 달러(111조)로 37배의 차이가 난다. 어떻게 25년 만에 4,500배 작던 회사가 37배 더 큰 회사로 세계에서 세 번째로 큰 회사가 되었을까? 인텔은 CPU 기술에서는 여전히 세계 최고이며, 수많은 반도체 특허와 기술을 가지고 있는 회사이다. 단순히 반도체 기술로만 보자면 여전히 인텔이 엔비디아보다 월등하다고 할 수 있다. 그런데 중요한 것은 인텔은 CPU(중앙 처리 장치)가 주력이고 엔비디아는 GPU(그래픽 처리 장치)가 주력이라는 점이다. CPU는 강력한 연산 처리능력으로 개별적인 작업을 빠르게 처리하는 데 특화된 '직렬 구조' 반도체이다. 사람으로 비유하자면 굉장히 복잡한 외과수술을 집도하는 의사라고 할 수 있다. GPU는 만들어졌을 당시부터 그래픽을 빠르게 출력하는 것을 보조하는 목적으로 두었기에, 동시다발적으로 일을 처리하는 '병렬 구조' 반도체이다. 사람으로 비유하자면 의사를 다양하게 돕는 많은 간호사라고 할 수 있다. 그래서 CPU는 복잡한 연산 데이터를 빠르게 처리하는 반도체이고, GPU는 다수의 단순 데이터를 빠르게 처리하는 방식이다.

그럼 ChatGPT가 발표된 이후 왜 엔비디아는 급격한 성장을 하게 된 걸까? 그것은 인공지능이 데이터를 처리하는 방식에 있었다. 인공지능은 수많은 데이터를 학습한 후, 주어진 정보 안에서 결과를 도출한다. 그만큼 많은 정보를 빠르게 학습해야 한다. 그런데 CPU로 이러한 데이터를 처리하면 엄청나게 비용이 많이 들게 된다. 병원을 예로 들어서 환자의 붕대를 감고, 주사를 놓고, 상처를 소독하고, 서류 처리 등의 많은 업무를 의사가 할 수 있지만, 한 명이 한꺼번에 다 할 수는 없다. 즉, CPU는 똑똑하지만 많은 일을 한꺼번에 처리할 수는 없다. 반면에 GPU는 오랫동안 CPU의 게임이나 영상을 계산하는 보조역할을 하면서, 자신이 맡은 계산을 빠르게 처리하는 데 특화되어 있다. CPU가 의사 한 명이라면 GPU는 간호사 100명이라 할 수 있다. 어려운 수술은 할 수 없지만, 병원의 큰일들을 100명이 서로 나눠서 신속하게 수행해 낸다. 그래서 GPU는 조금 덜 똑똑하지만 매우 빠르고 효율적이다. 인공지능 기술에서 GPU가 보여 주는 이러한 기술은, 평범한 다수라도 협력해서 문제를 푼다면 더 나은 결과를 만들어 낼 수 있다는 것을 보여 준다. 그래서 인공지능의 방식이 이러하다면 인공지능을 활용하는 사람들의 패러다임에도 변화가 있어야 하지 않을까? 고지능을 가진 똑똑한 사람만이 세상을 끌고 나가는 것이 아니라, 수많은 사람을 서로 협력하게 만드는 사람이 세상을 끌고 나가야 한다.

미래 사회는 잘난 사람 혼자 성과를 만들어 내는 것이 아니라, 협동·협력·협업할 줄 아는 사람들이 성과를 만들어 내는 사회이다. 전문지식과 기술은 점점 더 방대하고 복잡해진다. 아무리 뛰어난 사람이라도 혼자는 다 처리하기 어렵다. 인텔과 엔비디아의 사례가 보여 주는 모습은 오늘날 시대가 어떻게 변해 가는지 잘 보여 준다고 할 수 있다. 한 명의 천재가 1,000명을 먹여 살렸다는 것은 20세기식 사고방식이다. 인터넷의 발달로 평범한 사람들이 뭉친 집단지성이 세상을 위해 더 나은 결과를 만들어 내고 있다. 이렇게 사람들이 협력할 때 중요한 것이 공감 능력이다. 인공지능이 인간의 역할을 대체해서 앞으로 일자리가 사라진다고 걱정하지만, 기계가 인간의 자리를 대체하는 시대에는 역설적으로 인간만이 가진 감성 능력이 중요해진다. 인공지능이 아무리 사람인 척 흉내 내더라도, 인간만이 가진 고유의 감성을 흉내 내기는 어렵다. 심리학자들은 21세기의 문맹은 공감 능력이 없는 사람이라고 말한다. 2016년 미국의 3개 대학교 연구진이 국가별 공감 능력의 정도를 측정한 결과, 한국은 63개국 중 6위를 차지할 정도로 뛰어난 공감 능력을 지녔다고 한다. 이러한 공감 능력은 지식과 정보를 많이 외운다고 생기지 않는다. 문화와 예술을 비롯한 다양한 사회적 활동을 경험해야 누적되고 성장하는 것이다.

사람이 동물보다 뛰어난 점은 신체적 능력이 뛰어나서가 아니라 도구를 잘 활용하기 때문이다. 사람의 능력을 다른 동물과 비교하면 달리기는 느리고, 하늘을 날지 못하고, 물속에 살지 못하고, 힘도 약하다. 그런데도 사람은 만물의 영장이다. 사람이 동물보다 부족한 부분을 도구로 메꾸고 더 월등한 능력을 내기 때문이다. 그래서 사람을 도구의 인간이라는 '호모 파베르'라고 부르기도 한다. 인공지능도 인간의 부족한 것을 채워 주기 위해 활용하는 도구이다. 인공지능이라는 도구를 잘 사용하기 위해서는, 인공지능이 제시하는 다양한 데이터를 분석하여 문제를 해결하기 위한 적절한 질문을 하는 능력이 필수이다. 과거에는 암산으로 빠르게 문제를 풀어 내는 고지능을 가진 사람이 인재였다면, 계산기와 컴퓨터가 발달한 오늘날에는 이 도구를 잘 활용하는 사람이 인재인 것처럼 말이다. 이러한 창의적인 인재를 육성하기 위해서는 어린 시절부터 습관이 자리 잡혀야 한다. 하나의 정답만을 외우고 풀어서 제출하는 평가 방식이 아니라, 다양한 답이 정답이 될 수 있는 평가 방식이 창의력을 키워 줄 수 있다.

자연계에서는 약하게 태어난 새끼를 잡아먹거나, 굶주림으로 동종을 잡아먹는 등 '동족포식(cannibalism)'이 자연스러운 현상이다. 그러나 사람은 다른 사람을 절대로 해쳐서는 안 되는데, 이것을 우리는 윤리라고 부른다. 사람의 윤리를 동물에게 적용할 수 없듯이, 인공지능에도 사람과 똑같은 윤리적 행동을 요구하기 어렵다. 사람의 윤리적 판단으로 영화 〈라이언 일병 구하기〉에서는 4형제의 막내 한 명을 구하기 위해 부대를 투입할 수 있지만, 인공지능은 이러한 불합리한 선택을 하지 못할 것이다. 아무리 지적 능력이 뛰어난 인공지능이라 하더라도, 인류를 위한 윤리적 판단은 불가능하기 때문이다. 그래서 인공지능이 생성한 자료를 활용하는 고유의 권리는 윤리적 판단이 가능한 사람만이 가져야 하는 것이다. 이러한 인공지능을 활용할수록 인류와 자연계에 어떠한 영향이 미칠지를 판단하는 사람의 역할이 점점 중요해진다. 윤리적 판단력과 사회적 책임감을 갖춘 인재가 필요한 이유이다. 철을 발견해서 무기로 만들어 사람을 해치는 판단을 한 것도 사람이며, 플루토늄을 발견해서 원자폭탄을 만드는 판단을 한 것도 사람이다. 인공지능이라는 막강한 기술을 사람의 비윤리적인 판단으로 엄청나게 부정적인 결과를 맞이할 수도 있다. 그래서 인류 전체가 올바른 방향으로 기술을 활용하게끔 이끌어 가는 역할도 함께해야 한다. 시대가 변하면 선호하는 인재상도 달라진다. 원시시대에는 사냥을 잘하는 사람이 인정받았고, 정복의 시대에는 전쟁을 잘하는 사람이 인재였고, 산업화 시대에는 기술을 가진 사람이 회사에서 인정받는 인재였다. 앞으로 시대에는 인공지능을 활용하는 인류애를 가진 사람이 인재가 될 것이다. 과학이 발달할수록 인간의 존엄과 가치를 존중하는 윤리의식을 가지고, 공동체에 기여하는 사람이 되어야 한다. 우리는 그러한 사람을 길러 내야 한다.

인공지능 시대에 맞는 IB 교육의 장점은 무엇일까

인공지능을 잘 활용하기 위해서는 학교에서 단순 지식을 전달하기보다, 원리를 이해해서 사고력을 향상하는 교육을 해야 한다. IB는 이미 60년간 이러한 비판적·창의적 사고와 사회적 책임에 중점을 둔 국제적으로 공인된 교육 방법이다. 인공지능 시대에 IB 교육이 갖는 장점은 아래와 같다.

첫째, IB는 콘셉트를 기반으로 사고력을 길러 주는 교과 융합형 수업 방식이 장점이다. 예들 들어, PYP에서 '성탄절'을 주제로 융합 수업을 한다면, 언어 수업에서 성탄절의 의미와 상징을 탐구할 수 있고, 사회 수업에서 여러 나라의 성탄절 문화를 탐구할 수 있다. 과학 수업에서는 서로 다른 기후에서 성탄절을 어떻게 보내는지 탐구할 수도 있고, 수학 수업에서는 다양한 도형 패턴을 활용한 카드를 만들 수도 있다. 특히 MYP 과정에서는 2개 과목을 연결하는 '학제 간 연계 단원(IDU)' 수업을 커리큘럼으로 제공하고 있다. 더 나아가

DP에서는 지식론(TOK)을 통해, 모든 교과를 연결하는 융합적 사고를 배우게 한다. 지식을 융합하는 사고능력은 인공지능이 생성한 다양하고 복잡한 문제를 해결할 때 유용하다.

둘째, IB는 학생이 비판적으로 사고하여 문제를 해결하는 능력을 키워 준다. 예를 들어, 학생들이 학교에서 '글로벌 환경 문제 해결' 프로젝트를 한다면, 글로벌한 환경의 복잡한 문제를 다루게 된다. 프로젝트에 참가한 학생들은 이 문제를 해결하기 위해 우선 기후 변화, 플라스틱 오염, 생물 다양성 감소 등의 자료를 다양하게 조사하고 수집한다. 조사한 내용을 바탕으로 문제의 원인이 무엇인지 탐구하고, 조별 토론을 하며 문제해결을 위한 창의적인 다양한 관점을 제시한다. 다른 학생의 해결 방법을 비판적으로 분석하고, 실제 실행할 수 있는 해결책인지 평가할 수 있다. 그리고 글로벌 관점에서 적용할 수 있는 해결책을 찾아낸다. 이러한 비판적인 사고는 인공지능을 세상에 이로운 방향으로 활용할 때 유용하다.

셋째, IB는 글로벌한 시각과 다양성을 존중하는 교육이다. 인공지능이 생성하는 자료를 다양한 관점을 가지고 글로벌하게 판단할 수 있어야 한다. IB는 학생이 다양한 문화적 배경을 이해하고 존중하는 시각을 기를 수 있도록 교육한다. IB는 태생이 지구에서 가장 글로벌한 직업을 가진 외교관이나 국제기구에서 일하는 사람들의 자녀들을 위해, 국제학교에서 만들어진 교육이기에 글로벌한 문제에 관심을 가질 수밖에 없다. 학교에서 MYP 사회 수업에서 '인권과 세계 문제'를 주제로 수업한다면 학생들은 아시아, 아프리카, 중동 등 세계 곳곳의 인권침해의 사례를 조사한다. 이 결과를 바탕으로 서로 다른 국가와 문화권에서 어떤 문제로 발생하는지 탐구한다. 이런 국제적인 인권침해 문제를 해결하기 위해서 유엔을 비롯한 국제기구들은 어떤 역할을 하는지 조사하고, 국제사회의 협력과 역할을 탐구한다. 이런 과정을 통해 자연스럽게 글로벌 시민으로서의 책임감을 배우게 된다. 해결 방안을 토론하면서 국제적인 협력이나 법적인 개선 같은 거창한 방법도 말할 수 있지만, 교육 캠페인처럼 당장 학생들이 실행에 옮길 수 있는 해결책도 제시할 수 있다. 수업은 학생들이 인권침해의 이론적 지식을 아는 것이 아니라, 국제적인 관점에서 문제를 이해하고 해결하는 능력을 기르는 데 중점을 둔다.

넷째, IB는 협동·협력·협업과 의사소통 능력을 길러 주는 교육이다. 인공지능 시대의 복잡한 문제들은 더욱 다양한 전문가가 협력해야 더 큰 성과를 낼 수 있다. IB의 수업은 혼자서 성과를 내기보다 조별 프로젝트나 토론처럼 협력하여 성과를 내는 방식으로 많이 한다. PYP의 전시회는 반 친구들과 함께 준비하며, MYP의 많은 수업이 조별 프로젝트 발표 위주로 이루어진다. 전시회 작품을 소개하거나 프로젝트 발표를 하면서 학생들은 자기 생각을 논리적으로 소통하는 방법을 배우게 된다. 또한 이런 소통하는 수업은 학생들에게 사람들과의 관계가 중요하다는 것을 몸으로 익히게 한다. 예들 들어, IB 드라마 수업에서는 학생들이 직접 드라마 대본을 만들고 각색도 한다. 등장인물의 배역을 정하고, 무대 장치나 소품을 준비하는 연출과 조연출, 조명이나 기타 무대 장치를 지원하는 역할도 서로 분담해서 맡는다. 공연 연습을 하고 무대에서 공연하는 일련의 과정이 드라마 수업이다. 자신이 아무리 연기를 잘해도 상대 배역과 호흡을 맞추지 않으면 제대로 된 공연이 되지 않는다. 또 소품이나 무대 장치가 제대로 지원되지 않으면 공연이 빛날 수 없다. 각자 맡은 역할에서 협력했기에 성공적으로 공연을 마무리할 수 있는 것이다. 이러한 반복적인 수업을 통해서 학생들은 혼자서 하는 것보다,

협력했을 때 더 나은 결과가 나온다는 것을 몸소 익히게 된다.

IB 교육은 학생이 자기주도적으로 학습하는 것을 장려한다. 학생이 자기 학습에 책임감을 가지고, 스스로 동기부여 하며 평생 학습자로 성장할 수 있도록 기반을 만들어 준다. 인공지능 시대에는 우리가 상상하지도 못했던 기술이 쏟아지고, 기존의 기술도 급속도로 빠르게 변화하게 될 것이다. 예들 들어, 스마트폰이 나온 뒤 세상은 엄청나게 변했다. 이러한 기술의 변화에 적응한 사람들은 생활이 편리해졌지만, 일부 적응하지 못한 노인들은 오히려 생활이 불편해졌다. 앞으로 더욱 복잡해지는 사회에서 새로운 지식을 습득하여 기술의 변화에 적응하고, 이를 통해서 우리 자신의 삶을 개선해야 한다.

한국의 교육열은 1등급, 가성비는 9등급?

세계 역사에서 전쟁으로 폐허가 된 나라가 이렇게 단시간에 세계 13위의 경제 대국이 된 예는 찾아보기 어렵다. 심지어 한국은 영토도 자원도 부족한 나라이기에 많은 개발도상국의 부러움을 사고 있다. '한강의 기적'이라고 불리는 이러한 경제 발전의 핵심에는 교육을 통해 양성된 인적 자원들 덕분이다. 한국은 전자, 반도체, 조선, 자동차, 철강산업의 원천기술은 부족하지만 응용기술은 세계적인 수준을 가지고 있다. 나라의 장기적인 경제 성장은 미국이나 일본처럼 기초과학 연구에 힘써야 하는 것이 맞지만, 전쟁 이후 불과 70년 만에 경제 성장을 이뤄 내기 위해서는 당장 제품화하는 기술에 힘쓰는 것이 현명한 선택이었다. 세상과 경제의 본질을 꿰뚫어 볼 줄 아는 통찰력을 가지고 유연한 지혜의 기술을 발휘한 덕분이다. 그런데 이러한 유연한 지혜를 가졌던 한국이 소위 '고인물'이 되어 가기 시작했다. 복잡하게 변해 가는 세상에서 유연하게 대처하기보다는, 기존의 방식을 고수하고 변화를 거부하기 시작한 것이다. 이러한 문제점은 특히 나라 경제의 근간이 되는 교육에서 더욱 심화하고 있다.

어느 나라든지 안정된 직장이나 높은 사회적 지위를 얻는 중요한 수단은 교육이다. 좋은 대학교에 진학하기 위해 많은 사람이 시간과 노력을 아끼지 않는다. 당연히 인적 자원이 무기인 한국에서 대학 입시는 경쟁이 매우 치열할 수밖에 없다. 한국이 유난히 교육열이 높은 이유이다. 수능 점수와 내신 성적이 대학 진학에 큰 영향을 미치기에, 초등학생 때부터 어떻게든 다른 학생보다 우위에 서기 위해 학습 경쟁을 하기 시작한다. 부모도 자녀가 좋은 대학교에 가는 것이 자신들과 자녀의 인생을 바꾼다고 믿는다. 자녀는 이러한 부모의 기대에 부응하기 위해 명문대 진학이라는 압박을 받으며 경쟁하게 된다. 이러한 사회적 분위기는 교육을 시험의 결과만 잘 나오면 된다는 비정상적인 형태로 만들어 버렸다. 교육은 사람이 삶을 영위하는 데 필요한 모든 행위를 가르치고 배워서, 바람직한 사람으로 성장하게 돕는 수단을 말한다. 그러나 한국의 현재 교육은 학생을 문제 풀이에 최적화된 기계로 양성하는 느낌을 지울 수 없다.

대학 입시는 초 · 중 · 고 12년 동안 꾸준한 노력이 요구된다. 입시에서 높은 성취도를 얻은 학생은 이 기간에 끊임없이 성실하게 자기관리 하며, 강한 책임감을 가지고 고통을 인내해 냈기 때문이다. 이러한 학생은 자신의 꿈이나 목표를 달성하기 위해 노력을 아끼지 않을 뿐만 아니라, 우리 사회의 다양한 분야에서 역량을 발휘하여 긍정적인 영향을 미치기도 한다. 그런 학생을 사회적으로 인정하고 칭찬하는 것은 당연하다. 그들의 인내와 노력의 대가를 칭찬하고, 이를 지켜보는 다른 학생에게 긍정적인 자극이 되기 때문이다. 그러나 사람이 삶을 살아가는 데 인내와 노력만이 전부일까? 이야기를 잘 하는 학생, 남의 말을 잘 들어 주는 학생, 다른 사람에게 신뢰를 주는 학생, 글을 재미있게 쓰는 학생, 예술적 능력이 탁월한 학생, 신체적 능력이 뛰어난 학생 등 학생들은 모두 자기만의 재능을 가지고 태어나고 살아간다. 다양한 학생을 획일적으로 책상에 앉혀서 인내와 노력만 강요하는 것은, 학생의 다양한 재능을 낭비하는 것이다. 키가 작든 크든 상관없이 획일적으로 농구 코트에 밀어 넣고 가장 잘하는 한 명만 뽑는 경쟁에 무슨 의미가 있을까? 하지만 안타깝게도 모두가 책상에 앉아 공부해서 좋은 대학교에 가야 좋은 기업에 취직할 수 있다. 기업은 회사에 이익을 가져다줄 인재를 뽑기를 원하는데, 어떤 사람이 능력 있는지 검증하기 쉬운 방법이 좋은 대학교를 나온 사람을 뽑는 것이다. 학업성취도가 높은 사람이 기업에서 원하는 최소한의 역량을 갖췄다고 보기 때문이다. 무엇보다 한 사람을 평가하기 위해서는 다양한 방법과 시간이 필요한데, 현재 기업에서는 이러한 방법과 시간이 부족하다. 학생이 대학교에서 배운 전문지식은 기업 실무에서 10%도 제대로 활용되지 못한다고 한다. 이렇게 채용된 학생은 결국 기업에서 활용하기 위해 수개월에서 몇 년 동안 재교육한다는 것이다.

초·중·고등학교 12년과 대학교 4년의 교육이 과연 무엇을 위한 것인가 생각하게 되는 부분이다. 좋은 직장에 들어가서 행복하게 사는 것이 목표인 사회에서, 기업의 이러한 인재 채용 방식은 교육 전반에 영향을 줄 수밖에 없다. 여러 이유로 좋은 기업의 문은 갈수록 점점 좁아지고 있다. 학생들은 이전보다 더 치열하게 경쟁해야 하고, 어디에 쓰이는지도 모를 엄청난 스펙을 쌓기 위해 피가 마른다. 그래서 지금 한국의 교육열은 솟구친 용암처럼 활활 타오르고 있다. 이러한 문제의 근본적인 이유는 현재의 입시 위주 교육이 초·중·고 12년 동안 공부한 학생의 재능을 제대로 평가하지 못하기 때문이다. 입시 위주 교육은 학생의 창의력과 꿈은 무시한 채, 인내와 노력만으로 출세만 강요한다. 초·중·고등학교에서의 12년 세월은 학생의 재능을 발견하기에 결코 짧지 않다. 한국은 전인 교육을 통해 학생을 다양한 기준으로 평가하는 시스템으로 변화해야 한다. 학생의 다양한 재능을 제대로 평가하는 교육이 실행되면 기업의 채용 방식도 바뀌게 된다. 기업 입장에서도 기껏 채용한 인재를 재교육해서 활용하는 것이 아니라, 적재적소에 빠르게 배치하여 효율적으로 기업의 인재로 활용할 수 있게 된다.

암기식 공부를 잘하면 화초가 되고 못하면 잡초가 되는 사회는 심각한 문제가 생기게 된다. 잡초가 있는 밭은 토양이 유실되지 않는다. 잡초 때문에 토양의 수분은 유지되고, 토양을 받치는 바위들이 무너지지 않는다. 잡초 덕분에 토양 속 지렁이나 미생물이 숨을 쉬며 살 수 있고 작물이 재배될 수 있는 것이다. 그래서 잡초가 없는 땅은 사막과 같고, 잡초가 사라지면 결국 인류는 멸망할 수밖에 없게 된다. 1등만 대우받고 나머지를 잡초 같은 패배자라고 말하는 공동체는 결국 균형을 잡지 못하고 무너지게 된다. 수억의 연봉을 받으며 안정된 생활을 하는 전문직이라도 안전, 주거, 위생, 식사, 교통 등 생존에 관련된 필수 요소들은 다른 누구로부터 제공받고 살아간다. 자신이 안전하게 살 수 있는 이유는 주변의 많은 사람이 사회에서 각자의 역할에 충실하기 때문이다. 아무리 지식이 뛰어난 사람이라도 사막에 혼자 떨어져 삶을 살아갈 수는 없다. 한국의 입시 위주 교육은 경쟁에서 패배했다는 이유만으로, 다양한 재능의 학생들을 쓸모없는 잡초라고 낙인찍어 사회에서 내몰고 있다. 자신의 역할에 서열이 나뉘고 무시당하는 사회가 어떻게 유기적인 관계를 유지하며 지속할 수 있을까? 우리는 교육으로 기적을 이루어 낸 저력이 있는 민족이다. 교육이 바뀌면 두 번째 '한강의 기적'을 새롭게 써 낼 수 있다. 일부 기득권을 위해 지금의 교육방식을 고수할 게 아니라, 다양함이 존중받고 대우받는 교육이 이뤄져야 한다. 이제는 점수 위주의 평가 중심에서 벗어나야 한다. 학생의 다양성을 평가할 수 있는 프로젝트 기반 학습과 서술형 평가 등으로 바뀌어야 한다.

수능, 무엇이 문제일까

한국의 수능은 30년간 나름 변화하면서 발전해 왔다. 전국의 모든 학생이 같은 시험을 통해 평가받는 공정성이 있다고 인정하는 시험이다. 객관식 평가이기 때문에 입시 과정이 단순하고 채점이 수월하다. 학생의 학습 성취도를 균형 있게 평가한다고 가장 신뢰받는 방식이지만, 수능 입시제도의 부작용이나 문제점도 많이 지적된다. 몇 가지만 말하면, 우선 수능은 객관식 평가이기에 암기에 크게 의존해서 창의적인 사고를 평가하는데 한계가 있다. 그래서 수능에 맞춰 공부하면 학생이 실제 학습한 지식을 응용하는 능력을 키우기 어렵다. 또 수능은 상대평가를 기반으로 하기에 학생 간 과도한 경쟁을 유발한다. 단 하루의 시험 결과로 대학교 입학이 결정되기 때문에 학생에게도 매우 큰 부담을 준다. 현재 한국의 교육은 이러한 수능의 기준에 맞춰 초·중·고 교육과정이 만들어지지만, 꼭 학교에 다니며 공부하지 않아도 된다. 중·고교 과정 6년을 학원에 다니거나 과외만 받아도 수능 성적이 더 잘 나올 수도 있다. 어디서 공부하든 그 냥 혼자 성적을 얻는 시스템이다. 이런 평가 시스템에서는 협력하여 성과를 내는 가치를 배우기 어렵고, 오로지 상대방과 경쟁하는 구도 에서 살아남는 법만 중요하게 된다. 더구나 수능 문제는 문제 유형 이 특정 패턴을 따르는 경우가 많아, 반복적으로 문제 풀이를 많이 한 학생에게 유리하다. 2018년 한국은행 조사에 따르면 서울 학생과 비서울 학생의 잠재력 차이는 없지만, 서울대학교 입시 결과에서는 3배에 가까운 차이를 보였다고 한다. 그러니 사교육이 과도하게 성 행할 수밖에 없고, 사교육 기반이 형성되지 못한 지역의 학생은 실력 을 발휘할 공정한 기회를 얻지 못하게 되는 것이다. 이러한 사교육의 성행은 지역과 경제적 여건에 따라 교육의 격차를 심화시키는 문제 를 초래해 사회적 불평등으로 이어지고 있다. 또 수능은 주로 수학 적·논리적 사고와 언어 능력에 초점을 맞추고 평가하기 때문에, 예 술적 재능이나 창의성과 사회적 책임감 등 다양한 측면을 개발하고 평가하지 못하는 한계가 있다. 교육의 목표는 학생의 체(體), 덕(德), 지(知)에 균형을 맞춰 전인적인 성장과 발달에 있다. 그러나 현재 수 능에서는 주요 몇 과목만 평가의 대상일 뿐이다.

2024년 4월 21일 MBC 교육 대기획 〈교실 이데아〉의 방송 1부 에서는 수능의 문제와 한계를 직관적으로 확인하기 위해 언어, 영 어, 수학을 영역별 전문가에게 직접 풀게 했다. 언어는 전 대통령 연 설 비서관을 역임했던 강원국 작가, 소설 「아버지의 해방일지」의 정 시아 작가, 변영주 영화감독, 천관율 기자가 문제를 풀었는데 대부 분 평균 50점대였다. 영어는 영국 옥스퍼드대학교 재학생과 런던 다 포드 그래머 스쿨의 고등학생들이 풀었는데 1등급 4명, 2등급 4명, 3등급 2명이라는 점수를 받았다. 수학은 한국 최초의 우주인 이소연 박사, 서인석 서울대학교 수리과학부 교수, 카이스트 출신 연구원 등이 풀었는데 평균 55.5점으로 절반 정도 맞출 뿐이었다. 출연자 모두가 해당 영역에서 최고라고 불러도 손색없는 사람들임에도 불구하고 점수는 처참했다. 각 영역의 문제를 풀었던 모두가 하나같이 이런 식의 문제로는 제대로 능력을 평가할 수 없다고 지적했다. 이 프로그램을 시청하고 나면 다음과 같은 질문이 생길 것이다. 수능 언어영역 점수가 좋은 사람이 좋은 글을 쓰고 제대로 된 발표를 할 수 있을까? 영어 영역 성적이 좋으면 원어민과 제대로 소통하거나 토론할 수 있을까? 수학의 최고 전문가들도 풀지 못하는 문제를 한국 고등학생들은 어떻게 풀어내는 것일까?

한국에서 수능 언어영역을 가르쳤다가 IB 한국어를 가르쳐 보니, 이제 수능의 언어영역 문제는 내가 봐도 머리가 지끈거린다. 수능을 가르치는 국어 교사나 학원 강사에게 학생처럼 똑같은 조건에서 반복해서 푸는 연습을 시킨다면 대부분 포기하고 도망가지 않을까 싶다. 다이어트를 위한 운동도 다양한 동작과 기구로 재미있게 해야지, 매일 같은 동작만 반복시킨다면 금방 포기하게 되는 것처럼 말이다. 난센스 문제를 잘 풀 수 있는 사람은 똑똑한 사람이 아니라, 난센스 문제를 배우고 많이 풀어 본 사람이다. 재수생들이 수능 문제 유형을 많이 풀어 봤기 때문에, 입시에서 고3보다 유리한 것도 같은 맥락이다. 어떤 학생은 수능에서 영어 시험을 잘 치르기 위해 EBS 영어 해석을 모두 외운다니, 이 얼마나 대단한 대학수학능력시험인가 싶다. 구한말 상투를 고수하고 나라 문을 걸어 잠근 것처럼, 객관식 평가를 지키려고만 하지 말고 시대에 맞게 달라져야 한다. 아파트도 30년이 지나면 재건축해야 한다고 난린데, 30년 된 수능은 언제까지 우리 사회를 병들게 하려는 걸까. 수능 때문에 오히려 대학교

서열화는 공고해졌고, 학생들은 순위가 매겨져 차별받게 되었다. 매번 수능을 혁신하겠다는 말이 얼핏 듣기 좋아 보이지만, 역사를 보면 혁명보다 혁신하는 것이 더 어렵다는 것을 알 수 있다. 예를 들면, 고려 말에는 토지제도 혁신으로 나라를 다시 일으켜 세우려 노력했으나, 이러한 혁신의 연이은 실패는 결국 조선을 건국하는 혁명의 발단이 되었다.

IB는 과도한 사교육을 줄여 줄까

한국에서 IB가 관심을 받기 시작하면서 IB가 과도한 사교육을 유발할 것이라는 논란이 있다. 30년 전 학력고사에서 수능으로 바뀌면서 사교육이 없어졌을까? 현재 수능은 과도한 사교육을 유발한 적이 없었나? 2020년에 통계청에서 발표한 '국민이전계정의 생애주기 적자 구조'에 따르면, 국민의 생애 기간 중 흑자로 전환되는 시점은 27세라고 했다. 바꿔 말하면 자녀가 대학을 졸업하고 경제활동을 하기 전까지는, 자녀의 적자를 부모가 부담해야 한다는 뜻이다. 자료에서는 26세까지 한 명당 6억 1,583만 원(개인 3억 4,921만 원, 정부 등 공공부문 2억 6,662만 원)의 비용이 든다고 적시했다. 개인의 비용이라고 적었지만, 실제 부모가 감당해야 하는 금액이다. 결국 한국에서 한 명의 자녀가 4년제 대학교를 졸업하려면, 부모의 양육비는 최소한 3억 4,921만 원이 든다는 말이다. 물론 이 금액에는 부모의 노동력이나 시간 같은 간접비용은 포함되지 않는다. 더욱이 서울의 강남 학군이나 지방의 유명 학군에서는 통계보다 훨씬 많은 양육비를 지출한다. 이렇게 많은 돈을 쓰고도 만족하는 대학을 못 가니 얼마나 비효율적인 투자일까? 수능은 상대평가로 아이들을 줄 세우는데, 학부모는 내 아이만 밀려나는 것 같으니 더욱 불안해서 사교육을 안 시킬 수가 없다. 오히려 지금 같은 수능은 사교육을 더욱 유발하는 시스템이라고 할 수 있다.

학부모들은 IB나 수능이나 어떤 교육 시스템이 운영되어도 사교육을 할 수밖에 없다. 한국의 합계 출산율은 0.72명으로 세계 최하위권 수준이다. 이제 10년만 더 지나면 두 가정에서 한 명의 자녀가 나올 상황이다. 그러니 부모는 오직 한 자녀에게 집중하게 될 것이고, 오직 한 명뿐인 자녀가 더 좋은 대학교에 가고 더 좋은 직업을 가지길 바라니까 더욱 사교육은 활성화될 수밖에 없다. 현재의 공교육은 이러한 부모들을 만족시킬 만한 잠재력이 없기 때문이다. 그러면 현재의 사교육을 줄일 방법은 없을까? 당연하겠지만 사교육이 줄어들려면 공교육의 질이 향상되어 부모들이 만족하게 하면 된다. 사람들은 아이폰이나 맥북이 비싸지만 사고 싶어 한다. 삼성이나 애플의 스마트폰이 아니면 다른 회사 스마트폰은 가격이 싸더라도 잘 안 산다. 비싸더라도 소비자가 원하는 상품이 선택받는 세상이다. 한국의 초·중·고 공교육이 무상교육이라 공짜처럼 느껴지겠지만, 학생 한 명을 가르치기 위해서 1년에 1,000~2,000만 원의 세금이 들어간다. 그런데도 학부모들에게 외면당하니 정말 비효율적으로 세금을 쓰고 있다. 공교육이 미덥지 않고 불만이니 아이들을 학원에 보내거나 과외를 시키는 것이다. 그런데 이런 사교육은 비단 오늘날의 문제가 아니다. 수천 년 전 아테네 학당이나 공자의 가르침도 사교육이었다. 사교육이 나쁜 게 아니라, 공교육보다 좋은 사교육을 받고 싶은 사람들의 선택일 뿐이다. 그러면 공교육이 부모에게 선택받으려면 어떻게 해야 할까? 자본주의 원리에 충실해서 공교육도 상품성이 있어야 한다. 공기업이 완전히 사기업을 능가할 수는 없지만, 최소한 공교육이 사교육보다 가성비는 좋다는 평가를 받아야 한다.

OECD 선진국들은 왜 공기업을 민영화할까? 공기업은 경쟁 상대가 없다. 그러니 내부적으로 거대한 관료조직의 비효율성을 가지고 있고, 비리에 취약하기 때문에 생산성이 떨어진다. 최근 육군 원사가 고작 2,000만 원의 뇌물을 받고서, 1,000억 원대의 '군 마일즈 장비 입찰비리'는 단적으로 관료조직의 문제점을 보여 준다고 하겠다. 이외에도 정부의 물자를 구매·공급하는 조달청도 불량품을 납품하는 업체를 제대로 검수하지 못해서 종종 뉴스에 오르내린다. 이처럼 정부의 공공사업을 들여다보면, 사기업보다 더 많은 돈을 쓰고도 형편없는 결과를 내는 경우가 꽤 많다. 물론 정부 주도의 사업이 이점도 있지만, 생산성이 떨어지는 것이 현실이다. 경영학 분야에서 유래한 '메기효과'라는 말이 있다. 신선도가 생명인 청어를 가장 싱싱하게 운송하는 방법으로, 수조 안에 메기 한 마리를 풀어 두는 것이다. 메기로부터 살아남기 위해 열심히 헤엄친 청어는 활동성이 높아져 싱싱한 상태로 운송된다. 과도하게 강력한 경쟁자는 스트레스를 높이지만, 적당한 자극은 해이를 예방하고 적극성을 높일 수 있다고 한다. 수조 안의 청어가 한국의 교육환경이라면, 적당한 자극을 주는 메기는 IB라고 할 수 있다. IB가 월등한 대학 진학률을 보이고, IB로 교육받은 학생이 인성이나 실력 면에서 더 나은 모습을 보여 준다면, 학부모들은 우리 학교도 IB를 도입해 달라고 아우성칠 것이다. IB는 이제 막 한국에서 걸음마를 시작했지만, 전국 수백 곳의 IB 학교에서 보여 주는 모습은, 공교육 전체가 달라지게 하는 효과가 있을 것이라고 확신한다.

사실상 사교육은 다다익선인 것을 부정할 수는 없다. 질 좋은 교육을 받으면 받을수록 좋기 때문이다. 문제는 사교육이 아니라 높아지는 사교육비로 고통받는 부모가 힘들어진다는 것이다. 자녀 교육, 부모 봉양, 자신의 노후까지 신경 써야 하는데 지나친 사교육 비용 때문에 더욱 힘들어진다. 전 과목을 일대일로 과외를 시키면 안 하는 학생보다 성적이 좋아질 수밖에 없다. 그러기 위해서는 소위 학세권이라는 지역으로 이사해서 주거비를 비롯한 각종 비용을 감당할 수 있어야 한다. 강남구와 서초구의 아파트들이 비싼 것에는 상권이 잘 발달되어 있어서이기도 하지만, 8학군에 몰려있는 교육 인프라도 큰 몫을 차지한다. 그러나 국민의 절대다수는 이 지역에서 자녀를 교육하기 어렵다. 좋은 사교육을 시키고 싶어도 먹고 사는 것도 벅차기 때문이다. 현실적으로 사교육을 욕하고 막는다고 사라지는 것이 아니다. 과도한 사교육비로 고통받는 학부모를 위해서는 공교육이 달라져야 한다.

IB 학교를 지방에 만들면 어떨까

저출산 위기와 함께 가장 많이 등장하는 뉴스가 지방소멸 위기이다. 전체 인구의 절반 이상이 수도권에 밀집해서 살고 있다. 나라 인구는 갈수록 줄어드는데 지방에서 태어난 사람들도 수도권으로 이주하니 지방은 노인들만 남게 된다. 일할 사람들이 없으니 산업·일자리 기반이 위축되고, 의료·복지 서비스도 정상적으로 제공하기 어렵게 된다. 세금이 걷히지 않으니 지방 행정은 그야말로 붕괴한다. 지역 내 빈집이나 폐교는 주민의 안전을 위협하고, 깨진 유리창 이론처럼 지역이 빠르게 슬럼화된다. 사람이 생존에 필수적인 기반 시설들이 사라지니 지방은 마치 사막처럼 되어 버린다. 지방의 출산율이 수도권보다 높은데, 지방이 소멸하면 더 이상 수도권에 생산인구를 보충할 수 없어 국가소멸은 가속화된다. 신체는 머리부터 발끝까지 균형을 이루고 있을 때 건강하다. 이는 국가도 마찬가지이다. 지방이 소멸하고 수도권만 살아남게 되면 결국 국가경쟁력의 저하를 초래하게 된다. 그래서 저출산으로 인한 국가소멸을 막으려면 지방을 살려야 한다. 공기업이나 공공기관을 지방으로 이전해서 지역경제를 살리는 것은 '언 발에 오줌 누기'와 같다. 왜냐하면 공기업이나 공공기관을 무한정 만들어 낼 수도 없으니까 말이다. 그렇다고 사기업을 정부가 강제로 지방으로 이전을 강요할 수도 없다.

전라남도 순천시 승주읍의 인구는 한때 11,700명이던 것이 2,500명으로 줄어 유령도시가 되어 버렸다. 승주읍의 경우 승주군 시절에는 군청이 있어서 지역경제의 기반이 되었고, 대학교의 지방 캠퍼스가 있을 때도 어느 정도 지역경제가 활성화되었었다. 우리가 주목해야 할 사실은 지역에 일자리를 활성화할 수 있는 경제인프라가 있어야 도시소멸을 막을 수 있다는 것이다. 즉, 먹고살 것이 있어야 그 지역을 떠나지 않는다는 것이다. 정부와 지자체가 지역을 살리기 위해 만들 수 있는 인프라가 교육이라 생각한다. IB 학교를 지방에 만들면 교육의 우수성으로 학부모의 관심을 끌 수 있다. 학교가 세워지니 파급되는 일자리와 소비도 일어나 지역경제가 활성화된다. 또 지방 학생들은 글로벌한 수준의 교육을 받게 되어, 지역으로 인한 교육 불평등도 덜 받게 된다. 무엇보다 지방에서 수도권으로 이주하는 근본적인 이유가 일자리와 소득 때문이다. 소득이 늘어야 자녀 교육을 더욱 많이 할 수 있으니 말이다. 그런데 IB 학교로 인해서 부모의 사교육비 부담이 사라지고 지방의 낮은 주거비로, 수도

권보다 적은 소득으로도 충분히 여유로운 생활이 가능해진다. 급여가 적은 만큼 생활비가 조금 들어가게 개선해 주면 되는 것이다. 그러면 이런 말도 나올 수 있다. 전국의 학생은 공평해야 하는데, 왜 지방의 학생들에게만 차별적으로 교육인프라를 제공하느냐고 말이다. 이런 문제 제기에 나는 한국의 복지정책으로 답하고 싶다. 한국은 전 국민이 누려야 할 국민건강보험 같은 보편적 복지와 국민기초생활보장 제도처럼 저소득 계층에만 제공하는 선별적 복지정책을 실행하고 있다. 소득이 적다고 해서 어느 한 계층이 무너지게 방치하면 결국 국가 전체의 위기가 되기 때문이다. 또한 수도권 대학교들은 2024학년도 신입생 모집부터 사회적 배려 대상자를 전체 모집인원의 10% 이상을 의무적으로 선발하도록 명령했다. 이러한 정책을 수도권 학생들과 무조건 차별이라고 할 수는 없다. 왜냐하면 서울이라는 거대도시는 의료, 교육, 문화, 체육, 교통 등 다양한 혜택을 정부예산으로 시민들에게 제공하고 있기 때문이다. 서울에만 있는 한강공원, 예술의 전당, 대학병원 등을 지방에 짓지 않는다고 불공평하다고는 말하지 않는다.

2024년 1월 초에 국내 최초로 국·공립학교 IB 학교가 대입 결과를 발표했다. 경북대학교사범대학부설고등학교(이하 경북대사부고)는 학생 30명이 모두 우수한 성적을 받았다. 응시자 전원이 디플로마 또는 과목별 이수증을 취득했고, 38점 이상의 학생이 5명이나 배출되는 탁월한 성과를 보였다. 2021년 9월 경북대사대부고는 전국 공교육에서는 최초로 한국어와 영어로 진행되는 IB 월드 스쿨로 출발했다. 일반계 국·공립학교에서는 처음 시도되는 것이라 전국적으로 관심을 받았다. 우려와 달리 IB 과정과 입시 결과 모두 만족스러워 공교육의 혁신 모델로서의 가능성을 보여 줬다고 할 수 있다.

또 제주도의 공립고등학교인 표선고등학교의 학생들도 우수한 결과를 보여 줬다. 표선고는 응시자 26명 중 11명이 디플로마를 받았고, 15명이 과목별 이수증을 취득했다고 발표했다. 특히 서울도 아닌 제주도 읍면 소재 학교임에도 세계적인 평균과 비슷한 결과를 냈다는 것이 아주 우수한 결과로 볼 수 있다. 물론 몇 년간 정착을 위한 시행착오와 시간이 걸렸다고 한다. 대학 입시의 결과로 교육의 질이나 학교의 우수성을 전부 이야기할 수는 없다. 하지만 IB 교육을 오랫동안 경험한 개인적인 시각이지만, 입시 결과를 떠나 미래 사회가 원하는 사람을 만들기 위한 질 좋은 교육이 지방에서 활성화된다면 국가균형발전에 큰 축이 될 것으로 생각한다. 골든타임은 인명 구조에만 국한되지 않고, 지방소멸의 위기에도 적용된다고 말하고 싶다.

IB 경험자
인터뷰

01 IB로 명문대에 입학한 학생

02 IB로 명문대를 보낸 학부모

03 IB를 경험한 학생의 소감

"

교육은 세상을 바꿀 수 있는 가장 강력한 무기입니다.

"

- 넬슨 만델라

IB로 명문대에 입학한 학생

정준석(코넬대학교 공학)

아이비리그나 다른 명문대학에 지원하는 학생들을 점수로 변별하는 것은 큰 의미가 없는 것 같습니다. 오히려 학업 외 활동을 (Extracurricular Activities) 성적만큼 열심히 준비하고, 미리 계획하는 게 매우 중요하다고 생각합니다. 저 같은 경우에는 축구, 럭비, 수학 클럽, 컴퓨터 관련 봉사활동을 4년 정도 했습니다. 이런 활동을 하면서 MVP를 수상했고, 더 높은 포지션으로 올라가려고 노력했습니다.

이런 발전하는 모습을 지원하는 대학에 보여 주기 위해 노력했습니다. 저는 운영연구 및 정보공학이라는 컴퓨터공학과 데이터공학을 합쳐놓은 전공을 공부 중입니다. 전공을 위해 고등학생 때부터 컴퓨터 사이언스 관련 봉사활동과 수학 관련 대회에 많이 참가하였습니다. 이처럼 자신이 어떤 분야에 관심을 느끼고 재미있어하는지를 잘 생각해 보고, 그 분야를 열심히 즐기며 준비하는 것이 참 중요하다고 생각합니다. 코넬대학교는 아이비리그 중에서도 공부를 가장 많이 하기로 유명합니다. 그렇기에 학업 스트레스로 학생들의 학업 포기가 가장 높은 학교로 알려져 있습니다. 그런데도 저는 1학년을 매우 즐겁게 보냈는데, 그럴 수 있었던 이유는 럭비 덕분입니다. 자신의 전공 공부 외에도 흥미를 뚜렷이 알고 학업 스트레스를 풀 수 있는 활동을 해야 합니다. 그와 관련된 활동이나 운동을 한다면, 힘든 대학교 공부 중에도 쏠쏠한 재미들을 분명히 찾을 수 있다고 생각합니다. 명문대학에서 수업을 들어 보니 정말 똑똑하고 범접할 수 없는 수준의 학생들도 물론 있습니다. 그러나 대부분은 평범한 일반 학생들이고, 매 순간을 노력하는 성실한 친구들입니다. 저 또한 대학교뿐만 아니라 고등학교 시절에도 눈앞에 보이는 해야 할 일들을 미루지 않고 제때 열심히 끝내려고 노력했습니다. 그 성실함 덕분에 좋은 결과를 얻을 수 있었다고 생각합니다. IB 교육과정은 저에게 시간 관리를 하면서, 주어진 일을 성실하게 수행하는 자기관리 능력을 가르쳐 주었다고 생각합니다.

서호양(코크대학교 의학)

저는 중학교 때 방송 PD가 꿈이었고, 의사라는 직업은 장래 희망으로 생각해 보지 않았습니다. 제가 해외에서 의대를 다니게 될 줄은 상상도 못 한 일입니다. 어릴 때부터 특별히 공부를 잘하던 학생도 아니었기에 정말 인생은 어떻게 될지 모르는 것 같습니다. 특별히 공부를 잘하지는 못했지만, 성실히 학업에 충실했던 태도 덕분인지 노력해서 좋은 내신 성적을 얻을 수 있었습니다. 10학년 때 과학에 더 관심을 가지게 되면서 자연스럽게 IBDP를 시작할 때 의대 지원에 관심을 두게 되었습니다. 하지만 12학년이 되니 의학 분야에 관심이 더 높아졌고, 의사라는 직업이 매력적으로 다가와 정말 어떻게 해서라도 의대에 가야겠다고 생각했습니다. 의대를 지망하는 학생들에게 말하고 싶은 조언 첫 번째는, 학교 브랜드에 집착하지 말라는 점입니다. 사실 의대를 지망하는 학생들은 대부분 학업 성적이 우수하므로, 좋은 대학의 의대에 가고 싶은 욕심이 다들 있을 것으로 생각합니다. 하지만 한국뿐만 아니라 해외 의대도 현재 의대 열풍이기에 문턱이 낮지 않습니다. 단지 IB 45점을 맞았다고 해서 좋은 대학의 의대를 입학할 수 있다고 할 수 없고, 성적 외에도 높은 적성 검사와 폭넓은 봉사활동, 직업 체험 활동이 뒷받침되어야 합니다.

해외 의대는 성적 다음으로 중요하게 평가하는 것이 자기소개서입니다. 해외 의대 원서에는 딱히 특별한 봉사활동, 교내·교외 활동을 써넣는 곳이 없기에, 자기소개서야말로 관심 분야에 대해 어떠한 가치관을 따르고 있고 탐구활동을 해 왔는지 알릴 수 있기 때문입니다. 성적과 같은 지표 외에도 면접관이 성격, 가치관, 의사로서의 적성을 파악할 수 있는 장치가 자기소개서라고 생각합니다. 따라서 자기소개서를 쓰기 전 면접관이 자신을 어떤 사람으로 봐 줬으면 좋을지 생각해 테마를 잡고, 관련된 교내·교외 활동을 하는 것이 더 효율적이면서 일관된 스토리를 만들어 나갈 수 있다고 생각합니다. 또 자신이 합격하지 않은 상황에서 친구들이 합격하면 속상하겠지만, 질투하는 것보다는 축하해 주는 것도 정말 중요하다고 생각합니다. 당연한 말이지만 마지막 학년이 되면 다들 힘들어져 친구에게 칭찬이나 축하해 주는 것을 간과합니다. 친구를 축하할 줄 알고 자기도 잘할 수 있다고 스스로 마인드컨트롤해 주는 것이 정말 중요하다고 생각합니다. 의대를 입학하기 위해 준비해야 할 것은 많고, 큰 노력이 따릅니다. IBDP 2년 동안, 어쩌면 그보다 더 많은 시간 동안 의대라는 목표를 향해 달려오며 정신적, 육체적으로 고되었습니다. 하지만 의대를 입학했다고 모든 것이 끝난 것이 아니라, 입학한 순간 또 다른 레이스의 시작이라는 것을 느꼈습니다. 다른 분야도 똑같겠지만 의대에서도 자신이 원하는 나라의 병원에서 일하기 위해 엄청난 노력을 합니다. 따라서 대입 기간에 '의대만 입학하면 된다'라는 생각으로 자신을 너무 극한으로 몰아붙이지 말고, 의대에 입학하면 이러한 힘든 시기의 연장선이니 육체적, 정신적으로 힘든 시기에도 컨디션을 유지하며 자신을 돌보는 방법을 배워 나갔으면 좋겠습니다. IBDP 과정이 힘든 만큼 정말 배우는 것도 많고, 결실을 이루었을 때 느껴지는 보람과 행복도 큰 것 같습니다. 공부하면서 힘들기도 했지만, 공부 외적으로 여러 활동을 하면서 오히려 공부 스트레스를 풀 수 있었던 것 같습니다.

김주환(시카고대학교 경제학)

　IB가 저에게 남긴 가장 큰 자산은 공부에 대한 자신감입니다. IB 교육을 하고 나면 어느 교육과정이든 헤쳐 나갈 자신감이 생깁니다. 저는 학구열이 미국에서 높은 대학 중 하나인 시카고대학교에 다닙니다. 현재 시카고대학교에서 꾸준히 고득점을 유지하며 학교생활에 잘 적응하는 것은, 제가 IB 과정을 잘 이수했기 때문이라고 말할 수 있습니다. 대학교에 들어가면 에세이를 많이 쓰는데, IBDP 과정을 이수하면 에세이에 대한 자신감이 생겨서 대학에서도 에세이를 수월하게 쓸 수 있다고 생각합니다. 또한 IB 교육을 받으며 자기주도적인 주장을 펼치는 것을 많이 해 왔기 때문에, 대학에서 공부할 때 많은 도움이 됐습니다. 특히 AP를 공부하고 대학에 들어온 학생들은 상대적으로 에세이를 어려워하지만, IBDP로 입학한 학생들은 어느 정도 에세이를 수월하게 쓰는 것 같습니다.

　미국 여러 대학에서 IBDP가 AP보다 높은 수준으로 인정받고 있어서 입시 때 유리합니다. 특히 작은 스펙 하나하나가 중요한 명문대학 입시에서 디플로마를 받고 대학에 지원하는 것은 큰 이점으로 작용합니다. 또한 미국 대학의 입시에서는 최종점수보다 예상점수가 더 중요한 위치를 차지합니다. 이 예상점수는 최종점수를 받기 전, 학교 선생님이 그동안 여러 평가를 보고 주시는 성적이기에 IA, EE 등의 프로젝트를 할 때 선생님의 눈에 띄는 것도 중요합니다. 각 과목 수업에서 열정과 노력을 보여 주는 것이 필요합니다. 또한 최종시험을 잘 볼 자신은 없지만 숙제와 IA, EE 등의 프로젝트를 잘할 자신이 있다면 미국에서의 명문대학 입시를 고려하면 좋습니다. 입시에서 선생님의 추천서도 중요하기 때문에, 선생님과 좋은 관계를 유지하고 수업 시간에도 열심히 열정적인 모습을 보여야 합니다. 명문대학 입시에서 특히 중요한 게 'Common Application Essay'인데, IBDP를 이수하면 생각을 더 논리정연하게 표현하는 게 가능해져서 특히 도움이 됩니다. 그 외에도 미국 대학의 입시는 'Supplemental Essay'를 많이 쓰는데, 이때도 도움이 됩니다. 혼자 타지에서 공부하면서 입시를 준비하느라 정신적으로 힘들 때가 많았습니다. 단기적으로는 버틸 만하지만, 장기적으로는 공부를 하면서 스트레스를 관리하기 위해서는 운동이나 휴식이 중요합니다. IB는 공부만 하게 하지 않고 CAS를 통해 운동이나 봉사활동 같은 기타 활동을 하게 합니다. 이러한 활동을 통해서 오히려 더 많은 것을 배운 듯합니다. 원론적인 얘기 같지만, IB 교육을 잘 받은 학생들을 미국의 명문대학에서 선호하는 데는 나름의 이유가 있다고 생각합니다.

윤준호(싱가포르 국립대학교 약학)

저는 고등학교 1학년 중반쯤에 해외지사로 발령받으신 아버지를 따라 갑자기 싱가포르에 오게 되었습니다. 한국의 평범한 초·중·고를 다니며 나쁘지 않은 성적을 유지하던 저에게 매우 갑작스러운 결정이었습니다. 그렇게 싱가포르 CIS에 10학년으로 들어와서 공부하기 시작했습니다. IB 중등 과정의 수업은 영어로 수업이 진행됐고, 수많은 토론과 발표 과제를 해야 했습니다. 이전 학교에서 학창 시절 내내 한국어로 수업했던 저에게는 너무나 버거웠습니다. 학교에서 처음 받은 성적은 수학을 제외하고 중간 정도의 점수가 나왔습니다. 저는 만족스럽지 않은 성적이었지만 연연하지 않았습니다. 처음 낯선 IB 교육과정을 경험하며, 10학년 내내 새로운 교육환경에 적응하는 데 집중하였습니다. 10학년 말에 IBDP 과목 선택이 다가오자, 저는 부족한 영어 실력으로 영어 A 선택과 어떤 제2외국어를 골라야 할지 심각하게 고민하였습니다. 특히 갑자기 국제학교에 들어오며 제2외국어를 대비할 시간이 없었으니, 언어 과목을 선택하는 문제를 가장 많이 고민했습니다. 미래의 대학입시를 생각하면 6과목을 아주 신중하게 선택해야 했기 때문입니다. 그러던 중 정말 운이 좋게도 IB 경험이 많으신 이미영 선생님을 만나 상담을 하게 되었습니다. 한국어 과목을 모국어로 선택하니 영어 B를 외국어로 선택하게 되어, 고민하던 언어 과목이 자연스럽게 해결되었습니다. 결과적으로 저는 IBDP 2년 동안 첫 분기 성적표에 경제 과목에서 한 번 6점을 받은 것을 제외하고, 2년 내내 전 과목을 7점으로 유지했습니다. 최종성적은 영어 B에서 1점이 깎여 44점으로 마무리하였습니다. UCL, KCL 약대를 포함한 영국 대학 5곳, 홍콩 대학과 홍콩 과기대학, 싱가포르의 NUS와 NTU 등 원서를 넣은 9개 대학 모두에 합격했습니다. 좋은 대학들이었기에 어느 대학을 선택할지 고민이 깊었지만, 세계 8위로 랭크된 아시아 최고의 싱가포르 NUS 약대로 진학했습니다.

이렇게 좋은 결과를 거둘 수 있었던 것은, 진부한 말처럼 들리겠지만, 저의 운과 노력 덕분이라고 생각합니다. 그리고 달라진 교육환경 변화에도 꺾이지 않았던 저의 의지와 꾸준한 노력이 찾아온 운들을 뒷받침하였다고 생각합니다. 이전에 받았던 한국의 아날로그식 학습에 익숙한 저는, 국제학교 특유의 디지털 기반의 학습은 너무 낯설었습니다. 국제학교 수업은 교과서 없이 맥북을 활용하여 수업합니다. 하지만 저는 한국에서 공부하던 방법을 무작정 바꾸지 않았습니다. 이전의 한국에서 하던 것처럼 손수 필기하고, 정리 노트를 만들며 저만의 공부 방법을 유지했습니다. 복습하고 어려운 개념들을 정리한 노트들을 중심으로 암기하며 공부했습니다. 꼭 필요할 때만 디지털 자료를 사용했습니다. 스마트폰이나 노트북을 가까이하다 보면 공부에 방해받을 일도 있어서, 그런 것을 피하고자 하는 저만의 방법이기도 했습니다. 제가 이렇게 시간 관리나 자기관리를 하면서 공부할 수 있었던 것은 IB 교육과정의 장점들 때문이라고 생각합니다. IBDP 교육과정은 제가 공부하고자 하는 과목을 비교적 자유롭게 선택할 수 있습니다. 소통을 중시하는 교육과정이라서 언어 과목을 2개 선택하게 하는 것도 좋았습니다. 영어를 무조건 모국어로 선택하게 하지 않고, 전 세계 어느 나라 학생이든 자기 모국어를 선택해서 공부할 수 있기 때문입니다. 저의 경우는 약대에 가는데 필요한 수학, 생물, 화학을 HL로 선택해서 공부할 수 있어서 좋았습니다. 무엇보다도 여섯 과목을 공부하면서 관심 있는 분야를 깊게 연구하고 공부해 볼 수 있는 EE가 힘들지만, 전공 분야를 미리 탐구할 기회라서 재미있게 할 수 있었습니다. 나아가 IB는 교육받는 학생에게 공부만 잘하는 사람으로 만들지 않는다는 것입니다. CAS를 2년 동안 필수과정으로 만들어 지적, 신체적, 정서적으로 균형 잡힌 사람을 만든다는 것입니다. 약대를 준비하는 이과생이라서 독서를 게을리할 수 있는데, 한국어 과목을 공부하며 소설을 읽을 수 있는 시간이 있다는 것도 좋았습니다. 문학을 공부하며 사람들의 삶의 모습과 사회를 보는 관점을 배운 것도, 세계와 내 생각을 성찰할 수 있는 사람으로 만들어 줬다고 생각합니다.

이민서(싱가포르 국립대학교 산업시스템공학)

　　IB 과정에서 가장 중요한 것은 시간 관리입니다. 시간 관리는 크게 우선순위 결정, 시간표 구조화가 중요합니다. 먼저 IBDP를 하게 되면 6개의 과목 과제나 시험뿐 아니라, 여러 크고 작은 일이 대단히 많습니다. CAS(창의·체험·봉사)라 불리는 필수 활동부터 대학 자기소개서, 소논문 작성, 동아리나 프로젝트 등도 있습니다. 이때 각 과제의 우선순위를 먼저 설정하는 게 중요합니다. 과제의 중요도가 얼마나 큰지, 마감이 언제인지, 걸리는 시간과 노력이 얼마인지를 고려해야 합니다. 이렇게 우선순위에 따라 적절하게 시간을 분배해 계획을 세우고, 자주 볼 수 있는 곳에 시각화해서 놓았습니다. 구글 캘린더도 좋고, 노션도 좋고, 직접 작성해도 괜찮습니다. 과제관리표의 포인트는 내가 자주 볼 수 있고, 언제든지 쉽게 수정할 수 있어야 합니다. 또 평일에는 몇 시간 공부해야 하고, 주말에는 얼마나 공부해야 고득점을 얻을 수 있는지 물어보는 후배들이 있습니다. 사실 적절한 공부 시간은 사람마다 매우 다릅니다. 제 개인적인 공부 시간은 학교 7시간을 제외하면, 평일 기준으로 2시간을 거의 넘지 않았고, 주말에도 4~6시간 정도 공부했습니다. IB는 공부하는 시간, 풀어본 문제의 양보다는 얼마나 전략적으로 수준 높은 공부를 하느냐가 중요합니다. 이상적으로는 자기에게 맞는 공부법을 10~11학년 때 찾아내서, 12학년에 높은 점수를 받는 것이 좋습니다. 저는 개인적으로 개념을 시각화해 정리하고, 실전 문제를 여러 개 풀기보단 하나의 기출 문제를 깊게 공부했습니다. 기출 문제의 풀이를 완벽하게 이해한 다음, 내가 출제자라면 비슷한 유형의 다른 문제를 어떻

게 낼 수 있을지, 같은 내용이라도 어떻게 트릭을 줄 수 있을지 고민
했습니다. 모의 문제 만들고 답안지를 적는 등 다양한 방법을 적용
했습니다. 특히 틀린 문제나 어려운 문제를 위주로 깊게 공부했습니
다. 또 개념을 완전히 이해할 땐 유명한 백지 공부법(백지에 내가 아
는 내용을 전부 정리하기), 선생님 공부법(내가 선생님이라고 생각하고
설명해 보기)을 적극적으로 활용했습니다.

홍석준(싱가포르 국립대학교 컴퓨터공학)

저는 싱가포르 국제학교 XCL World Academy Singapore에서
최종점수 45점 만점을 받고 IBDP를 이수하고, 현재 싱가포르 국립
대학교에서 컴퓨터공학을 공부하고 있습니다. 저는 고등학교 1학
년 때 싱가포르가 많은 다국적 기업의 허브 역할을 하고 있기에 유
학을 결정하게 되었습니다. 유학을 온 후 제 첫 목표는 아시아 최고
라 불리는 싱가포르 국립대학교에 진학하는 것이었습니다. 저는 다
른 학생들보다 늦게 유학을 와서 국제학교에 입학했습니다. 한국의
자사고(자율형 사립고등학교)인 천안북일고등학교에 다니다가 10학
년 2학기부터 싱가포르에서 공부하기 시작했습니다. 그래서 IB를
본격적으로 준비해야 할 10학년 시기를 한 학기밖에 보낼 수 없었
고, 11학년이 된 후에도 정보가 매우 부족하여 자신감이 조금 떨어
졌습니다. 그때 학교 선생님들께서 먼저 다가오셔서 상담해 주셨습
니다. 과목 선택이나 소논문(EE) 과목 선정 등 중요한 결정들을 크
게 도움받았습니다. 중요한 결정을 내려야 할 때, 확실한 길을 제시
해 주셔서 적응하는 데 엄청난 도움을 받았습니다. 싱가포르에서

2년간 유학하며 이뤄 낸 가장 큰 성과는 목표했던 대학교 NUS에 합격한 것입니다. 다음은 싱가포르 국제학교 XCL를 다니며 다양한 친구를 만난 것입니다. 이탈리아, 인도네시아, 중국 등 정말 많은 나라의 친구들을 사귀었고, 다양한 국가의 선생님도 많이 만났습니다. 저는 이런 다양한 국적의 친구와 선생님을 만난 것이, 제 인생에 아주 소중한 경험이 되었다고 생각합니다. 또한 단기간에 영어 실력을 늘리는 데 매우 큰 도움이 되었습니다. 제가 가장 좋아했던 과목은 물리입니다. 물리는 제가 한국에서부터 자신 있고 좋아했던 과목입니다. 이론과 공식들은 외국에서도 같게 적용되기에, IB 공부를 비교적 수월하게 할 수 있었습니다. 한국에서는 손과 머리로만 계산하여 문제를 풀어야 해서 한계가 있었습니다. IB에서는 계산기를 사용하여 공부하기 때문에, 손으로 풀 수 없는 미세하거나 엄청나게 큰 숫자들을 다루는 문제도 풀 수 있다는 것이 재미있었습니다. 또한 우리 일상에서 벌어지는 현상들의 이유와 원리를 IB 물리 수업에서 공부하는 것이 큰 매력이었습니다.

윤민성 (홍콩대학교 경영학)

IA는 과목마다 존재하며 최종점수의 비중 역시 과목마다 다르고, 작성 방법이나 내용도 다릅니다. 따라서 어떤 과목의 IA에 시간을 투자할지 선택과 집중이 필요합니다. 극단적인 예를 들면 시간이 오래 걸리고, 점수 비중도 작고, 희망 진로와 관련 없는 과목의 IA가 점수 비중이 높고 전공과 관련 있는 IA와 제출 기간이 겹친다면, 과감하게 후자에 더 많은 시간을 투자해야 합니다. 명문대학을 목표로 한다면 전공이나 진로의 방향을 미리 정하고 과목을 선택하는 것이 매우 효과적이라고 생각합니다. 또한 자신에게 가장 잘 맞는 공부 방법을 찾는 것도 중요합니다. 집에서 집중이 안 되면 도서관도 가 보고, 카페도 가 보고, 혼자가 효율적이지 않으면 친구랑도 같이 해 보는 등 여러 시도를 하면서 자신에게 맞는 환경을 빨리 찾아야 합니다. 명문대학에서는 학생들이 지역사회나 세계에 봉사하며, 문제를 해결하고 사회적 영향력을 가지는 것을 매우 중요하게 생각합니다. 그래서 공부 외에도 이런 활동도 중요하게 생각해야 합니다. 주어진 시간 내에 스스로 시간 관리를 하며 공부하게 하는 IB는 여러모로 한국의 수능과 차이가 있습니다. 수능이 수동적인 공부를 하게 하는 교육이라면, IB는 자기 주도의 활동과 과목 선택 등 능동적인 교육이라 생각합니다. 이런 과제들을 제시간에 제출하며 공부하기 위해서는 무엇보다도 시간 관리와 자기관리 능력이 필요하다고 생각합니다.

현린아 (서울대학교 응용생물화학부)

저는 한 살 때 싱가포르로 이사 와서, 유치원부터 고등학교까지 모두 해외에서 교육받았습니다. 국제학교에서 영어로 수업을 받았지만, IB 한국어 선생님인 엄마가 한국 중고교 국어 과정과 에세이 쓰는 법을 가르쳐 줬습니다. 덕분에 한국 학생과 차이 없이 한국어를 구사하게 되었습니다. 그런데 IBDP 과정에서 한국어 A가 아니라 중국어 B를 선택하여 외국어 능력을 키우는 데 도전해 보고 싶었습니다. 단순히 최종점수만을 생각했다면 전략적으로 한국어를 선택해서 바이링구얼 디플로마를 받아야겠지만, 저는 더욱 다양한 언어를 습득하는 것을 목표로 했습니다. 또한 이과 계열을 목표로 했기에 수학 AA, 화학, 생물을 HL로 선택했고, 영어 A, 중국어 B, 경제를 SL로 선택해서 공부했습니다. 2년 동안 제가 스스로 선택한 과목으로 공부했기에 책임감을 가지고 노력했습니다. 덕분에 최종성적으로 영어 A는 6점을 받았고, 나머지 다섯 과목은 모두 7점을 받았습니다. 좋아하는 과목을 공부할 수 있었고, IBDP 과정을 마치고 원하던 대학교에 입학하게 되었습니다. IBDP의 공부량은 정말 많은데, 만약 제가 선택하지 않고 시켜서 했더라면 이러한 결과를 얻지 못했을 겁니다. 학생이 스스로 선택하여 책임지고 노력하게 만드는 것이 IB의 장점이라 생각합니다. 많은 공부량에 더해서 소논문, 지식론, CAS 활동 등도 반드시 해야 하기에, 여러 활동을 병행할 수 있는 시간 관리 능력은 필수입니다. 특히 비판적·창의적 사고능력을 보여야 하는 소논문과 지식론을 작성하는 기간에는 체력과 감정을 조절할 줄 아는 자기관리 능력이 중요합니다.

IBDP로 대학을 준비 중인 학생이라면, 이러한 자기관리 능력이 매우 중요하다는 점을 강조하고 싶습니다. 우선 자기관리에서는 자신이 좋아하는 것을 아는 것이 중요합니다. 자신이 희망하거나 좋아하는 전공을 알아야, 과목을 선택하고 계획을 세울 수 있습니다. 단순히 최종점수만 생각해서 과목을 정하면, 과목에 흥미가 생기지 않아서 역효과가 날 수 있습니다. 같이 공부했던 친구 중에도 점수만 생각하고 과목을 선택했다가, 중간에 포기하고 다른 과목으로 변경하는 경우가 있었습니다. 또한 선생님과 같이 수업을 듣는 친구들과의 관계 관리도 매우 중요합니다. IBDP는 조별 과제나 발표 수업이 많기 때문에, 협력 없이 혼자서 해내기 어렵기 때문입니다. 단순히 성적을 잘 받으려고, 인간관계를 수단으로 삼으면 신뢰가 생기지 않습니다. 타인을 배려할 줄 아는 능력을 기르는 게 꼭 필요합니다. 또한 2년 동안 꾸준하게 공부하려면, 아프지 않고 꾸준한 체력을 유지하는 게 중요합니다. 저는 꾸준하게 하는 특별한 운동은 없었습니다. 하지만 거의 매일 밤 공원에서 엄마와 1시간 동안 뛰기와 걷기를 했습니다. 30분 정도는 가볍게 뛰고, 30분 정도는 엄마와 함께 걸으면서 이런저런 이야기를 했습니다. 학교에서 있었던 일이나, 한국 이야기나, 공부 스트레스 등을 주저리주저리 이야기했습니다. 엄마는 이야기에 맞장구쳐 주거나, 가만히 들어 주곤 했습니다. 엄마는 제 고민을 어떻게 하라는 해결책을 말해 주진 않았지만, 이야기를 쏟아 내고 나면 속이 시원해졌습니다. 저는 이렇게 체력을 유지하고, 수험생이 가지는 스트레스를 어느 정도 해소했습니다. 학교 행사나 교회 행사도 최대한 참석했습니다. 공부할 시간이 뺏긴다는 불안보다, 친구들과 어울리고 나면 오히려 정서적으로 많은 도움이 되었기 때문입니다. 제가 다니는 학교에는 같은 학년에 한국 학생이 저 혼자뿐이라서, 주말에 교회에서 한국인 친구들을 만나는 게 너무 기다려졌습니다. 예배를 보고 열심히 학생회 활동도 했습니다. 한국 친구들과 수다를 떨고 맛있는 걸 먹으면서 어울리다 보면, 공부로 인한 스트레스가 많이 사라졌습니다. 수험생은 장거리 선수이기에, 자기 체력과 정서를 관리하는 자기만의 방법을 꼭 찾아야 합니다.

IBDP는 수업마다 정말 많은 과제를 줍니다. 그래서 각기 다른 과제를 완수하기 위해서는, 자기에게 주어진 시간을 잘 분배하고 시간을 준수하는 것이 중요합니다. 보통 친구들이 스마트폰을 이용하여 일정을 관리하는데, 저는 아날로그 방식으로 관리하려고 노력했습니다. 계획표를 책상 위 화이트보드에 만들어 붙였고, 완료해야 할 일정은 포스트잇을 사용했습니다. 왜냐하면 스마트폰으로 일정을 관리하다 보면, 다른 앱을 열어 보고 싶은 유혹이나 습관이 생기기 때문입니다. 또 저는 잠이 많은 스타일인데, 수험생 시기에는 저도 공부할 양이 많아서 중학교 때처럼 많이 자지 못했습니다. 부족한 잠은 학교 가는 버스나, 점심을 먹고 나서 휴게실에서 낮잠을 잤습니다. 스마트폰으로 동영상을 보는 습관이 생기면, 제대로 자기 어렵다고 생각해 저녁에는 스마트폰을 아예 사용하지 않았습니다. 자기만의 시간 관리를 위한 방법을 찾아야 합니다. 저는 스마트폰으로 동영상 보지 않기와 최대한 아날로그 방식을 이용하는 것을 선택했습니다. 제가 다닌 국제학교는 주로 맥북을 이용하여 수업했습니다. 그래서 많은 친구가 맥북이나 패드를 이용하여 노트를 정리했지만, 저는 예쁜 노트를 구매해서 정리했습니다. 먼저 과목 선생님께 배운 것을, 단원별로 노트 정리하면서 개념을 이해했습니다. 과목마다 체계적으로 정리하고, 다양한 색깔로 중요한 것은 다르게 써 가면서 저만의 노트를 만들었습니다. 특히 경제와 화학과 생물은 사진이나 도표를 직접 그려 넣었는데, 내용이 더 잘 이해되었습니다. 각자 자신만의 공부법이 있을 겁니다. 저는 마치 한 권의 책처럼 정리해서 만든 제 노트가 공부법이었습니다. 배운 내용을 제가 이해하기가 쉽도록 재구성했고, 잘 정리된 노트를 볼 때마다 성취감을 얻었고 자신감이 생겼습니다. 노트를 더 잘 정리하고 싶은 마음에 좀 더 공부하기도 했었습니다. 저는 어릴 적부터 그림 그리기나 레고 조립을 좋아했습니다. 이러한 취향이 정리 노트를 만드는 것과 연결해서 저만의 공부법이 된 것 같습니다. 평소 자신이 좋아하는 취미가 있다면, 그것과 비슷하게 연결되는 자신만의 공부법을 찾아보길 바랍니다.

IBDP는 한국 수능과 매우 다르지만, 결코 쉽게 공부하는 과정은 아닙니다. 먼저 IB로 입시를 치른 저도 공부가 힘들고 원하는 만큼 성적이 안 나와서 좌절할 때가 있었습니다. 이럴 때 다시 의지를 가지려면 자신만의 동기가 필요합니다. 저는 이 동기가 구체적으로 이미지화할 수 있는 자신의 꿈이나 목표라고 말하고 싶습니다. 자신이 공부하고 싶은 분야나, 하고 싶은 일, 가지고 싶은 직업 등을 구체적으로 알고 있어야, 자신이 얼마만큼 공부해야 하는지 알게 됩니다. 다만 이러한 자신의 꿈이나 목표를 정할 때, 고등학생의 눈으로만 선택하면 폭이 굉장히 좁아집니다. 특정 학교의 특정 과만 생각하지 말고, 어떤 분야를 연구하고 싶은지, 어떤 곳에 취직하고 싶은지 먼저 생각해야 합니다. 먼저 진학한 사람들에게 조언을 듣는 것은 중요합니다. 저는 주변 사람들에게 대학교는 정해진 공부만 하는 것이 아니라, 진학 후에 다양한 선택이 가능한 곳이라고 들었습니다. 예를 들어, 생명공학으로 진학한다고 해서, 해당 분야로 자신의 진로가 고정되는 것은 아닙니다. 다른 전공의 수업도 들을 수 있고, 복수전공도 가능하고, 대학원에 진학해서 또 다른 전공을 공부할 수도 있습니다. 자신이 이루고자 하는 꿈이 명확하면, 그 꿈을 이루는 방법은 여러 가지가 될 수 있습니다. 그래서 하나의 방법이 실패했다고 좌절하지 말고, 또 다른 다양한 방법으로 바꿔서 도전할 수 있다고 말하고 싶습니다. 그냥 좋은 성적을 받기 위해서만 공부하지 말고, 꼭 시간을 내어서 자신의 꿈을 먼저 찾아보는 것을 추천합니다.

02

IB로 명문대를 보낸 학부모

> 인터뷰한 학부모의 느낌을 최대한 살리기 위해
> 맞춤법 교정 외 최대한 원문을 유지했습니다.

서호양 학생의 학부모(코크대학교 의학)

　대학입시를 위한 한국의 수능이나 IBDP 둘 다 어렵고 힘든 과정
이라 생각합니다. 특히 글쓰기를 많이 해 보지 않은 경우라면 IBDP에
적응하기는 쉽지 않을 것입니다. 제가 경험하지 못했던 IBDP를 한국
수능과 비교하는 것은 무리가 있겠지만, 학부모로서 지켜본 결과 분
명한 건 IBDP는 주입식 교육과는 거리가 멀다는 점입니다. 보통 한국
입시는 '엉덩이 싸움'과 사교육에 크게 의존하는 교육과정이라고 말

합니다. 하지만 IBDP를 공부하면서 아이는 매일 가족과 함께 저녁 식사를 할 수 있었습니다. 생각해 보면 다행이고 감사하다는 생각을 참 많이 했던 것 같습니다.

저희 아이는 입버릇처럼 '나는 뼛속까지 문과'라고 말하던 아이 였습니다. 그러던 아이가 180도 다른 진로를 정하는 데는 IBDP가 수능보다 진로 적성 탐구에 유연하기 때문이라고 생각합니다. 아이 가 생물에서 인체를 탐구하는 부분을 열심히 공부하더니 의사가 되 겠다고 했습니다. 문과를 선택할 줄 알았는데 진로까지 바꾸는 것을 보니, IB는 공부 방법이 한국과 다른 느낌이 들었습니다. 많은 사람 이 하니 나도 한다는 생각보다는, 평소 호기심을 갖고 탐구할 수 있 는 교육과정이라 생각합니다. 또한 사교육에 의존해 선행학습을 하 기보다는 자기주도학습이 더 중요한 과정이 IB라 생각합니다.

IBDP에서는 소논문(EE)뿐만 아니라, 거의 모든 과목이 내부 평 가(IA)라는 논문식 에세이를 쓰게 합니다. 배운 지식을 오지선다형 이나 간단한 서술형 문제로 평가하기보다는, 학생 스스로 탐구 주제 를 정하여 쓴 에세이를 평가합니다. 학생들에게 이런 과정이 큰 스 트레스이고 매우 힘들 수 있습니다. 제 아이의 경우를 보면 스스로 탐구하고 공부하는 과정을 통해서, 자신이 문과형인 줄 알았는데 이 과 과목도 재미를 느낀 것 같습니다. 이렇게 학생 개성을 무시하는 획일화된 교육을 하지 않고, 탐구활동을 통해 적성과 흥미를 발견할 수 있게 만들어 주는 것이 IB 교육이라고 생각합니다.

김주환 학생의 학부모(시카고대학교 경제학)

아들은 한국에서 중학교에 다니던 중 싱가포르 국제학교로 유학하러 갔습니다. 고등학교 시절 기숙사 생활을 하며 타지에서 혼자 공부하는 아들을 보며 참 대견하다는 생각을 많이 했습니다. 하필 고등학생 때 코로나로 인해서, 한국에 있는 저는 말로만 응원과 격려를 보낼 수밖에 없었습니다. 그런데도 잘 견뎌 낸 아들이 자랑스럽습니다. 처음 유학하러 갔을 때 영어를 잘 못하니, 소통도 힘들고 새로운 환경에 적응하느라 정신적으로 힘들어했습니다. 시간이 지나고 학교에 잘 적응했고, 학업 성적도 나날이 좋아졌습니다. 정신적으로 점점 독립심이 강한 아이로 변하니 놀라웠습니다. 아들이 과정을 잘 마치고 생각보다 더 성숙한 바른 어른으로 성장했고, 대학 입시 결과까지 좋으니 IB 교육을 잘했다고 생각합니다. 아들이 부모를 떠나 혼자 기숙사 생활을 하면서, 몇 년 동안 독립적으로 학교생활을 할 수 있었던 원동력은 학교의 교육이라고 생각합니다. IB 교육은 자기주도적으로 공부를 하게 만듭니다. 과외나 학원에 의존하지 않고, 학교 공부를 하면서 혼자서 과제도 잘해 내게 합니다. 무엇보다도 객관식 문제 풀이 기술을 익히게 하는 시험이 아니라, IB 교육의 평가 방식이 좋다고 생각합니다. 부모 관점에서 대부분 입시생 자녀가 있을 때, 애들이 문제를 푸는 기계가 되어 간다는 느낌이 들 때가 있잖아요? 그런데 아들은 입시 공부를 하면서도, 여러 창의적인 활동이나 운동을 많이 하면서 시간을 보냈습니다. 학교 수업 후 학원에 가기 바쁜 한국의 입시생들과 다른 생활을 했습니다. 특히 입시생이면서 봉사활동을 한다는 게 처음에는 이해가 안 됐습니다.

그런데 그 봉사활동 과정이 IBDP 졸업을 하기 위한 필수과정인 걸 보고 깜짝 놀랐습니다. 이런 공부 외적인 활동을 하면서, 아들이 정신적으로 많이 성장하는 모습이 보였습니다. 저는 한국의 입시 과정에도 IB 교육의 좋은 수업 방식이나 평가 방식과 비슷한 게 있으면 좋을 것 같다고 생각합니다.

윤준호 학생의 학부모(싱가포르 국립대학교 약학)

남편이 갑작스럽게 싱가포르 발령을 받아 아무 준비 없이 한국을 떠나게 되었습니다. 한국에서 학교를 잘 다니고 있던 아들의 싱가포르 국제학교 도전은 막막하고 무모한 것처럼 느껴졌습니다. 하지만 막상 국제학교에 아들을 전학시켜 보니, IB 교육과정은 한국 학교의 주입식 줄 세우기 교육이 아니었습니다. 생각했던 것과 다르게 아주 심도 있고 열린 교육이었습니다. 아들이 첫 학기에는 한국과 다른 교육방식에 적응하는 어려움을 겪었지만, 시간이 갈수록 성실하게 학교생활과 수업 방식에 잘 적응하기 시작했습니다.

감사하게도 IBDP 과정에서 한국어 과목을 선택해서 공부할 수 있었습니다. 약대를 준비하기 위해 생물, 화학, 수학을 HL로 선택했기에 공부할 양이 엄청나게 많았습니다. 아들은 다른 과목은 영어로 힘들게 공부하면서, 한국어 시간에는 문학을 읽으며 한국어로 이야기하니 오히려 힐링의 시간이 됐다고 했습니다. 한국어를 가르쳐 주신 이미영 선생님을 비롯한 학교의 좋은 멘토 선생님들을 만나 아들이 원하는 대학에 합격할 수 있었다고 생각합니다. 국제학교에서 입시를 준비하여 대학에 진학하는 것은, 한국에서보다 훨씬 많은 입시

기회와 선택을 할 수 있는 것이 장점이라고 생각합니다. 반면에 미국, 영국, 싱가포르 등 다양한 경로로 대학을 진학하다 보니 여러 가지 정보를 얻기 힘든 것이 단점이라고 생각합니다. 어느 대학이나 입시를 준비하는 자녀의 자세가 중요하다고 생각합니다. 아들은 본인이 원하는 전공과 목표를 명확하게 가지고 준비했습니다. 수능이나 IBDP나 입시를 준비할 때 옆에서 도와주는 부모의 역할은 매우 중요합니다. 한국에서는 엄마들이 놀라울 정도로 학원이나 과외 정보를 알아보고 자녀보다 더 발 빠르게 움직이며 신경을 씁니다. 반면에 IBDP로 입시를 준비할 때 아들의 경우를 보니, 학생들이 다 스스로 준비하고 학부모의 역할은 그저 먹을 것을 잘 준비해 주는 정도였습니다. 소논문(EE)을 쓰기 위해서 방학에도 쉬지 않고 실험하는 등 자기 스스로 공부하는 시간이 많았습니다. 한국에 있었으면 방학에 학원을 다녔을 텐데, 과학 내부 평가나 소논문을 쓰기 위해 실험을 하고, CAS 활동을 위해 봉사활동을 하는 것이 부모로서 너무 생소했습니다. 자기 스스로 시간 관리를 하며 공부하면서도, 여러 가지 많은 활동을 하는 입시 과정이 한국 부모로서 낯설었습니다. 그러나 아들이 IBDP 공부하는 것을 보니 자기관리하며 공부하고, 다양한 활동도 하는 것을 볼 때 IB 교육은 장점이 많다고 생각되었습니다. IB 교육이 뭔지 몰랐던 부족한 엄마의 정보력에도, 열심히 공부해 좋은 결과를 낸 아들과 도움을 주셨던 많은 선생님께 감사를 드릴 뿐입니다.

이민서 학생의 학부모(싱가포르 국립대학교 산업시스템공학)

　　IBDP는 한국 수능 준비에 비해 여유로운 느낌이었습니다. 아침 7시에 등교해 밤 10시~11시가 되어서야 집에 오는 입시 생활은 학생에게도, 부모에게도 큰 스트레스잖아요. 유학하러 가기 전 한국 공립학교에 다닐 땐 야간자율학습, 학원 끝나면 11시가 되어서야 집에 와서 쓰러지듯 잤습니다. 그런 모습을 보면 안쓰럽기도 하고, 마음이 편하지 않았습니다. 국제학교는 보통 아침 8시에 등교해서 오후 4시쯤 집에 옵니다. 딸이 집에 일찍 오니, 가족이 다 같이 저녁도 천천히 먹고 대화할 수 있는 시간도 많았습니다. 한국에서는 늘 공부에 지쳐 기절하듯 자는 모습만 보다가, 같이 웃으며 이야기하니 정말 좋았습니다. 그러면서 자연스럽게 진로에 관한 이야기, 학교에서 있었던 재미있었던 일들, 어렵거나 힘든 일 등 여러 주제의 대화를 딸과 나누며 사이가 더 좋아졌습니다. 서로 스트레스를 받지 않는 점도 좋았고, 무엇보다도 낯선 나라에서 열심히 최선을 다해 준 게 너무 기특하고 고마웠습니다. 시간적 여유가 있으니, 정신적으로도 큰 부담과 스트레스가 없었습니다.

　　한국 입시에는 고득점을 위해 사교육이 꼭 필요하다는 분위기가 있잖아요. 실제로 학원, 과외 하나 없이 공부하는 학생들보단 사교육을 받는 학생의 수가 훨씬 많다고 생각합니다. 하지만 IB 교육은 사교육을 하지 않고도, 입시를 준비할 수 있는 교육과정이었습니다. 학부모들끼리 사교육 정보 수집을 위해 모이는 네트워크도 꼭 필요한 분위기가 아니었습니다. 학원이나 과외 시장이 한국만큼 크지도 않았고, 학생의 과반수는 사교육 없이 학교 공부를 충실히 하는 분위기였습니다. 딸이 사교육 스트레스가 덜하니 너무 좋았습니다. 방학 때 학원에 다니거나 과외를 하는 게 아니니까, 덕분에 코로나 이전에는 가족이 해외여행도 자주 다녔습니다. 마지막 시험이 겨우 한 달 남았을 때도 늘 8시간 이상 충분히 잤습니다. IBDP 시험은 수능처럼 하루에 보는 게 아니고, 거의 한 달 동안 봅니다. 시험 기간에도 충분히 잠을 자면서, 좋은 컨디션을 유지하며 시험을 봤습니다. IB 교육을 공부하면서 딸이 세끼 건강하게 잘 챙겨 먹고, 매일 가족이 함께 운동도 하는 건강한 생활을 유지할 수 있었습니다. 덕분에 크게 스트레스받지 않고, 행복한 학창 생활을 보냈다고 지금까지도 말합니다. 물론 IB를 하면서 언어 장벽과 문화 차이 때문에 고민할 때도 있었고, 또 성적이 나오지 않는 시험도 있었습니다. 하지만 서로를 믿었던 덕분에 스트레스를 극복하고 성장할 수 있었습니다. 딸이 입시 공부에만 몰입해 그 나이에만 쌓을 수 있는 추억을 놓쳤다면 정말 아쉬웠을 텐데, 고등학생의 삶에 충실하면서도 여러 경험을 시켜 줄 수 있다고 생각하니 뿌듯했습니다. 입시 스트레스에 시달리지 않고, 화목하고 건강하게 타국살이를 했던 소중한 추억이 많습니다. 지금까지도 우리 가족을 더 끈끈하고 화목하게 지낼 수 있도록 만들어 준 원동력입니다.

홍석준 학생의 학부모(싱가포르 국립대학교 컴퓨터공학)

미국에 살고 있는 고모와 외삼촌 가족이 사는 모습, 특히 석준이 또래의 사촌들이 미국 학교에서 어떻게 공부하는지 보면서, 어릴 때부터 유학에 대한 꿈을 가지고 있었습니다. 하지만 우리 가족의 경우 모두가 외국에 나갈 수 있는 상황이 아니었기에, 아이만 먼 외국으로 보낸다는 것에 선뜻 용기를 내기 어려웠습니다. 그러다 아이가 고등학생이 되면서 유학을 심각하게 고민하기 시작했습니다. 어른이 되었을 때 아이가 외국에서 살게 된다면 어디에 좋을지도 생각했습니다. 취업 상황이 좋고, 인종 차별이 적고, 한국과 거리가 너무 멀지 않아 쉽게 오갈 수 있는 치안 좋은 싱가포르로 선택하게 되었습니다. 유학 전 석준이는 자사고를 다니며, 기숙사에서 일과가 공부로 꽉 짜인 생활을 하고 있었습니다. 무엇을 위해 공부해야 하는지, 하고 싶은 일은 무엇인지 생각할 겨를도 없이, 눈앞에 닥친 시험과 과제를 해결하는 데 급급했습니다. 유학 전에는 학교와 학원과 부모가 짜 놓은 시간표로 들어가는 것이 전부였다면, 유학하면서는 스스로 과제와 시험 준비 계획을 세웠습니다. 친구들과 모둠 과제, CAS 활동 등 균형을 잡아 가며 진정한 '자기주도학습'이라는 것을 하게 됐습니다. IB 교육은 한국처럼 친구보다 내가 시험을 잘 봐야 등급이 올라가는 상대평가가 아니기에, 친구들과 함께 최종시험을 준비하며 다 같이 원하는 점수를 받기 위해 서로 격려하고 도와가며 발전해 나가는 모습을 보며 흐뭇했던 기억이 납니다. 자기주도학습이 되니 자신을 절제할 수 있게 됐는데, 한국에서 가장 고민거리였던 스마트폰, 아이패드, 맥북 등을 효과적으로 활용했고, 공부와 휴식의 경계를 적절히 잡아 가는 모습을 볼 수 있었습니다.

　　IBDP로 입시 준비를 하는 아이를 지켜보다 보니 가장 중요한 것이 체력적·정신적 관리인 듯합니다. EE, IA의 에세이를 써야 할 타이밍을 놓치면, 담당 선생님들로부터 마감 압박이 쉴 새 없이 들어오고, IO와 TOK 및 각 과목 시험까지 동시에 준비해야 하다 보니 하나라도 밀리기 시작하면 이후론 감당하기 쉽지 않습니다. 아이가 혹시 놓치고 있는 것은 없는지 간간이 점검해 가며, 네가 힘들면 다른 애들은 더 힘들 테니 걱정하지 말라고 다독였습니다. 조급해하거나 포기하지 않도록 격려해 주고, 지치지 않도록 끌어 주는 것이 중요했던 것 같습니다. 저희 아이는 공부를 잘하고 싶은 욕심만큼 친구들과의 관계도 잘하고 싶은 욕심이 컸습니다. 11학년을 마칠 때 학교에서 장학금까지 받고 나니, 그때는 정말 뭐라도 해낼 수 있겠다는 확신이 들었습니다. 유학을 갈 때 유학원을 통해서 갔는데, 아들이 싱가포르 유학 생활을 잘하도록 격려해 주는 말씀을 늘 해 주셔서 저도 힘이 났습니다. 그 외에도 여러 도움을 주셨던 분이 있었기에, 아들이 학교생활을 즐기면서 공부도 열심히 하여 45점 만점을 받는 좋은 결과를 얻었다고 생각합니다. 물론 IB 고득점으로 원하는 대학에 진학하는 것이 유학의 끝도 아니고, 인생에서 대단한 성공을 거둔 것이라고도 말할 순 없습니다. 자신의 꿈을 이루기 위해 조금 유리한 위치에 올라섰다는 것만으로도, 지난 2년 반 동안의 짧은 유학 생활은 매우 만족스럽습니다. 유학하며 혼자서 힘든 과정을 이겨 내야 하는 것이기에, 생각보다 더 힘들고 외롭고 서러운 시간이었을 텐데, 잘 견뎌 줘서 아들이 기특합니다. 한국에서 입시를 준비하면 밤낮으로 공부에만 매달려야 했을 겁니다. 아들은 국제학교에서 공부를 열심히 하면서도 창의적인 활동도 하고, 봉사활동도 하는 등 여러 활동을 했습니다. 운동도 필수로 해야 하는 CAS 활동이 있다는 것도 흥미로웠습니다. 이런 다양한 활동을 하면서 공부하는 모습을 보니, 한국의 평가와 IB의 평가는 매우 다르다고 생각했습니다. 한국의 교육이 지금보다는 좀 달라져야 한다고 생각합니다. 아이들이 한국의 교육을 외면하고 떠나지 않도록 하는 게 중요합니다. 어떤 수업 방식과 어떤 평가를 하든, 아이가 행복하게 학교생활을 하고 자신의 꿈을 찾아 가는 과정이 중고등학교 시절이라면 좋겠다는 생각이 듭니다.

IB를 경험한 학생의 소감

인터뷰한 학생의 느낌을 최대한 살리기 위해
맞춤법 교정 외 최대한 원문을 유지했습니다.

이승찬(임페리얼 칼리지 런던 생명공학)

수능과 비교하여 IBDP의 장단점은 무엇인지 이야기해 보겠습니다. IBDP는 공부 외적으로 다양한 경험을 할 수 있는 것이 장점이라고 생각합니다. CAS(창의ㆍ체험ㆍ봉사), TOK(지식론), EE(소논문)는 다른 교육과정과 제일 큰 차이점을 보여 주는 아주 좋은 시스템이라고 생각합니다. 첫 번째, CAS는 학생들에게 교과 외적인 활동을 하도록 합니다. 제가 고등학교 재학 중이었을 당시에는 CAS는 입시에 필요 없는 활동이라 생각했습니다. 그런데 대학생이 되어 돌아보니, IBDP를 공부하는 2년이 가장 많은 경험을 했던 시기였습니다. 창의 활동을 통해 새로운 것을 배우고, 체험 활동을 통해 여러 운동을 하고, 봉사활동을 통해 공부에만 모든 시간을 쓰는 것은 아닌 것을 배웠습니다. CAS를 통해 친구들과 많은 추억을 쌓았고, 새로운 취미를 찾았습니다. 두 번째, TOK와 EE는 영어가 모국어가 아닌 학생들에게 매우 힘들 수 있습니다. 그러나 TOK를 통해 다양한 방식으로 어떤 상황에 접근할 수 있는 새로운 관점을 배우게 되는 계기가 되었습니다. EE는 자신의 관심 분야를 찾는 데 도움이 되었으며, 한 분야를 깊이 있게 조사하면서 연구의 재미를 배웠습니다. 이 두 가지는 현재 대학교에서 공부하고 있는 전공 분야를 지원하는 데 큰 영향을 주었습니다. 이렇게 자신의 관심 분야와 재능을 찾을 수 있기에 매우 큰 장점이라고 생각합니다. 세 번째, IBDP는 대학교의 교육과정과 유사하다는 점이 장점입니다. 이런 평가 과정을 경험하였기에, 대학교에 진학한 후에도 새로운 교육과정에 적응하는 데 큰 도움이 되었습니다. IBDP 과정은 에세이를 많이 쓰기 때문에 대학에서 에세이 과제들을 제출할 때 많이 도움이 되었습니다. 그 외에도 IBDP의 그룹 과제 프로젝트나 프레젠테이션 발표 등도 대학교에서 긍정적인 영향을 많이 주었습니다. 이러한 점으로 IBDP의 교육과정은 대학교에 진학해서 고차원적인 학문을 공부하는 데 밑바탕이 되었습니다. 이러한 많은 장점이 있지만 단점도 있습니다. IBDP는 최종시험만으로 디플로마를 받을 수 없고 TOK, EE 같은 시험 외적 요인도 반드시 최종시험 점수에 반영되기 때문입니다. 그래서 IBDP를 공부하는 학생들은 선택한 여섯 과목뿐만 아니라, 여러 시험 외적인 것을 신경 써야 한다는 부담이 있을 수 있습니다. 또한 CAS도 해야 하니, 공부와 활동을 병행할 수 있는 시간 관리가 매우 힘들 수 있다는 것이 단점일 수 있습니다.

이민서(싱가포르 국립대학교 산업시스템공학)

IBDP를 공부하면서 가장 인상 깊었던 과목을 이야기해 보겠습니다. 한국에서 학교에 다닐 때 국어를 좋아했지만, 주어진 제한된 시간 안에 10~20개가 넘는 작품을 읽고 객관식 문제를 푸는 평가가 힘들었습니다. 재미있는 문학 작품을 제대로 감상도 하지 못하고 문제 풀이를 위한 시험공부를 하다 보니 점점 흥미가 떨어지고 올바른 국어 공부가 아니라 생각했습니다. 달달 외우면서 공부해야 하는 국어 내신도 문학이나 비문학에 관심을 두기 어렵게 했습니다. 단지 국어는 중요한 과목이기에 성적을 잘 내기 위해서 열심히 공부해야 하는 과목이었습니다. IB 한국문학 수업에서는 비교적 적은 숫자의 문학 작품을 2년간 읽고 공부합니다. 문학 작품을 읽고 분석하면서 글로벌 이슈와 연결하여 자기 생각을 표현합니다. 또한 한국문학과 번역 문학을 비교하는 것도 흥미로웠습니다. 제가 지금까지 배운 문학적 지식을 바탕으로 나만의 관점을 가지고 작품을 해석했고, 근거를 가지고 설득력 있게 에세이를 작성하는 평가 방식도 좋았습니다. 또 문학 작품을 해석할 때 찾은 근거와 자기 생각을 친구들과 공유하고 발표하는 수업은 재미있었습니다. 이 과정에서 다양한 관점으로 문학을 해석하고 서로 다른 감상을 할 수 있다는 것을 알게 되었습니다. 저는 한국어 수업이 힘들게 공부하는 시간이 아니라, 문학 모임처럼 힐링 되는 시간이었습니다. 요즘에도 다양한 책을 읽으며

IB 한국어 시간에 배웠던 여러 문학적 관점으로 작품을 이해하고 있습니다.

송정효(홍콩시티대학교 수의학)

　IBDP의 어떤 점이 인성교육에 좋은지 이야기해 보겠습니다. IBDP 과정에서는 여섯 과목 외에도 EE(소논문), TOK(지식론), CAS(창의·체험·봉사)를 합니다. 이런 과정들을 통해 세계를 보는 시야를 키우는 점에서 인성교육에 좋다고 생각합니다. 이런 활동들은 우리의 인생에서 꼭 필요한 가치를 배울 수 있게 도와줍니다. 예를 들어, TOK를 통해 세상의 주체적인 한 개인으로서 뚜렷하고 바른 학생들로 훈련합니다. 여러 가지 철학적이고 글로벌한 질문들을 통해 학생 스스로 생각하게 만듭니다. 특히 지식론 수업은 정답이 없는 질문을 많이 줍니다. 이런 질문에 학생들은 누구나 자신의 의견을 다양한 근거를 들어 논리적으로 생각하는 시간을 가집니다. 그래서 지식론 수업은 세상을 어떻게 이해해야 하는지 통찰력을 길러주고, 학생들을 성숙하게 만든다는 느낌을 받았습니다. 또 CAS를 함으로써 학생들은 자기주도 결정권을 가지게 되는 기회를 얻으며 동시에 타인과의 협력 등을 키웁니다. 이를 통해 학생들은 인간관계를 발전시킬 수 있게 됩니다. 또한 CAS는 학생들이 일에 대한 성취감을 느끼게 해 주며, 일을 하는 즐거움을 일깨워 줍니다. 이러한 활동을 하면서 학생들은 관심 분야를 발견하게 되고, 자신의 관심이 사회에 긍정적인 변화를 줄 수 있다는 믿음을 가지게 됩니다. 이렇게 공동체에서 함께 살아가는 삶의 가치를 배우는 것이 인성교육에 좋다고 생각합니다.

박준수(싱가포르 국립대학교 경영학)

IB는 어떤 장점이 있고, IB를 졸업한 학생을 명문대학에서 왜 선호하는지 이야기해 보겠습니다. IBDP의 장점은 좋아하는 과목을 선택하여 심화학습을 할 수 있다는 점입니다. 단순히 과목에 대한 이론만 배우는 것이 아니라, 어떠한 과목을 배울 때 어떤 관점에서 생각해야 하는지 배울 수 있어서 좋았습니다. 게다가 심화학습을 공부할 때 학생들이 정말 많은 시간을 공부하는 데 쏟아야 한다는 것입니다. 수능 시험 준비를 해 보지 않았지만, 제가 공부하는 방식과 너무나 달라서 놀랐습니다. 수능 시험을 준비하는 친구들은 대부분이 학원에 다니거나 과외를 몇 년 동안 합니다. 하지만 IB 과정을 공부하는 국제학교 학생들은 한국 학생들처럼 학원에 다니거나 과외를 하지 않습니다. 물론 필요한 과목의 개념을 더 잘 알기 위해 과외를 받는 소수의 학생이 있기는 합니다. 그렇지만 수능 시험 준비처럼 문제 풀이만 하는 과외는 받지 않습니다. 그래서 IB는 평소 스스로 시간을 관리하면서 자기주도적인 학습을 해야 발전하는 과정이라고 말하고 싶습니다. IB에서 추구하는 인재상이 현대 사회에서 요구하는 인재상과 가장 일치한다고 생각합니다. 창의력, 비판력, 사고력, 의사소통, 적응력 등 현대 사회에서 가장 많은 사람이 필요로 하는 능력을 종합적으로 성장하는 교육을 하기에 명문대학에서 IB 졸업생을 선호합니다. 특히 대학은 놀러 가거나 스펙을 쌓기 위한 곳이 아니라, 진정한 지식 탐구를 위해 가는 곳이라 생각할 때 IB가

그 본질에 집중한 교육이라고 생각합니다. 대학교에서 필요한 연구 능력, 의사소통 능력, 비판적 사고능력 그리고 가장 중요한 논문 작성하는 기술까지 IB에서 잘 준비할 수 있도록 합니다.

함태균(싱가포르 AIS)

IB 교육이 한국 수능보다 무엇이 장점인지, 왜 학생의 적성을 발견하기 좋은지 이야기해 보겠습니다. 제 생각에 가장 큰 차이는 한국의 주입식 학습 방식과 IB의 자기주도적인 학습 방식이라 생각합니다. 두 학습 방식 중에서 주입식은 단기간 암기나 빠른 학습성취에 도움이 된다고 생각합니다. 단순히 자격증 시험이나 입시만을 목표로 한다면 주입식도 유리할 수 있습니다. 하지만 사회의 일원으로 성장해 나가는 것을 목표로 교육이 이루어진다면 초·중·고의 과정은 매우 긴 과정입니다. IB는 단순히 시험이나 입시만을 목표로 하지는 않습니다. IB는 스스로 자기 학습법을 찾을 수 있도록 도와주고, 자기 적성에 맞는 과목을 선택하는 것도 돕습니다. 이 과정에서 주입식처럼 정해진 과목을 배우는 것이 아니라, 자기 적성과 장단점을 스스로 알게 해서 진로를 돕는다는 것입니다. 자기가 하고 싶은 과목을 선택해서 공부하다 보니 정신적 스트레스는 덜 받는다고 생각합니다. 하지만 이런 장점이 단점이 되는 경우도 있습니다. 스스로 선택했기 때문에 자기주도학습을 해야 한다는 것입니다. 이러한 공부방법에 익숙하지 않거나 의지가 없으면 IB 교육을 따라가기 힘들다고 생각합니다. 제가 경험한 한국의 교육은 학교에서 정해진 교과서로 공부하는 것입니다. 개인적으로 하고 싶은 탐구가 있거나 프로젝트를 할 수 없는 교육이었습니다. 반면에 IB는 자신만의 프로젝트를 선택해서 공부할 수 있고, 특히 IBDP 과정은 더욱 선택의 폭이 넓습니다. 시험공부할 때도 한국의 친구보다 여유가 있고, 중고등학교 학창 시절을 다양하게 보낼 수 있다고 생각합니다. 그렇다고 IB가 모든 상황에서 여유로운 것은 아닙니다. 학생이 원한다면 아주 바쁘게 다양한 경험을 하고, 더 심화한 공부를 할 수 있습니다. 여러 경험을 쌓거나 활동을 하는 것으로 자신의 적성을 발견할 기회를 가질 수 있습니다. 한국에 있는 친구들은 수능 준비와 내신 성적 관리를 위한 시험공부에만 고등학교 3년을 다 보내는 것처럼 보였습니다. 자기 적성을 찾기보다는 성적에 맞춰 대학에 진학하기에 바쁘다고 생각합니다.

임채민(브루나이 ISB)

IB 교실은 한국 교실과 무엇이 다른지 이야기해 보겠습니다. 한국에서 학교에 다닐 때는 지루하고 무언가 딱딱하다고 느꼈습니다. 주변 친구들은 과외나 학원에서 예습하고 선생님은 간단하고 명료하게 수업했습니다. 선생님의 설명 위주로 하는 수업은 정형화된 학습 분위기를 조성하였고, 그런 분위기에서 모르는 게 있어도 친구들은 조용히 넘어가는 분위기였습니다. 저도 사실 학교가 아니라 학원이나 과외를 통해서 교과 내용을 더 배웠습니다. 저도 학교 수업을 따라가기 힘들었는데 사교육을 받지 않는 아이들에게는 더욱 힘들었으리라 생각합니다. 이렇게 한국에서 교육받다가 국제학교에 와서 IB 수업을 접하고 정말 많이 놀랐습니다. 학생 모두가 참여하는 방식의 수업은 전혀 지루하지 않았고, 이론 수업뿐만 아니라 직접 참여하는 수업이 학생들에게 열정을 갖게 하는 것 같았습니다. 저의 경우는 친구들과 수업 시간에 직접 활동에 참여하느라 지루할 틈이 없었습니다. 그래서인지 저는 지금까지 IB 교실에서 자는 학생을 본 적이 없습니다.

윤한나(싱가포르 CIS)

　　IB 교실은 한국 교실과 무엇이 다른지 이야기해 보겠습니다. 한국 학교의 교실 분위기는 자는 애들이 많아도 그러려니 하고 선생님은 거의 일방적인 강의를 했습니다. 수업 시간에는 공부에 관심이 없는 애들이 대부분이고 겨우 20% 정도만 선생님의 강의를 듣는 것 같았습니다. 요즘은 제가 학교에 다녔던 몇 년 전보다 자는 애들이 더 늘었다고 들었습니다. 국제학교에서 IB 과정을 공부할 때 학교에서 자는 친구는 거의 없습니다. 선생님의 일방적인 강의가 아니라 학생들이 발표하거나 활동해야 하는 수업이기 때문입니다. IBDP는 학생의 관심 분야에서 직접 프로젝트를 주도적으로 하고, 최종시험도 서술형 에세이기 때문에, 자기 의견을 논리적으로 표현하는 연습을 합니다. 그런데 한국의 중간 · 기말고사는 오지선다형 객관식 문제라 학생들은 정답을 가려내기 위해 학원에 다니거나 과외받으러 다닙니다. 학생이 틀린 답을 찾도록 유도하는 객관식 시험유형은 학생의 생각이나 의견을 제대로 평가하기 어렵다고 봅니다. EE나 TOK의 경우도 완전히 에세이 형식으로 점수를 받습니다. IB 교실은 피곤하면 자거나 쉴 수 있도록 교실마다 소파가 있습니다. 책상의 배열도 그룹별로 앉게 되어 있는데, 수업 시간에 모임별 활동이나 토론하기 위한 배열입니다. 한국의 교실은 책상이 모두 교실의 정면을 향하게 되어 있습니다. IB 교실의 분위기를 보면 입시 스트레스가 적은 것 때문에 IB 학생들의 표정이 밝다고 생각합니다.

정서린(싱가포르 SFMS)

IB 교실은 한국 교실과 무엇이 다른지 이야기해 보겠습니다. 저는 초등학생 때 싱가포르로 이민을 왔기 때문에 한국의 중고등학교 교실 모습에 대해서는 잘 모릅니다. 하지만 제가 싱가포르 한국국제학교(SKIS)에 다니다 IB 학교로 전학을 와서 경험한 것은 수업 방식이나 교실 분위기가 아주 다르다 느꼈습니다. 한국국제학교는 한국의 교육 커리큘럼을 따르니 한국의 공립학교와 다를 게 없었습니다. 예들 들어, IB 교실에서는 수업 시간에 '지구 지키기'에 대한 주제로 수업한다면, 학생들에게 생각할 시간을 주고 스스로 판단하고 주장할 수 있도록 수업을 설계한다는 것입니다. 또 TOK를 통해서 철학적이고 깊이 있는 통찰력도 기르게 됩니다. 또한 수업 시간에 선생님이 철저하게 교실을 통제하기보다는 학생들도 선생님만큼이나 자유롭게 자기 의견을 내며 수업의 주도권을 잡습니다. IB의 시험은 학생들에게 창의력을 요구합니다. 정답이 있는 화학에서조차도 '왜?'라는 질문을 학생들에게 합니다. 그리고 정답만 채점하지 않고 과정을 평가해서 점수를 줍니다. 이러한 방식은 무조건 정답만 빨리 얻으려는 한국 학생들과 다릅니다. IB의 이런 방식이 저는 정말 마음에 듭니다. 그래서 학생들이 수업에 관심을 가지고 집중하게 되는 교실의 분위기를 만든다고 생각합니다.

> 교육의 비결은 학생들을 존중하는 데 있다.
>
> – 랄프 왈도 에머슨

01

초등과정 프로그램PYP

인터뷰한 학생의 느낌을 최대한 살리기 위해
맞춤법 교정 외 최대한 원문을 유지했습니다.

박민서(싱가포르 CIS) 탐구 단원

PYP 수업은 전반적으로 다양한 문화와 주제를 이해하기 위해 여러 신체활동과 체험을 포함하여 호기심을 자극하는 수업을 합니다. 또한 다양한 사고를 통해 문제를 해결하는 방식을 선호하며, 창의력을 끌어낼 수 있는 글과 그림을 이용한 수업도 많이 합니다. 제가 경험한 수업 중에서, 예를 들면 '문화와 정체성 탐구'라는 주제 수업이 기억납니다. 이 수업은 그림 활동을 통하여 나의 정체성과 문화를 드러내고, 관심사를 생각하며 자신을 성찰하는 시간이었습니다. 예들 들어, 예술 시간에 전통의상인 한복을 입은 사람을 그리거나 한국의 전통음식에 대하여 발표하며 우리 문화를 소개했고, 사회 시간에는 각 나라에 맞는 의상이나 전통문화를 탐구했습니다. 과학 시간에는 각 나라의 음식 문화와 환경과의 관계를 탐구했고, 수학 시간에는 각 나라의 숫자 체계나 기하학적 패턴 등을 조사하며 수학이 문화 정체성에 어떤 영향을 미쳤는지 탐구했습니다. 각 과목에서 통합적 접근을 하여 그 과목의 주제를 탐구하고, 프로젝트 기반 학습을 통해 친구들과의 팀워크를 향상할 수 있었던 건 좋은 기억입니다. 팀워크 프로젝트를 하면서 친구들과의 소통으로 더 많은 정보를 얻었고, 다른 사람의 발표 내용을 듣고 이해하는 언어 능력도 향상됐습니다. 또한 친구들이 여러 가지 사고방식으로 의견을 나누면서, 창의적인 답을 찾는 데 수월했고 더 많은 아이디어를 만들어 낼 수 있었습니다. 수업 후에 서로의 의견을 명확히 전달하고 이해하는 능력이 크게 발전했음을 느낄 수 있었습니다. 모든 PYP의 수업은 지속적인 평가를 토대로, 선생님의 피드백과 자기평가를 통해 더 효율적인 접근과 이해를 도왔습니다. 대체로 저를 포함한 학생들은 주도적으로 프로젝트를 수행하며 서로 협력했습니다. 이 경험들은 저의 학습 방식과 생활 태도에 큰 변화를 불러 왔고, 앞으로의 학습에도 큰 도움이 되리라 확신합니다.

박민서(싱가포르 CIS) 전시회

전시회는 PYP를 마무리하는 과정으로, 자신이 관심 있는 주제를 탐구하며 이해한 것을 보여 줌으로써 IB 학습자 프로필의 핵심 자질을 배우고 실행할 좋은 기회였습니다. 평가 및 학습을 친구들과 공동으로 계획하기에 팀으로 함께 작업하는 즐거움도 있습니다. 저는 같은 반 친구들과 한 그룹을 결성하여 '지구 온난화 문제'를 주제로 정했습니다. 시간이 지남에 따라 환경이 변화하는 방식을 찾는 것이었습니다. 연구의 궁극적인 목표는 지구 온난화가 환경에 미치는 영향을 분석해서, 어떻게 하면 지구 온난화가 완화될 수 있는지 방법까지 찾는 것이었습니다. 그래서 친구들과 UN, UNFCCC, IFCC와 같은 비정부기구들을 기반으로 자료를 조사했습니다. 이 과정에서 1차 자료를 분석하면서, 스스로 지식을 늘리고 심층 탐구를 위해 2차 자료를 수집했습니다. 자료 조사가 거듭될수록 더 깊은 탐구를 위해 친구들과 가능한 한 더 많은 자료를 조사했습니다. 지구 온난화 같은 환경 문제를 책으로 공부하는 것보다, 이렇게 주제를 정해서 발표했던 것이 아직도 기억에 많이 남습니다. 이런 발표를 하면서 단순하게 책에서 정보를 습득하는 것보다, 직접 여러 방식으로 자료를 찾으며 공부하는 것이 학습에도 더 도움이 된다는 것도 알게 되었습니다.

장복신(싱가포르 CIS) 전시회

전시회 기간 동안 학교 선생님들은 학생들이 탐구하기 적합한 주제와 다양한 자료를 사용할 수 있도록 안내하며 도움을 줍니다. 저는 같은 반 친구와 같이 LGBT에 대하여 전시회를 했습니다. LGBT는 성소수자, 유사 성소수자 등 자신의 성정체성에 고민하는 사람들을 칭합니다. 저는 이런 성소수자들이 사회에서 받는 차별과, 윤리적인 관점으로 자료를 수집했습니다. 여러 나라의 사례들을 중점으로 찾아 성소수자들이 겪는 문제를 해결할 방법을 찾는 것이 전시회의 궁극적인 목표였습니다. 이러한 복합적인 주제로 전시회를 할 수 있는 방식은 한국의 교육과정과는 매우 다릅니다. 교과서에 나오는 정보나 이슈에 의존하지 않고 다양한 방면으로 자료를 조사했습니다. 이런 조사 과정에서 다른 의견을 많이 들을 수 있었고, 그 과정에서 의견들을 수용할 수 있는 생각의 폭도 넓어졌습니다. 선입견이나 고정관념으로 생각하는 것이 아니라, 다양한 사람의 의견과 경험이 함께 존재한다는 것을 알게 되었습니다. 이러한 교육과정이 실질적으로 학생이 능동적으로 수업에 참여할 수 있는 좋은 과정이라고 생각합니다. 또한 프로젝트를 친구와 협력하여 준비하는 과정에서 많은 시간을 함께 보내며 친해지는 기회가 되기도 했습니다. 물론 전시회를 준비하는 과정에서 친구와 갈등이 생기기도 합니다. 하지만 이 갈등이 해소되는 과정에서 IB의 궁극적인 목표인 문화 간 이해와 존중, 배려하는 학생이라는 이념을 몸으로 배우게 되는 기회가 되었습니다.

중등과정 프로그램_{MYP}

인터뷰한 학생의 느낌을 최대한 살리기 위해
맞춤법 교정 외 최대한 원문을 유지했습니다.

이소라(싱가포르 CIS) 영어

MYP의 영어 수업은 문법이나 어휘를 외우는 것보다, 문학 작품 해석이나 포스터 분석에 중점을 둡니다. 수업은 다양한 문학 작품과 비문학 텍스트를 통해 학생들이 분석하고 비판적 사고를 키울 수 있도록 구성되어 있습니다. 학생들은 소설, 시, 희곡 등 다양한 문학 장르를 탐구하여 각 작품의 테마, 등장인물, 배경 등을 분석하고 서로 토론합니다. 포스터나 광고 같은 비문학 시각 자료들은 이들이 메시지를 전달하는 방법과 시각적 요소의 중요성 등을 배우게 됩니다. 이러한 수업 방식은 학생들에게 영어를 단순한 의사소통의 도구가 아닌, 사고의 확장과 창의적 표현의 수단으로 활용할 기회를 제공합니다. 학생들은 영어를 배우는 것에 집중하고 노력하는 것이 아니라, 문학이나 비문학 자료를 탐구하는 과정에서 자연스럽게 영어 실력이 늘게 됩니다. 텍스트의 깊이를 이해하고, 자기 생각을 글로 표현하여 다양한 관점을 탐구하면서 영어를 도구로 이용하는 것입니다. 예를 들면, 광고 포스터를 직접 만들고, 수업 시간에 배운 내용을 토대로 해석하고, 반 친구들과 과제를 공유하며 생각을 나눕니다. 한국의 영어 수업은 문법과 어휘 학습 등 언어습득에 중점을 둔다면, MYP는 학생들이 영어를 통해 세상을 이해하고, 자기 생각을 표현하는 비판적인 사고능력을 키우는 데 중점을 둡니다. 한국에서는 수업이 교과서가 주가 되어 문장을 해석하고, 시험을 대비해서 문제를 푸는 것이 일반적일 것입니다. 반면, MYP 영어는 특정 작품을 읽고 그 작품에 대해 깊이 있게 토론하며, 각자의 해석을 공유하는 활동이 주요 영어 수업입니다. 이러한 방식은 학생들이 영어를 더 자연스럽게 익히고, 실제 상황에서 활용할 수 있는 능력을 키우는 데 도움을 준다고 생각합니다. 저는 이러한 수업을 통해서 영어 소설을 읽을 때 문법과 단어의 해석이 아니라, 문학을 통해 세상을 이해하는 방법을 알게 되었습니다.

이지서(싱가포르 UWCSEA) 중국어

MYP에서는 영어를 제외한 언어를 하나 더 선택하는데, 제2외국어나 모국어(바이링구얼)를 선택할 수 있습니다. 저는 어렸을 때부터 싱가포르에서 중국어를 자주 사용했었고, 한국에서 한자를 배운 경험이 있기 때문에 MYP 중국어 과정을 선택하여 공부했습니다. IB의 제2외국어 과목들은 전체적으로 모두 실생활에서 바로바로 그 언어를 사용할 수 있는 실용적인 공부를 중요시합니다. 평가 시험에서도 일상 대화를 보여 주는 4~5분짜리 영상을 보고 내용을 묻는 문제를 풀거나, 선생님과 함께 정해진 질문 없이 프리토킹을 할 때 선생님은 학생이 사용한 단어와 문법 등을 평가합니다. 평소 수업 시간에도 중국어로 하는 받아쓰기와 같이 인위적으로 외운 단어를 쓰는 활동이 아닌, 일기 작성 등의 활동을 하여 쉽게 일상에서 중국어를 구사할 수 있게 됩니다. 저는 어렸을 때부터 한국과 싱가포르를 오가면서, 두 나라의 교육과정을 모두 경험해 보았습니다. 한국에서 중국어를 비롯한 제2외국어를 배울 때는 여러 가지 익힘책에 같은 단어를 20번씩 따라 적는 식의 공부나 과제를 했었습니다. 실생활에서 유용하게 사용하지 못하고, 단순 단어 암기식으로 공부하니 중국어에 흥미를 느끼기에 어려웠습니다. 하지만 MYP 중국어 수업은 실제 생활에 관련된 수업을 많이 해서 직접 활용할 수 있어서 재미있었습니다.

중국어 수업 시간에 선생님이 학생들을 데리고 차이나타운을 견학시켜 준 수업이 저에게는 특별한 경험이었습니다. 저는 평소에 교실에서 배우던 중국어를 차이나타운에 가서 실전에서 사용할 수 있었고, 중국어도 여러 가지 문화적 특징이 담겨 있다는 것을 체험할 수 있었습니다. 차이나타운에 도착하자마자 중국풍의 상점과 건물이 많이 보였습니다. 만약 가족이나 친구들과 여행처럼 갔었더라면 이것들이 무엇인지 모르고 그냥 지나쳤을 겁니다. 이런 것을 선생님이 영어와 중국어로 친절하게 설명해 주신 것은 교실 밖 현장에서 새로운 지식을 얻는 경험이었습니다. 선생님께서 추천해 주신 현지 음식을 주문할 때도 상점 주인과 중국어로 간단한 대화도 나누었고, 그동안 수업 시간에 접하지 못했던 실제 중국인들이 일상에서 사용하는 말들도 배울 수 있었습니다. 이렇게 언어를 현장에서 사용할 수 있는 장소를 여러 차례 방문하는 수업을 통해, 문화와 언어를 몸소 체험하면서 중국어뿐만 아니라 중국에 대한 관심도 폭발적으로 늘어나는 것을 느꼈습니다. 교실에서 배운 것들을 실제로 사용하니, 수업 내용이 더욱 머릿속에 잘 남는다고 생각합니다.

구자성(싱가포르 CIS) 개인과 사회

MYP의 개인과 사회(Individual and Societies)는 모든 분야를 하나로 통합하여, 사회적 이슈와 역사적 사건들을 여러 관점에서 바라보는 방법을 학습합니다. 저는 10학년 세 번째 단원인 '시스템과 지속 가능성(Systems and Sustainability)'에서 인류의 자원 남용을 사회적·경제적·정치적·환경적 관점에서 바라보며 인류의 불투명한 미래에 관해 탐구하였습니다. 현재 인류가 직면하고 있는 자원 문제들을 알아보기에 앞서, 저는 잉카 문명과 바이킹족을 포함한 역사 속 인류 종말에 초점을 맞추며 각각의 원인을 분석하였습니다. 이 과정에서 저는 과거 문명 종말의 원인과 현재 인류가 직면하고 있는 문제와의 높은 유사성을 발견했습니다. 이 단원의 최종 과제는 자신의 견해와 뒷받침하는 자료들을 가지고 다른 학생들과 공유하고 토론하는 것이었습니다. 그래서 저는 저명한 사회학자 토머스 맬서스

(Thomas Malthus)와 에스더 보저럽(Ester Boserup)의 인류 존망에 관한 부정적·긍정적 이론을 바탕으로 저의 개인적인 견해를 정립했습니다. 지속적인 기술 혁신이 인류의 자원적 문제를 해결할 수 있을 것으로 판단했고, 이를 뒷받침하는 과학 기술들을 토론의 주제로 사용하였습니다. 제가 이 단원을 마치며 제일 마음에 들었던 부분은 최종 과제의 독특한 형식이었습니다. 이 단원의 최종 과제는 평소 흔히 볼 수 있는 시험이나 에세이 작성 형식이 아니라, 논의와 토론의 형식으로 진행되었기 때문입니다. 토론 형식의 과제는 학생들에게 자기 생각을 글뿐만 아니라, 말로도 효과적으로 전달할 기회를 제공합니다. 이러한 수업은 학생이 더 논리적이고 풍부하게 자신의 주장을 펼치는 데 큰 도움이 된다고 생각합니다.

김윤유(인도네시아 BIS) 과학

10학년이 되어 과학 수업에서 '효소'라는 주제를 배우게 되었습니다. 효소의 개념을 선생님이 준비한 수업자료로 깊이 있게 배운 다음, 그 주제와 관련된 과학 산업을 세분화하여 조별 과제를 하게 되었습니다. 우리 조는 제약산업에 관한 프로젝트를 하게 되었습니다. '제약산업이란 무엇인가?' '제약산업이 어떻게 생화학과 연관되어 있는가?' '왜 제약회사가 중요한가?' '제약산업에 관련된 요인과 장점 및 단점은 무엇인가?' '효소(거대분자)와 어떻게 관련되어 있는가?' 등을 에세이 형식으로 작성하고 조사하는 수업이었습니다. 효소가 무엇인지를 배울 때는 선생님과 함께했지만, 프로젝트를 할 때는 선생님의 도움 없이 우리 학생들이 독립적으로 시간 관리를 하면서 진행했습니다. 친구들과 서로 프로젝트의 계획을 세우고, 자료를 조사하고, 연구 방법을 협력하면서 의논하였습니다. 이 수업을 통해서 우리는 원론적인 지식을 어떻게 사회에 응용하고 연결할 수 있는지 배웠습니다. 또한 조사를 하면서 '효소'에 대한 지식이 더 깊어졌습니다. 무엇보다 친구들과 협력하며 프로젝트를 하면서, 각자의 장단점이 보완되고 조화를 이룰 때 얻는 기대 이상의 결과에 놀랐습니다. 혼자서는 엄두도 나지 않았던 것이 좋은 결과를 낼 수 있다는 것에 친구들과의 소통이 매우 중요하다는 것을 알게 됐습니다. 한국이었다면 수업하는 선생님에게만 집중하고 주변 친구들은 경쟁의 상대자가 되었을 겁니다. 교과서와 선생님을 통해서 배운 지식을 현실에 연결하여 응용하고, 서로 협력해야 좋은 결과가 나오는 이런 수업이 참신하고 좋았습니다.

소우영(오스트리아 DISV) 수학

한국에서 고등학교 1학년을 다니다가 국제학교로 전학한 후, 저는 한국에서의 수학 수업과 IB의 수학 수업은 다른 점이 많다는 것을 느꼈습니다. 선생님의 주도하에 진행되는 한국의 수학 수업과는 달리, MYP 교실은 학생들이 주도적으로 수업을 끌어나갔습니다. 학생들이 그 내용을 완전히 이해하고 익히기 전에 다음 내용을 배우는 한국의 수업 방식과는 달랐습니다. MYP 선생님은 학생들이 배우는 내용을 모두 이해할 때까지 충분히 시간을 주셨습니다. MYP의 수학 수업은 학생들에게 맞춰 진행되었습니다. 선생님이 새로운 개념을 알려 주시면 학생들이 모두 자연스럽게 이해할 때까지 반복하는 수업이 이루어졌습니다. 한국에서는 수업이 매우 빠르게 진행되었고, 일부 학생이 이해를 못 해도 그냥 진도를 나갔습니다. 그래서 진도를 따라가지 못하는 학생들은 따로 과외하거나 학원에 다녀야 했습니다. 어떤 학생들은 이미 학원에서 다 배워서 수업 시간에 집중하지 않고 소극적이었습니다. 반면 MYP의 수업 방식은 학생이 원리를 습득하도록 도와 수학에 좀 더 흥미를 느끼게 만드는 것이었습니다. 이러한 방식은 수업에 적극적으로 참여하게 하고, 반복적으로 문제를 푸는 것보다 논리력과 사고력을 기르는 데 도움이 되었다고 생각합니다.

이소라(싱가포르 CIS) 예술

이 수업은 연필로 그리거나(drawing) 색칠하며 그리는(painting) 그림뿐만 아니라 사진, 조각, 공예 등 넓은 범위를 탐구합니다. 수업은 여러 단원으로 구성되어 있고, 각 단원은 특정 주제나 기술을 배웁니다. 학생들은 그리기, 조각, 디지털 아트, 현대 미술 등 다양한 주제를 배웁니다. 이를 통해 학생들은 서로 다른 다양한 개성과 적성을 발견하여 창의성을 발휘하고 각자의 예술적인 기술들을 향상할 수 있습니다. 한 작품을 할 때마다 여러 단계가 있으며, 단원마다 자신이 작품을 선택한 이유와 아이디어를 스케치한 후 선생님의 피드백을 받아 더 발전시킵니다. 학생들은 작품을 완성한 후 자기 작품을 설명하고, 작가 진술문(Artist's Statement)을 통해 글로벌하게 소통할 수 있는 능력도 키웁니다. 한국의 미술 수업과 비교하면, MYP 미술 수업은 국제적인 관점에서 다양한 문화적 배경을 반영합니다.

김시우(인도네시아 BIS) 드라마

드라마를 공부하고 공연하는 것은 예술고등학교나 관련 동아리 활동을 하지 않는 이상 경험하기 어렵습니다. 저도 MYP 드라마 과정을 하기 전에는 무대에서 많은 사람 앞에서 연기를 해 본 적이 없었습니다. 그래서 수업을 본격적으로 듣기 전에 설렘도 있었지만, 걱정도 컸습니다. 한국에서는 희곡을 수업 시간에 분석하고 시험을 보는 것이 일반적이라면, MYP 드라마 수업은 실제로 줄거리를 만들고 공연까지 해야 하는 정말 재미있는 과목입니다. 매 수업에 친구들과 다양한 주제로 각본, 줄거리, 등장인물을 구상하면서 묘한 설렘도 느낄 수 있었습니다. 드라마 과정은 개인의 노력과 실력으로 성적을 내는 과목이 아니라, 친구들과의 협력과 화합을 통해서 만들어 내기 때문입니다. 이런 과정을 배우면서 미래에 학생들이 그룹에서 일할 때 좋은 팀워크를 만들 줄 아는 역량을 길러 줍니다. 또한 그룹의 리더를 맡으면서 리더십까지 향상할 수 있는 좋은 기회라고 생각합니다. 드라마 과정은 학생들이 직접 짠 스토리를 기반으로, 이야기가 담고 있는 메시지와 창의성 위주로 평가합니다. 더불어 특정 작품에 대한 자기 견해를 담은 에세이도 평가에 반영됩니다. 아직도 제 마음속에 뚜렷하게 남아있는 장면은 MYP 학기 말에 학부모와 학생들 앞에서 우리만의 이야기를 무대 위에서 보여 줬을 때입니다. 오랜 기간 노력해서 준비한 작품을 무대 위에서 공연하면서 너무 큰 감동을 얻었습니다. 마지막에 관중의 박수와 환호를 들었던 것이 평생 잊지 못할 기억으로 남아 있습니다.

곽지승(싱가포르 UWCSEA) 디자인

저는 3년간 MYP 디자인을 공부했는데, 이 과목은 창의적 문제 해결과 실용적 기술을 결합하는 과목으로 기술적인 사고를 가르칩니다. 단순한 물품 디자인을 넘어 건축과 로봇 제작(코딩) 등 다양한 분야를 탐구했습니다. 이러한 경험을 통해 디자인이 다양하게 적용되는 것과 문제해결을 위한 창의적 접근 방식을 익혔습니다. 특히, 팀 프로젝트를 통해 공동 작업의 가치를 실감했습니다. 한 단원에서 코딩(Javascript)을 활용해 로봇을 조종하는 방법을 배웠습니다. 교실에는 로봇 부품들이 마련되어 있었고, 학생들이 개별적으로 로봇을 조립하고 코딩하여 미션을 해결하는 수업이었습니다. 예를 들어, 도로를 따라가다 하얀 선을 감지하면 멈추는 미션에서는 컬러 센서를 부착하고 코딩하여 실행했습니다. 로봇에 입력하는 코딩 또한 틀이 있는 것이 아니라, 우리가 창의적으로 제작해서 만들어 내야 했습니다. 미션 수행과정은 구글 문서에 기록하며, 최종점수는 전 과정에 대한 기록과 노력에 대한 성찰에 따라 매겨졌습니다. IB 수업 방식은 배운 과정과 노력에 중심을 두기 때문에, 높은 점수를 받기 위해서는 과정을 기록하는 것이 매우 중요합니다.

또 다른 단원을 공부할 때는 6학년 학생들을 위한 교육적 게임을 제작하는 프로젝트를 진행했습니다. 이 프로젝트의 목표는 6학년 학생들에게 특정 언어를 가르치는 게임을 만들어, 학생들이 재미있게 게임을 하면서도 교육적인 효과를 얻게 하는 것이었습니다. 이를 위해 학생들의 선호도와 게임에 대한 이해를 높이기 위해 설문조사와 인터넷 리서치를 실시했습니다. 설문조사는 구글 서베이를 통해 진행하였으며, 12세 학생들이 어떤 게임 방식을 선호하는지, 어떤 요소가 게임을 더 기억에 남게 하는지 등을 조사했습니다. 이 정보를 바탕으로 게임의 디자인과 기능을 조정하여 목표를 성공적으로 달성할 수 있었습니다. 이 과정에서 배웠던 두 가지 리서치 방법이 중요한 역할을 했습니다. 1차 리서치는 직접 설문조사와 인터뷰를 통해 자료를 수집했으며, 2차 리서치는 기존의 연구 자료를 참고했습니다. 이 두 가지 리서치 방법을 통해 수집된 데이터를 바탕으로 게임의 디자인과 기능을 최적화했습니다. 결과적으로 6학년 학생들에게 매력적이고 교육적인 게임을 제작할 수 있었으며, 이 과정에서 연구와 개발 과정 기록이 결정적으로 평가에서 중요한 요소로 작용했습니다. 이런 수업과 프로젝트를 통해 결과 중심보다 과정 중심의 평가 방식이 우리에게 더 많은 학습 기회를 제공할 수 있다는 것을 느꼈습니다.

구자성(싱가포르 CIS) 학제 간 연계 단원

IB 교육은 각 과목의 전문적인 이해도뿐만 아니라, 서로 다른 과목 간의 교류와 융합을 중요하게 생각합니다. IDU는 MYP의 융합 사고를 활용하는 대표적인 교육과정 중 하나입니다. 제가 9학년 때 과학과 사회가 IDU로 채택되었습니다. 저에게 주어진 주제는 '질병 대유행의 원인과 해결 방법'이었습니다. 네 명의 친구가 한 조가 되어, 대유행의 원인을 사회적 관점에서 접근하기 시작했습니다. IB 사회 과목에서 흔히 쓰이는 접근법인 SEEP(Social, Environmental, Economic, Political)을 사용하여, 질병의 원인을 구체적으로 사고하며 접근했습니다. 그룹에서 저는 사회적인(social) 관점을 맡았으며, 역사적 질병 대유행 기록을 조사하여 여러 가지 사회의 원인(계급사회, 잘못된 미신 등)을 분석하였습니다. 원인 분석이 끝난 뒤 해결 방법을 제시하기 위해 과학적 접근이 필요했습니다. 우리 그룹이 제시한 해결 방법은 유전자 조작이었으며, 세밀하게 온오프라인 조사를 통해 유전자 조작의 과학적 원리, 유전자 조작의 예시, 유전자 조작의 장단점을 탐구하였습니다. 이렇게 질병 대유행의 원인 식별과 해결 방법 제시가 완료된 이후, 우리 그룹은 이것을 하나의 프레젠테이션으로 요약해 각 과목의 교사 앞에서 발표하며 IDU를 마무리했습니다. IDU를 진행하면서, 저는 두 과목의 조화뿐만 아니라 각 과목의 특색과 장점을 확실하게 느낄 수 있었습니다. 또한 각 과목의 핵심 사고방식을 비교해서 알 수 있었습니다.

김윤유(인도네시아 BIS) 학제 간 연계 단원

MYP 8학년 때 처음으로 영어와 사회 두 과목을 연결해서 공부하는 융합 수업을 했습니다. 사회 수업 시간에 '정치적 목적을 위한 행동주의'라는 개념과 사례연구를 통하여, 한 명의 젊은 행동가가 되어 주제에 적합한 연설문을 썼습니다. 사회 수업 시간에 연설문을 쓰고 영어 수업 시간에 언어학적 표현과 발표 방법을 중심으로 평가받았습니다. 사회 과목에서는 '행동주의'가 무엇인지 탐구했고, 영어 과목에서는 '행동주의'에 관한 각자 생각을 발표하면서 개념에 대해서 더 상세하게 배울 수 있었습니다. 이 수업에서 배울 수 있었던 것은, '현대 사회에서 개인이 목소리를 높여 어떻게 세상을 바꿀 수 있는 영향력을 가질 수 있는가'였습니다. 그리고 언어적으로 어떤 식의 연설문을 써야 듣는 사람의 관심을 끌 수 있는지도 알게 되었습니다. 또 발표하면서 내 의견이나 생각을 효과적으로 전달하기 위해 어떤 소재로 어떻게 표현해야 하는지 알게 됐고, 주장을 뒷받침할 근거를 활용하는 방법도 배우게 됐습니다. 한국에서는 개별적으로 학생이 이론적인 지식을 얼마나 알고 있느냐를 평가하는 것에 중점을 둔다면, MYP 융합 수업은 자신의 의견과 생각을 얼마나 더 잘 표현하고 발표하는지를 평가받습니다.

정수완(싱가포르 SAIS) 개인 프로젝트

MYP에서 개인 프로젝트는 10학년 때 졸업하기 위한 마지막 프로젝트입니다. 학생들은 10학년 내내 이 활동을 해야 하며, 중간중간 지정된 담당 선생님의 온오프라인 지도와 평가를 받습니다. 학생들은 선생님과 미팅에서 자신이 느낀 점, 발전해야 하는 점을 기록합니다. 그리고 마지막에 전시회를 하게 되는데, 포스터에 자신이 정한 주제를 소개하고 일련의 연구 과정과 학습 목표를 쓰게 됩니다. 주로 친구들은 컴퓨터를 사용하여 결과물을 만들었고 다른 친구들은 예술작품, 음반, 건물 모형 등 다양한 전시회 결과물로 만들었습니다. 과학 지식을 설명하는 웹사이트를 만든 친구도 있었고, '마인크래프트'라는 게임 서버에 도시를 건축한 친구도 있었습니다. 저는 배드민턴을 설명하는 책자와 기술을 설명하는 영상을 만들었습니다. 평소에도 운동에 관심이 많았는데, 이 개인 프로젝트를 준비하면서 관심 있는 운동을 더 깊이 있게 탐구하는 기회가 되었습니다.

03

고등과정 프로그램DP

인터뷰한 학생의 느낌을 최대한 살리기 위해
맞춤법 교정 외 최대한 원문을 유지했습니다.

이다인(싱가포르 CIS) 한국어 A

　IB 한국어는 '언어와 문학'을 배우는 과정과 '문학'만 배우는 과
정이 있는데 저는 문학을 공부했습니다. 한국어 수업에는 시, 수필,
소설, 희곡을 주로 배웁니다. 특히 저는 한국어 수업에서 문학적 장
치를 분석하는 것을 재미있게 배웠습니다. 설의법, 역설법, 비유법,
반어법과 같은 한국에서 배웠던 개념들을 해외에서도 배울 수 있다
는 게 흥미로웠습니다. 비슷한 개념을 배우는데 한국에서 국어 수업

197

과 IB 문학은 크게 다른 방법으로 배워서 더 재미를 느꼈습니다. 해외에서 영어로 공부하면서 한국어 실력이 퇴보하지 않을까 걱정이 컸습니다. 하지만 IB 한국어를 하면서 한국의 교과에서 배우는 김유정, 윤동주와 같은 작가의 문학을 똑같이 배울 수 있었습니다. IB 한국어 수업 방식에 발표가 많았는데, 선생님과 친구들 앞에서 자신이 분석한 것을 발표하고 생각을 공유하는 것이 재미있었습니다. 교과서나 참고서에 적힌 해설이나 분석을 외우고 공부하는 것이 아니라, 자유롭게 소통하면서 자기 생각을 나누는 것이 달랐습니다. 또한 문학 작품에서 글로벌 이슈를 찾아 발표하는 것은 아주 특별하고 재미있는 수업이었습니다. IB 한국어 수업은 한국에서 해외로 중간에 전학을 온 학생들이 선택하기 좋은 과목입니다. 아직 영어 수업이 익숙하지 않거나 적응하기 어려우면 수업 시간에 침묵하게 됩니다. 반면에 한국어 수업은 해외에 거주하는 한국 친구들과 모국어로 자유롭게 소통하고 친해질 수 있으며, 영어가 자유롭지 않더라도 자신 있게 발표할 수 있는 장점이 있습니다.

IB 한국어의 별미는 '개별 구술시험(Individual Oral: IO)'이라 할 수 있습니다. IO는 학생이 선택한 문학 작품 두 편을 글로벌 이슈와 연관을 지어 15분 동안 구술 평가를 받는 시험입니다. 저는 한국의 「난장이가 쏘아올린 작은 공」과 중국의 「낙타샹즈」라는 두 작품을 선택했습니다. 글로벌 이슈로는 '빈부격차가 인간의 행복에 어떻게 부정적인 영향을 미치는가?'라는 주제를 선택했습니다. 이 주제에 대해 깊은 생각을 한 뒤, 두 작품에서 관련된 사례들을 찾았습니다. 중국 작품을 통해서는 평소 알지 못했던 다른 문화에서의 글로벌 이슈도 발견할 수 있었는데, 이때 문학을 공부하는 새로운 재미를 느꼈습니다. 한국의 일반 중학교와 IB 과정을 둘 다 공부해 본 저로서는 객관식으로 시험을 보는 방식보다, IB 한국어처럼 IO를 통해 실질적인 작품 해석 능력을 평가하는 방식이 훨씬 좋았습니다. 글로벌 이슈의 심각성에 대해 자발적으로 생각해 볼 수 있고, 문학 작품을 정해진 답이 아닌 창의적으로 해석할 수도 있었기 때문입니다. 저는 한국 중학교에서 소설을 지나치게 분석적으로 공부하고 오지선다형으로 복잡하게 꼬아 틀린 답을 유도하는 평가에 힘들었습니다. 하지만 IB 한국어는 질문의 답을 서술형 에세이로 쓰는 방식입니다. 같은 지식을 배우지만 평가하는 방식에 따라서 문학을 대하는 태도와 재미가 전혀 다르다고 생각합니다. 저는 이렇게 IB에서 문학을 공부하며 세상을 보는 관점도 전보다 많이 글로벌하게 달라졌습니다.

장지안(싱가포르 AIS) 영어 A

IB 영어로 언어와 문학 과목을 공부했습니다. 이 과목은 작가들이 작품을 어떤 계기로 만들었고, 어떤 문학적 기술이 무엇 때문에 사용되었는지를 중점으로 배웁니다. 이 과목의 IO는 문학 작품 한 편과 비문학 작품 한 편을 선택하여 글로벌 이슈가 작품에 어떻게 나타나 있는지 15분 분량으로 발표하는 개별 구술시험입니다. 한국어로도 발표 시험을 보는 게 힘든데 영어로 볼 생각을 하니 암담하기도 했습니다. 한국에서 이런 시험을 본 적이 없어서인지 아주 긴장되고 적응하기에 어려웠습니다. 다른 유형의 시험은 비문학 작품 두 편이 제시되는 분석 에세이(Paper1)와 문학 작품 두 편을 비교하는 에세이(Paper2)를 쓰는 것입니다. 작품을 해석하고 에세이를 쓰기 위해서는 문학적 기술들을 잘 알고 있어야 합니다. 또한 문학적 기술이 어떤 목적을 달성하기 위해서 어떤 방식으로 사용되었고, 그 기술의 효과는 무엇인지 등을 매우 자세히 설명하는 문장을 적을 수 있어야 합니다. 영어를 모국어로 쓰는 학생보다 원서를 읽고 이해하는 데에 배의 시간이 걸려 공부하는 어려움도 있었지만, 한국에서 배우는 영어 수업과 다르게 글로벌 이슈와 연결해서 공부하니 새롭고 재미가 있었습니다.

이수정(싱가포르 CIS) 영어 B

영어 B는 영어 A보다 비교적 많이 쉽습니다. 저는 유학 생활이 그렇게 길지 않았기에 영어 B와 한국어 A를 선택하게 되었습니다. 영어 B에서 수업 중 읽기, 쓰기, 듣기, 말하기를 모두 평가합니다. 한국의 영어 교육에서 교재와 독해에 집중한다면, 영어 B는 실생활에서 사용하는 영어를 평가합니다. 영어 B에서 듣기 시험은 최근 새로 생겼습니다. 2~3분짜리 오디오를 듣고 문제를 풀면 됩니다. 읽기 시험에는 3개의 지문이 나오며, 지문마다 문제가 두 쪽 정도이고, 주어진 시간 안에 정확하게 답하는 것이 중요합니다. 쓰기의 경우 다양한 질문과 텍스트 타입을 고를 수 있고, 시간 안에 에세이를 제출하는 형식으로 진행됩니다. 영어 B에서는 다양한 어휘 능력이 요구되며, 얼마나 원어민처럼 유창하게 구사할 수 있는지 평가합니다. 유학 생활이 길지 않은 학생이나 MYP때 문학을 2년 이상 듣지 않은 학생들이 선택하기 좋습니다. 저처럼 늦은 유학으로 영어를 모국어처럼 구사하지 못하는 학생이라면 영어 B를 강력하게 추천합니다. 말하기나 쓰기의 경우는 실생활에서 많이 해야 그 실력이 늡니다.

그래서 저는 블로그, 뉴스, TED talk, 좋아하는 외국 유튜버들을 구독하면서 실용적인 구와 단어들을 익혔습니다. 저도 영어가 유창하지 못한 상황이었기에 오히려 영어 B를 선택해서 더욱 열심히 공부했던 기억이 납니다.

유채린(싱가포르 SAIS) 중국어 B

IB 중국어 B 수업은 11학년 이전에 오랫동안 중국어 공부를 해서 기초가 다져졌거나 중국어 회화에 어느 정도 익숙한 사람이 선택하기 좋습니다. 중국어 B의 SL과 HL의 수업 내용은 같지만, 시험의 난이도는 전혀 다릅니다. HL 과정을 선택한 학생들은 책 한 권을 읽고 분석해야 합니다. 배우는 단원들은 대부분 중국 문화, 음식, 학교생활과 같은 우리 일상의 주제가 많습니다. 단원에 등장하는 단어와 문장 형식 등을 듣기, 말하기, 읽기, 쓰기를 통합적인 방법으로 배웁니다. 읽기 시험은 무작위로 몇 개의 작문과 질문을 받아 풀고, 듣기 시험도 무작위의 녹음을 듣고 질문에 답합니다. 하지만 시험에 출제되는 내용은 수업 시간에 배우는 내용과 관련 없기에 예습할 수 없습니다. 쓰기 시험은 수업 시간에 배운 형식의 글과 내용을 토대로 제목을 골라 작문합니다. 말하기는 선생님과 일대일로 앉아 주어진 시간 동안 질문에 대답합니다. 여기서 HL을 선택한 친구들은 선생님의 질문 외에 추가로 책에 대한 분석도 해야 합니다. 제2외국어를 배우는 과정이 쉽지 않으므로, 혼자 중국어를 공부한다면 포기하는 사람이 많습니다. IB는 모국어와 외국어를 배워야 하므로 2개의 언어를 배울 수 있습니다. 네 가지 영역으로 다 평가하기 때문에 단순히 시험지에 답하는 형식보다 자신의 부족한 부분이나 실력을 잘 파악할 수 있습니다.

김형석(독일 CJD) 독일어 Ab Initio

독일어 Ab Initio 과목은 독일어를 처음 배우는 학생들을 위한 프로그램이며 SL만 가능합니다. 독일권 대학을 목표로 하는 학생이나, 독일권 국제학교에 입학할 예정인 학생, Group 6에서 선택하지 않고 언어 과목을 수강하고 싶은 학생, 철학이나 인문학을 전공하고 싶은 학생, 독일 기업에 취업하고 싶은 학생들에게 추천하는 과목입니다. 실생활에 사용되는 독일어 문장과 표현을 배우고 수업 시간에 구사하는 시간을 가집니다. 그리고 간단한 주제를 가지고 독일어로 글을 씁니다. IO 시험이 25%로 주제가 담긴 총 5개의 사진 중에 하나를 골라 발표하는 것입니다. 주제는 '정체성(Identity)' '경험(Experience)' '인간의 독창성(Human Ingenuity)' '사회 조직(Social organization)' '지구 자원의 공유(Sharing the planet)'입니다. 수업 시간에 IO에 대해 3~4번 대비 연습을 하고, 시험장에 들어서면 한 번도 보지 못했던 5개의 큰 주제가 담긴 사진 중 하나를 택해 10분간 사진에 대한 발표 내용을 정리할 시간을 가집니다. 약 9분의 발표 시간이 주어지는데, 처음 3~4분은 사진에 대해 발표하고 나머지 5분은 사진의 주제와 관련된 선생님의 질문에 대답하면 됩니다. IO는 천천히 또박또박 크게 말하는 것이 가장 중요합니다.

Paper1은 한 시간짜리 쓰기 시험인데 총 2개의 부분이 있습니다. 부분마다 3개의 문제가 있는데, 3개의 문제 중 하나를 골라

70~150단어를 쓰면 됩니다. 예를 들어, 문제는 이메일을 써 보라고 한다든지, 초대장을 작성해 보라는 형식의 것들입니다. 문제를 잘 읽고 주어진 상황을 파악하고, 문제가 무엇을 요구하는지, 무엇을 포함해야 하는지 아는 것이 중요합니다. Paper2는 1시간짜리 읽기 시험인데, 시험 제시문 총 3개의 지문을 읽고 답안을 작성하면 됩니다. 동의어를 물어보는 문제와 어떠한 유형의 질문인지 물어보는 문제가 많기에 단어를 많이 아는 게 중요합니다. 문제들이 지문의 내용을 정확히 파악했는지 중요시하고, 지문에 이러한 내용이 있는지 진실 혹은 거짓을 묻고 왜 그런지 이유를 묻습니다. 마지막으로 45분짜리 듣기 시험이 있는데, 총 3개의 제시문이 있고 총 3번을 들려줍니다. 시험지 아래에 듣고 있는 내용을 적을 수 있으니 잊어버리지 않게 적어 두면 유용합니다.

한국에서 독일어를 배울 때는 독일 문화원에서 공부한 것을 제외하고 독일어 말하기를 향상하기에 어려웠습니다. 한국에서는 주로 문법 위주로 공부하고 문제집을 통해 지문을 공부하고 작문하는 공부를 했습니다. IB에서는 독일어를 배울 때 학생이 독일어에 친숙해지도록 수업 시간에 다양한 자료를 활용한 활동을 합니다. 그리고 수업 시간에 친구들과 그룹을 만들어서 같이 활동해서 더 빨리 친숙해지고 익숙해졌다고 생각합니다. 수업 시간에 선생님과 함께 학교 근처의 카페나 마트 혹은 크리스마스 마켓 같은 곳을 방문하여 실제 언어를 사용하는 기회도 얻습니다. 실생활에서 현지인들과 대화하며 수업 시간에 배운 언어를 활용하니 실력은 더 빨리 좋아졌습니다.

허서윤(싱가포르 CIS) 경제

경제를 배우기 전에는 무척이나 지루하고 이론에 치우친 과목이라 생각했습니다. 하지만 예상과는 다르게 경제는 제가 실생활에 유용하게 접목할 수 있고 스스로 깊게 탐구하기 시작한 유일한 과목이 되었습니다. 2021년 학년말고사 무렵 제 경제 공부에는 가속도가 붙기 시작했고, 어느덧 경제 공부에만 매진하는 제 모습을 발견했습니다. 그 결과 저는 교장 선생님께 1등 상을 받게 되었습니다. 2022년에는 사회와 경제를 접목하여 소논문을 작성하였습니다. 그리고 법학 대학교를 목표로 하는 친구와 경제·금융 동아리를 운영하면서 리더와 경영 간부로서 다양한 학생에게 경제에 관한 지식을 나누었습니다. 제가 경제를 공부하는 방식이나 경제 동아리 활동들은 한국의 공교육에서는 기대하기 어려운 자유로운 활동들입니다. IB를 시작한 후에도 모든 경제 시험에서는 단 한 번도 7점을 놓친 적이 없었고, 스스로 경제에 흥미를 느끼며 깊게 공부하고 있습니다. 공부를 쉽게 하는 방도란 존재하지 않습니다. 경제 공부도 근간이 되는 여러 이론과 그래프를 꾸준히 배워서 이해해야 합니다. 그래서 경제 과목을 수강하게 된다면, 이론을 잘 이해하기 위해서 본인만의 정리 노트를 만드는 게 중요합니다. 경제 과목을 한순간에 통달하는 것을 불가능하기에, 꾸준하게 노력해야 목표를 달성할 수 있습니다.

윤유근(말레이시아 MCM) 경제

　IB 경제는 다양한 경제 이론과 개념을 포괄적으로 다룹니다. 경제라는 학문은 사회과학 특성상 주관적으로 될 수밖에 없어서, 교과과정에서는 여러 학파를 폭넓게 다룹니다. 2년의 디플로마 과정 동안 학생들은 수요와 공급 이론을 비롯해 마셜, 세이, 케인스주의, 통화주의 등 주요 경제 이론을 학습하며, 이를 기반으로 상황에 맞게 다양한 모델을 유연하게 탐구합니다. 내부 평가에서는 실제 사회 현상을 경제학적으로 분석하게 됩니다. 이를 통해 교과서를 외우는 형식의 공부가 아니라, 이론이 어떻게 현실과 연결되는가를 배울 수 있습니다. 또한 경제학적 모델의 한계나 여러 가지 모델이 교차하는 상황을 관찰하며 경제에 관한 더 깊은 이해를 얻을 수 있습니다. 일례로 한 수업에서 2023년 중국 경제의 불안정에 관해 토론한 적이 있습니다. 제가 다니는 국제학교는 다양한 배경에서 온 학생이 많다 보니, 어느 한쪽에 편중되지 않고 다양한 정치적 스펙트럼이 논의되던 게 인상 깊었습니다. 다른 학생들이나 선생님과 논쟁하는 과정에서 현재 경제적 상황에 대한 더 심층적인 이해를 얻을 수 있었고, 다양한 시각으로 경제 현상을 분석하는 방법을 배울 수 있었습니다. 또한 이러한 토론 과정에서 의견을 분명하게 전달하는 방법이나, 편향되지 않고 학술적으로 생각하는 방법을 배울 수 있는 것이 IB만이 제공할 수 있는 매력이라고 생각합니다.

　IB 경제에는 틀린 답이 없습니다. 따라서 수업 중 선생님의 역할은 상당히 축소됩니다. IB 과정에서 선생님은 그저 이해를 도와주는 사람일 뿐입니다. 학생들은 수업 중 스스로 정보를 찾고 경제에 관한 저변을 넓힙니다. 여러 경제학자의 의견을 읽고 혼자 비판하며 끊임없이 자아를 발전해 나가는 과정이 경제학의 묘미라고 생각합니다. 이를 통해 모호해 보이는 과제들을 해결하고 경제뿐만 아니라 다른 상황에서도 유용한 기술들을 익힐 수 있었습니다. 예를 든다면, 리서치, 비판적 사고, 논리적 글쓰기 등을 꼽을 수 있습니다. 그래도 가장 큰 수확은 역시 중립적이고 객관적으로 세계를 보는 방법이라고 할 수 있습니다. 이러한 것은 그저 교과서를 보기만 해서는 절대 얻을 수 없다고 생각합니다. 이렇게 현실과 접합하여 경제를 공부하는 과정에서 주체적인 한 명의 사회 구성원으로 필요한 사고를 배울 수 있다는 것이 가장 큰 행운이라 생각합니다.

송영인(사우디아라비아 BISRDQ) 경영

IB 경영 수업은 정해진 답을 찾는 것보다 서로의 의견을 존중하는 데 초점이 맞춰져 있어서, 학생들이 더 자신감 있게 자기 생각을 말할 수 있게 해 줍니다. 최근에 선생님의 설명 대신 학생들이 단원 중 하나인 '다양한 기업'에 대해 서로 다른 부분을 맡아 PPT를 발표했습니다. 저는 친구와 같이 '공공 부문'과 '민간 부문'에 대하여 교과서로 먼저 개념을 익히고 더 많은 자료를 조사했습니다. 이 과정에서 교과서 외 관련 영상 시청과 인터넷상에 요약된 자료를 통해 교과서에 알려지지 않은 부분까지 공부하면서 제가 맡은 부문에 대해 더 관심을 가지게 됐습니다. 직접 수업 내용을 작성하니 이해가 더 쉬웠고 기억에도 오래 남았습니다. 친구들 앞에서 준비한 내용을 발표했을 때는 다시 한번 개념을 정리하는 계기가 되어 정말 유익했습니다. 실제 이 단원의 시험에서도 '공공 부문'과 '민간 부문'에 관해서는 확신하고 수월하게 풀 수 있었습니다. 그동안 어렵게만 느꼈던 다양한 기업이 하는 일과 특성을 배움으로써 사회의 체계도 알 수 있었습니다. 이렇게 토론과 발표를 하면서 수업을 준비하는 방법이 한국에서 공부하던 수업과 다른 느낌이었습니다.

박진성(인도 GHISI) 경영

IB 경영 HL은 국제적인 비즈니스 환경에서 경영학을 깊이 있게 이해하고 분석하는 능력을 키우기 위한 고급 수준의 과목입니다. 한국 사회 수업에서는 보통 국내 기업이 관련된 내용을 다루는 경우가 많은데, IB 경영 HL은 국내외 기업과 다양한 분야에 대해 깊이 있는 학습을 진행합니다. 교과서 외에도 실생활에서의 비즈니스 문제해결을 위한 프로젝트, 토론, 사례연구(case study)를 통해 학습합니다. 이러한 학습 방법은 학생들이 적극적으로 수업에 참여하고 창의적으로 생각할 수 있도록 독려하며, 현실적인 문제해결 능력을 증진하는 데 큰 도움을 줍니다. 내부 평가는 학생들이 수업에서 배운 이론과 개념을 적용하여 직접 조사하고 분석하여 실생활에 적용하는 것을 목표로 합니다. 이러한 평가 방식은 대체로 교사가 주도적으로 수업을 진행하여 학생들의 참여도와 활동이 적은 한국 수업과 다른 점입니다. 두 교육을 접해 본 저는 IB의 수업 방식이 더 효과적으로 도움이 되었습니다.

박지우(헝가리 BISB) 지리

IB 지리는 이전에 배웠던 주제나 지식을 토대로 좀 더 깊고 넓은 범위의 지식을 다룹니다. SL과 HL 모두 Paper1과 Paper2 시험을 보지만, HL은 Paper3이라는 SL에서 배우지 않는 주제들로 이루어진 문제를 추가로 봐야 합니다. 시험에서 적어도 한 번은 주제에 대한 예시 사례연구를 요구하기에 꼭 공부해야 합니다. 또한 우리 학교에서는 내부 평가를 위해 도시로 현장학습(field trip)을 다녀오는 경우가 많습니다. 현재 배우고 있는 주제인 도시화를 조사하기 위해 직접 도시화한 번화가를 찾아가 소음 측정, 건물 높이 측정, 행인 인터뷰 등을 진행하며 도시에서 멀어질수록 변화하는 수치를 관찰했습니다. 평소 교실에서 하는 수업보다 직접 현장에서 발로 뛰며 새로운 지식을 습득할 수 있다는 점에서 주제에 대한 이해도를 더욱 높여 주었습니다. IB 지리는 환경에 관한 경험과 배경지식을 토대로 지식 범위를 넓혀가는 인문학 과목입니다. 사회적 이슈(인구 증가, 지구 온난화, 에너지), 인문 지리학, 자연 지리학 등에 관심을 갖고 집중적으로 공부하고 싶은 사람이 선택해서 배우면 좋습니다. 교실 안에서 책으로만 도시의 모습을 공부했더라면 이러한 흥미를 느끼기 어려웠을 겁니다. 몸으로 기억하는 습득이 오래간다고 생각합니다. IB에서 교실 안팎에서 다양한 활동을 중심으로 공부했던 것들이 많이 기억에 남습니다.

김주환(싱가포르 UWCSEA) 역사

    IB 역사는 공부할 때 노트 작성이 특히 중요한 과목이라고 생각합니다. 배우는 내용의 양이 방대하기 때문입니다. IBDP 최종시험은 시간제한이 엄격해서 짧은 시간 내에 논리적인 주장을 펼 수 있어야 합니다. 대략 45분 이내에 여섯 문단으로 이루어진 논리 정연한 에세이를 쓸 각오를 하고 역사를 선택해야 합니다. 저도 처음에는 방대한 내용에 어렵고 힘들게 느꼈습니다. 그러나 선생님이 주시는 피드백을 되새기고 시험을 보며 점차 점수가 높아지기 시작했습니다. IB 역사의 내부 평가는 자료수집과 자료 분석이 매우 중요합니다. 이 과정이 꽤 지루하고 길게 걸릴 수 있습니다. 자기주장의 중심 근거로 쓸 수 있는 책 2~3권 정도를 선택하고 나머지는 JSTOR, 구글 등에서 온라인 자료를 참고하면서 공부했습니다. 특히 평소 역사에 관한 책을 많이 읽었던 경험이 역사 과목을 선택해서 공부하는 데 도움이 되었습니다. 여러 자료를 수집하면서 출처도 어느 정도 정리를 하면 나중에 출처 표기를 만들 때 편해집니다. 한 역사가의 문서만 너무 참고하지 말고 조금 더 폭넓게 조사하면서 공부하는 것이 좋습니다. 역사를 배울 때 하나의 나라나 민족의 관점으로만 보지 않고 다양한 관점에서 배울 수 있어서 좋았습니다. 특히 제 주장을 하는 에세이를 쓰기 위해 여러 자료를 스스로 조사하고 정리하는 과정을 통해서 창의적인 생각도 많이 생겼습니다. 또한 조사한 자료를 보면서 역사에 대한 서로 다른 관점을 확인하고, 저만의 비판적인 사고력도 기를 수 있었습니다. 역사는 어렵고 힘든 과목이지만, 배우고 나면 역사에 관해 훨씬 박학다식해진 자신을 보면서 자랑스러워

할 수 있을 것입니다. 어렵다는 과목에서 7점을 받았습니다. 방대한 양으로 인해 스스로 공부하는 능력을 키워 준 과목이라서 더 좋았습니다.

김하연(태국 St. AISI) 심리

심리학은 다른 모든 과목과 연관성이 있다고 생각합니다. 심리학이 사람의 행동과 정신에 관련된 과목이라는 점에서 말입니다. 경제, 경영이라는 과목에서 더욱 쉽게 예를 들 수 있습니다. 비즈니스는 사람과 사람이 하는 것이기에, 구매자의 심리와 특정 상황에서의 행동을 고려함으로써 사업의 효율성을 높일 수 있습니다. 심리학 수업의 가장 큰 목표는 과거의 여러 심리학 실험 등을 공부하여 궁극적으로 학생들이 배운 내용을 직접 실생활에 접목해 사회에 도움이 되고자 하는 것입니다. 이를 위해 범죄심리학, 뇌, 수면, 중독 등 다양한 범위의 주제를 공부합니다. 예들 들어, 범죄심리학에서는 남성 호르몬으로 알려진 '테스토스테론'이 사람의 폭력적 행동에 관련 있는 것을 여러 심리학 실험에서 밝혀 냈습니다. 이 호르몬을 분비하는 기관을 쥐에서 제거했을 때, 그들의 사회적 지위의 갈망과 폭력적 행동의 양상이 낮아진 것으로 관찰되었기 때문입니다. 이처럼 실험의 목적, 과정, 결과, 결론, 발전을 자세히 탐구하여 사람의 행동에 관한 궁금증을 해결할 수 있습니다. 특히 이 과목이 매력 있다고 생각한 이유는 친구들과 팀을 만들어 실제로 실험을 디자인하고 진행하기 때문입니다. 교실에 앉아서 선생님이 해 주시는 수업을 수동적으로 듣기만 할 때보다, 실제 실험으로 공부한 내용을 더 잘 활용할 수 있다는 것을 깨달았습니다. 심리학을 배움으로써 '나'라는 주체에 대해 더 집중하여 생각해 볼 수 있었고, 개인뿐만 아니라 주변 인물까지도 포함하여 고려해 볼 수 있었습니다. 여기서 배운 것을 바탕으로 사회적 이슈에도 접목할 수 있고, 원래 국가적 활동에 관심이 없었지만 좀 더 관심을 가져야 한다는 자세도 배울 수 있었습니다.

김준혁(이스라엘 EMIS) 국제 정치

국제 정치는 세계에서 일어나는 정치적 이슈와 사회 현상에 관심이 있고 글쓰기 실력이 갖추어진 학생에게 매우 적합한 과목이라 할 수 있습니다. 또한 정치학, 국제관계학 등으로 대학을 지원할 학생들에게 사전 지식과 기본기를 가져다줄 수 있는 과목입니다. 외울 것이 많지 않고 개념을 이해하기 쉽다는 장점이 있지만, 글쓰기를 어려워하고 사전 지식이 부족한 학생에게는 어려운 과목이 될 수 있습니다. 국제 정치에서는 지역적, 국가적, 국제적, 세계적으로 주목받는 사건들을 이론적인 정치 개념들로 분석합니다. 단원은 권력과 주권 그리고 국제관계, 인권, 발전, 평화와 분쟁으로 나뉘어 있습니다. 세계적인 정치 상황에서 여러 경우를 다루면서 정치나 인권 같은 이슈들을 배울 수 있어 기억에 많이 남는 과목입니다. 평가는 Paper1, Paper2, IA로 이루어져 있으며, HL 학생에게는 프레젠테이션이 추가로 있습니다. 모든 평가에서 사례연구를 많이 만들고 숙지하는 것이 매우 중요합니다. 에세이는 사례연구가 반 이상을 차지하기 때문에 과목의 가장 중요한 요소라 할 수 있습니다. 저는 책을 좋아하여 나름 여러 나라의 정치나 역사를 많이 안다고 생각했지만 역부족이었습니다. 이 과목의 분야에 대해 전문적인 독서를 하는 것이 공부에 꼭 필요합니다. 저는 국제 정치를 배우면서 그동안 얼마나 편협한 생각으로 세계를 생각하고 있었는지 깨닫게 되었습니다.

고은우(이스라엘 MBHS) 철학

철학은 사람과 세계를 탐구하는 과목입니다. 사람의 본질은 무엇인지, 어떠한 것이 특별한지, 어떠한 정치 방향이 나라와 국민을 위한 것인지 끊임없이 묻고 답하는 과목입니다. 어려운데 실용성도 없어 보이지만 철학은 사실 많은 방면에서 도움을 줍니다. 특정 시대를 대표하던 철학의 핵심을 보면, 당시 사람들의 사상을 엿볼 수 있습니다. 철학은 누구나 해 볼 법한 상상과 질문을 논리적으로 자신만의 해답을 찾아가는 과정입니다. 철학은 IB의 어떤 과목보다 수준 높은 논리와 비판적 사고를 요구한다고 생각합니다. IB 철학 수업의 주된 목표는 철학자들이 쌓은 지식을 배워서 폭을 넓히기보다는, 사고하는 방식과 그 깊이에 집중한다고 생각합니다. 평가는 주어진 글이나 사진을 하나 선택해서 철학적인 질문과 자기 생각을 연결해서 서술합니다. 철학적인 지식이 무조건 필요하고, 일정 이상의 창의적인 생각으로 글이나 사진과 접목해야 합니다. 자신이 선택한 철학자들의 철학을 어느 정도 설명하고, 자신이 설명한 철학적 아이디어가 어떻게 연결되는지, 자신이 답하고자 하는 질문과는 어떠한 연관성이 있는지 서술해야 합니다. 철학의 장점이자 단점은 정확한 답이 없다는 것입니다. 분명 특정 질문에 그 답은 A라고 주장하는 철학을 배우는데, 다음 시간에는 B라고 주장하는 철학자를 배우게 됩니다. 서로 다르게 생각하는 철학자들을 배우고 나면, 학생들도 하나의 생각이 아니라 다르게 생각하게 됩니다. 수업 시간의 대부분이 토론으로 진행됩니다. 그래서 저는 평소 토론을 대비하는 훈련을 했습니다. 뉴스를 보면서, 책을 읽으면서, 영화를 보면서, 대화하면서도 상대방은 어떤 사고방식을 가졌고, 나와 다른 점이 무엇인지 습관적으로 생각하는 것이었습니다.

이수정(싱가포르 CIS) 환경 시스템과 사회

환경 시스템과 사회(Environmental System and Society: ESS)는 환경에 중점을 두고 이에 따라 사회에서 일어나는 사회적 · 경제적 · 환경적 · 윤리적 · 정치적 이슈들과 해결 방안에 대해 배우는 과목입니다. ESS는 사실 학생들 사이에서 점수 받기 쉬운 과목으로 알려져 있습니다. 그리고 ESS는 교실보다 야외 현장학습이 매우 많습니다. 야외로 나가서 직접 표본을 채취하거나 동물 보호 시설, 자연 습지 등에 방문해서 직접 경험하며 배웁니다. 그래서 다른 과목보다 좀 더 재미있고 즐기면서 공부할 수 있습니다. 직접 수집한 표본을 관찰한 후 IA를 작성하는데, 다른 IA보다 이해도도 높고 재미있게 작성할 수 있습니다. 만약 이런 과목을 교실에서 강의로만 들었다면 정말 재미없었을 것 같습니다. IA를 위해 말레이시아에서 5일 동안 지내면서 직접 표본을 채취했고, 분석한 것을 바탕으로 에세이를 썼습니다. IA는 최종점수의 25%가 반영되기에 중요하고, ESS는 다른 과학 과목보다 그 비중이 조금 더 높습니다. ESS 과목은 암기에 소질이 있거나, 전략적으로 졸업 점수를 중요하게 생각하는 학생에게 추천합니다. 저는 다른 과목보다 현장 체험의 기회도 많고, 평소 환경이나 생태계에 관심이 있었기에 재미있게 공부했습니다.

정태희(인도네시아 YIS) 화학

IB 화학 SL은 11단원으로 구성되어 있어 상당히 방대한 양을 공부해야 하는 과목입니다. 또한 모든 단원이 유기적으로 연결되어 있습니다. 평소 순간 집중력이 좋고, 자신의 계산 실수를 잘 발견할 수 있는 꼼꼼함을 가진 학생에게 화학은 유리한 과목입니다. 실험을 통해서 결과물을 직접 만들어 보는 IB 화학 수업은 재미있고 장점이 많습니다. 하지만 IA 실험을 조금 더 편하게 하고 싶다면 5단원은 피하는 게 좋습니다. 주제를 선정하기 쉬운 단원일 수 있으나, 원하는 실험 데이터를 얻기가 어려울 수 있습니다. SL 학생이 배운 이론으로는 설명하기 어려운 불규칙한 값도 종종 생깁니다. 이러면 뒤죽박죽의 실험 결과를 분석해야 하므로 시간이 많이 소요되기 때문입니다. 저는 한국에서 중학교까지 공부하고 국제학교로 와서 IB를 시작했는데, 한국의 고등학교였다면 화학을 공부하면서 입시를 준비하는 것이 어려웠겠다고 생각하게 됩니다. 단순히 주기율표를 외우고 개념들만 암기했다면 직접 실험으로 느낀 재미를 알 수 없었기 때문입니다. 물론 시험으로서 IA 실험이 어렵지만, 화학이 무엇을 공부하는 학문인지 직접 알게 해 주었고, 왠지 대학에서 공부하는 느낌도 나서 IA는 정말 좋은 평가라고 생각합니다.

류연수(중국 SIS) 생물

생물 시간에 중규모 생태계를 만드는 실험을 하였습니다. 중규모 생태계란 중간 크기의 통에 동식물이 살 수 있는 환경을 만들어 키우고 관찰하는 것을 말합니다. 실험자가 환경을 관리하고 조절할 수 있기에 동식물이 어떤 환경에서 더 잘 자랄 수 있는지 알 수 있습니다. 4주 정도의 짧은 실험이기에 우리는 빨리 자라는 식물을 골라야 했습니다. 예전에 다녔던 한국 학교에서 식물 키우기를 할 때, 콩이 화장용 솜에서 빨리 자랐던 게 생각나서 콩으로 결정했습니다. 우리 실험의 주제는 콩이 대기 중의 이산화탄소 농도가 정상일 때와 높을 때 어느 쪽이 더 잘 자라는지 알아 내는 것이었습니다. 이산화탄소 농도를 더 높이는 방법은 사람이 숨을 쉬고 내쉬면 되는 것입니다. 그래서 우리는 한쪽 콩에서는 이산화탄소를 많이 불어넣은 뒤 페트병으로 밀폐했고, 다른 콩은 그냥 뚫려 있는 플라스틱 통에 심었습니다. 이틀 뒤 하루가 무섭게 빨리 자라서 흙으로 옮겨 주었지만, 각 통의 컨디션은 변함없었습니다. 일주일 후 일반 콩은 8~13cm 정도 자랐고, 이산화탄소 농도가 높았던 콩은 15~20cm 정도 자랐습니다. 관찰을 통해서 이산화탄소의 농도가 더 높으면 식물이 더 빨리 자라는 것을 알 수 있었습니다. 하지만 이산화탄소 농도가 높았던 식물은 이파리가 제대로 자라지 못했습니다. 이산화탄소 농도가 보통인 콩보다 확연히 작았습니다. 이 실험을 하면서 느낀 점은 식물이 통제된 환경에서 잘 자랄 수 있지만, 어딘가는 정상적이지 않을 수 있다는 것입니다. 또한 사람이든 동식물이든 통제된 것에서 더 나은 성장이 가능할 수 있겠지만, 우리가 알지 못하는 부작용이 생길 수 있다는 것입니다. 이렇게 직접 실험을 통해서 지식을 습득하고, 더 나아가 세상을 바라보는 생각도 배울 수 있는 흥미로운 수업이었습니다.

송정효(싱가포르 CIS) 생물

IB 생물 HL에서는 인류 최초의 생물부터 미래의 과학 발전 가능성까지 다양하게 배웁니다. 수업은 선생님께서 준비하신 자료들로 주로 진도가 나갔고 다양한 실험이 이루어졌습니다. 특히 인체에 대해서 배울 때 양의 폐와 심장을 해부했던 수업 시간이 기억에 남습니다. 교과서만 보고 외우는 공부가 아니라, 배운 것을 직접 확인하고 응용하는 시간이었기 때문입니다. 우리 학교는 말레이시아로 현장학습을 가서 IA 자료를 수집했습니다. 저의 연구 주제는 원시림과 인간에 의해서 훼손된 숲의 생태계는 무엇이 다른지에 관한 연구 조사였습니다. 개인적으로 학교 밖에서의 조사를 하는 것은 매우 좋은 경험이고 즐거운 활동이었습니다. 다른 과학 과목 중에는 주로 학교 실험실에서 기구들을 사용하여 보고서를 쓰기 마련인데, 생물은 생태 단체와 협업하여 학생들이 직접 밖으로 나갈 수 있기 때문입니다. 온몸에 진흙이 잔뜩 묻고, 물에 옷도 젖으며 땀범벅이 되기도 했지만, 자료를 수집하기 위해 열심히 머리와 몸을 움직이는 것이 뜻깊은 경험이었습니다. 제가 살고 있는 근처 환경을 조사하는 것이기에, 사회적인 관점까지 생각하게 되는 계기가 되었습니다. 생태계를 보호하며 바람직하게 사는 삶의 태도에 대해서 많이 생각했습니다. 생물학적 실험이었지만 그 과정과 결과를 토대로 우리가 사회를 대하는 태도를 성찰하게 했습니다. 이러한 것들이 IB 교육의 가장 중요한 특성이라고 생각합니다. 시험 또한 수업 내용에 관한 질문만 있는 것이 아니라, 실제 통계 자료 결과들을 토대로 분석, 응용, 해석해야 하는 질문들이 나오기에 자료를 분석할 수 있어야 합니다. 자료를 분석하고 결과를 도출하는 생각하는 힘과 논리적으로 글을 써서 답하는 능력이 매우 필요한 과목입니다.

이가은(싱가포르 CIS) 생물

처음엔 막막했던 내용들이 실험하면서 점점 쉽게 이해가 되기 시작했습니다. IB 생물은 수업 시간에 정말 많은 실험을 하기 때문입니다. 거의 단원마다 여러 실험을 통해 배우고 있는 내용들을 더 깊게 이해할 수 있었습니다. 친구들과 다양한 실험을 함께하다 보니 교우관계도 더 깊어졌습니다. 실험을 통해 이해하게 되면 따분한 이론들이 재미있어지는 경험을 할 수 있습니다. 저는 처음 세포 단원을 들을 때 정말 어려워 고생했습니다. 내용 자체는 재미있었지만, 머리에 잘 들어오지 않았습니다. 하지만 실험을 통해 흥미로웠고, 그다음 수업의 실험도 기다리게 되었습니다. Term1의 시험을 보고 좋지 않은 점수에 조금 좌절했지만, 그동안의 실험을 상기하고 수업 시간에 좀 더 노트 필기를 열심히 했습니다. 또한 선생님이 주신 자료를 집중해서 정리하면서 기대 이상으로 점수가 오르기 시작했습니다. 학교 수업에 충실한 것도 중요하지만, 스스로 계획을 세우면서 주도적으로 노력했던 것이 좋은 결과로 이어졌다고 생각합니다.

박유진(튀르키예 IICS) 물리

 IB 물리 수업과 한국 물리 수업의 가장 큰 차이점은 실험 프로젝트의 존재 여부입니다. 물론 한국 물리 수업에서 실험하지 않는 것은 아니지만, 학생이 주제를 정하고 모든 과정을 스스로 계획하여 보고서를 작성하는 내부 평가나 소논문 같은 프로젝트는 포함되어 있지 않습니다. 제가 IB를 선택해서 공부하게 된 이유는 무엇보다 자기주도학습을 유도하고 스스로 성취하는 경험을 주는 방식이었기 때문입니다. 저는 한국에서 고등학교 1학년 초반까지 마쳤는데, 한국의 물리 수업은 IB 물리 수업에 비해 상대적으로 배워야 하는 양이 방대했습니다. 예들 들어, 한국은 IB 물리 수업에서 다루지 않는 상대성 이론 같은 내용까지 추가로 배워야 했습니다. IB 물리 수업은 학생 개인의 특성을 존중해 주고, 학생마다 흥미를 느끼는 부분이 다르다는 것을 인정해 주는 점이 가장 큰 차이점입니다. IB 물리는 이론과 실험의 균형을 맞춰, 이론을 깊이 이해하도록 유도합니다. 그리고 학생들은 내부 평가를 위한 실험 보고서를 써야 하는데, 스스로 배운 내용 중에서 골라 직접 실험을 설계할 수 있습니다. 이런 과정을 통해 학생들은 주도적으로 실험을 진행하며 자료를 수집하고 분석하는 경험을 합니다. 이렇게 얻은 자료를 바탕으로 3,000단어 이내의 실험 보고서를 작성하게 됩니다. 시험에서도 IB 물리는 핵심 개념을 이해하고 있는지에 중점을 두어 평가합니다. 그렇기에 지나치게 복잡한 계산을 하는 문제는 나오지 않습니다. 설령 복잡한 계산으로 주관식에서 오답을 적었다 하더라도, 개념을 제대로 이해하고 있음을 풀이 과정에서 보여 준다면 부분 점수를 받을 수 있습니다.

IB 물리 수업에는 핵물리학, 천체물리학도 과정에 포함되어 있어서 다양한 개념을 접할 수 있는 흥미로운 과목이라 할 수 있습니다.

신승우(싱가포르 SAIS) 물리

2023년에 개편된 IB 물리는 이전과 비교해서 단원의 수가 줄고 카테고리에서 다루는 내용은 늘어났습니다. 고전역학, 물질의 입자성, 파동, 장, 핵물리 총 5개의 대단원으로 나누어져 있습니다. 물리의 기반이 되는 물체의 운동에서 시작하여 양자역학, 전자기장 같은 추상적인 개념까지 이해할 수 있도록 배우게 됩니다. IB 물리 HL은 MYP 물리보다 차원이 다른 난이도입니다. DP를 막 시작한 11학년 때는 어디부터 시작해야 할지 정말 막막할 정도였습니다. 하지만 첫 번째 대단원인 고전역학에서 차근차근 기초를 익히고 개념을 이해하게 되니 어떤 전략으로 물리 HL에 접근해야 할지 알게 됐고 자신감이 생겼습니다. IB 물리가 Group 4에 있는 다른 과학 과목들과 차별되는 점은 암기의 비중이 상대적으로 적다는 것입니다. 물리와 화학을 둘 다 듣는데, 교과서에 포함된 핵심 단어, 공식, 개념의 양이 화학의 절반이 조금 넘는 정도여서 의아했습니다. 그러나 첫 대단원인 역학을 끝낸 후에는 왜 이러한 차이가 있는지 이해하게 됐습니다. IB 물리에서 등장하는 공식들은 시험 중 제공되는 참고용 자료집(data booklet)에 포함되어 있어서, 더욱 공식 활용도가 광범위한 과목이라 할 수 있습니다. 시험에서도 지나치게 생각을 많이 해서 오히려 문제를 복잡하게 만들어 결과적으로 시간 압박을 받기도 합니다. 이럴 때 연습 중 암기한 본인만의 풀이 과정이나 공식을 외워서 사용하면 더욱 수월하게 문제를 풀 수 있습니다. 더해서 참고용 자료집을 통해 제공되는 공식들은 사용되는 기호의 의미와 정의를 알려주지 않기 때문에, 공식을 제대로 활용하기 위해선 이해가 바탕이 된 암기가 빠른 문제해결의 방법이라 생각합니다.

신승헌(싱가포르 SAIS) 디자인 기술

IB 디자인 기술 HL은 10개의 단원으로 구성되어 있고, 6개는 SL 학생들과 함께 배우고 4개는 HL 학생들만 따로 배웁니다. MYP 디자인과는 전혀 다른 과목이라 생각될 만큼 다릅니다. MYP 디자인이 예술적인 쪽에 좀 더 치중되었다면, IB 디자인 기술은 산업, 환경, 비즈니스까지 다루게 됩니다. 이 과목은 실기도 시험에서 중요한 비중을 차지합니다. 프레젠테이션 형식으로 시험을 보기도 하고, 때로는 직접 만들어 제출한 제품을 보고 점수가 매겨지기도 합니다. 실기시험과 더불어 Paper1, Paper2와 같은 이론 시험도 점수에 합산되기 때문에, 실기가 주가 되는 과목이라 생각하면 안 됩니다. Paper1은 객관식으로 전반적인 이해를 묻는 시험이고, Paper2는 주관식으로 이해와 더불어 왜 그런가에 대한 해석까지 설명해야 합니다. 이 부분에서 충분히 논리적으로 설명해 내지 못하면 감점이 될 수 있으니, 평소 충분히 설명했다고 생각한 것에서 좀 더 설명하려는 습관을 기르면 좋다고 생각합니다. '원재료에서 최종 제품까지의 과정(Raw material to final product)' 단원에서는 계획부터 시작해서 완제품을 만드는 것까지 하게 됩니다. 이때 학교에서 재료를 충분히 제공하지 못하거나 도구의 가짓수가 적다면 생각했던 제품을 만들지 못해 계획이 틀어질 수 있습니다. 이 과목을 선택하기 전에 꼭 학교의 재료량 또는 자신이 충당할 수 있는 도구들을 잘 생각하고 선택하는 것을 추천합니다. 싱가포르 국제학교에 와서 처음으로 MYP 디자인 과목을 듣게 되었는데, 선생님 덕분에 디자인 과목에 흥미를 느끼게 되었고 IB 디자인 기술까지 듣게 되었습니다. 디자인 과목은 평소에 관심이 없었더라도, 우연한 기회에 갑자기 관심을 가질 수도 있는 흥미로운 과목이라 생각합니다.

곽예슬(헝가리 BISB) 컴퓨터 과학

다른 과목도 마찬가지겠지만 컴퓨터 과학을 배우는 학생은 기본적으로 컴퓨터에 대한 지식이나 궁금증이 많으면 많을수록 좋은 과목입니다. 시험의 범위는 배운 부분에서 나오긴 하지만, 고득점을 받으려면 학교에서 배운 것 이상의 내용을 알아야 합니다. 그래서 개념을 이해하고 적용하며 확장해서 발전해 나가는 것이 매우 중요합니다. IA는 전체 성적의 30%를 차지하는데, 다른 과목보다 더 많은 시간을 투자해야 합니다. 학생이 스스로 앱이나 웹사이트를 만들어서 이를 설명해야 하기 때문입니다. 파이썬(Python), 자바(Java), C언어 등을 선택해서 개발하는 것입니다. 개발은 기본적으로 클라이언트를 위해 이루어지기에, 대상의 니즈를 파악하는 것이 필요합니다. 또한 이를 개발하고 쉽게 설명하는 것도 중요합니다. 최종시험에서는 Paper1 · 2 · 3 총 3개를 봅니다. Paper1은 크게 하드웨어, 소프트웨어 전반에 관한 지식을 다루고, 마지막 부분에 코딩 문제가 항상 나오기에 시간 분배가 중요합니다. 단순히 코드를 외우는 것보다 규칙을 찾아서 해결하는 것이 중요합니다. 그래서 코딩은 꾸준히 반복연습해서 익숙해지는 것이 중요합니다. Paper2는 4개의 옵션 중 하나를 골라서 시험을 봅니다. A(Database), B(Modelling and Simulation), C(Web Science), D(Object-Oriented Programming) 중에서 학생들은 주로 C와 D를 많이 선택합니다. Paper3의 주제는 매년 바뀌는데, 학생이 주제를 직접 조사하고 공부해서 에세이를 쓰면 됩니다. 마찬가지로 고득점을 위해서는 심도 있는 사례연구의 분석이 필요합니다. 그리고 자신이 헷갈리는 개념의 오답 노트를 만들거나 목차별 정리 파일을 만들어 수시로 보는 것도 도움이 됩니다. 우리 생활에 엄청난 영향력을 미치는 컴퓨터에 대해 배우는 것이 너무 좋았습니다.

권준용(일본 NUCBIC) Group 4 project

G4 프로젝트는 필수로 해야 하는 Group 4에 있는 과학 과목들을 융합한 협력 프로젝트입니다. 일상생활에서 과학은 하나만 있는 것이 아닌 물리, 화학, 생물이 융합되어 있습니다. 그래서 이러한 과학 과목들을 서로 연결 지어서 생각해 보는 경험은 학생들이 창의적인 생각을 할 수 있는 발판이 됩니다. 우리 학교에서는 '최적의 에너지바 만들기'라는 주제로 G4 프로젝트를 진행했습니다. 운동선수들이 섭취해야 하는 영양분을 조사하고 이를 토대로 그들에게 최적화된 에너지바를 만드는 프로젝트였습니다. 또한 이 에너지바를 어떻게 하면 대중에게 많이 판매할 수 있는지 마케팅과 비즈니스 계획도 포함되었습니다. 처음 팀별로 축구, 농구, 헬스, 두뇌 스포츠인 체스

같은 종목들을 배정받았습니다. 우리는 축구를 탐구하게 되었고, 더욱 깊이 있게 탐구하기 위해 동아시아의 축구선수를 대상으로 정했습니다. 생물 수업을 듣는 학생들이 동아시아 국가대표 축구선수가 경기에서 평균적으로 소비하는 열량, 영양소 등을 가장 많은 거리를 뛰는 미드필더를 기준으로 데이터를 만들었습니다. 물리 수업을 듣는 학생들은 신진대사 해당치(Metabolic Equivalent of Task: MET)라는 데이터 표를 이용하여 축구선수의 활동이 분당 그리고 시간당 소비하는 열량을 찾아 냈습니다. 화학 수업을 듣는 학생들은 에너지바에 들어가는 탄수화물, 단백질, 지방 그리고 다른 영양소들이 어떻게 축구선수들에게 작용하고 도움을 주는지를 조사했습니다. 정확히 데이터를 위해 에너지바를 만들기 위해 주어진 재료들의 영양소를 꼼꼼히 검토하고 이를 축구선수들의 필요에 맞춰 섬세하게 조율했습니다. 이렇게 각자 조사를 하고 서로 데이터를 공유하며 같이 비즈니스 플랜을 만들었습니다. 마지막으로 에너지바의 포장지와 마케팅 방법에 대해 토의하고 프레젠테이션을 진행했습니다. G4 프로젝트는 학생들이 평소 듣던 이론 중심의 과학과 달리 실생활과 연관 지을 수 있는 점이 특별합니다. 비록 IB 성적에 들어가지 않지만 갖고 있는 과학 지식을 실생활과 접목해서 다시 복습할 수 있는 기회가 됩니다.

이재하(헝가리 BISB) 수학 AA

저는 아버지의 해외 근무 때문에 한국에서 고등학교 2학년 1학기까지 마치고, 헝가리로 유학을 와서 국제학교에서 IB를 시작했습니다. 제가 IB에 익숙해지는 과정에서 유난히 처음부터 큰 어려움 없이 주변 학우보다 뛰어났던 과목이 수학이었습니다. 우선 IB 수학과목은 크게 수학 AI와 수학 AA로 나누어 수업을 진행합니다. 둘의 공통점은 대수학(algebra), 통계학(statistics), 미적분학(calculus), 정수론(number theory) 같은 핵심 단원을 같은 코어 과목들로 다루는 점에서 동일하지만, 수학 AI는 인문 과학을 공부하고 싶은 학생들을 대상으로 통계학을 중점적으로 다루고, 수학 AA는 후에 STEM(과학, 기술, 공학, 수학) 과목들을 공부할 학생들을 위해 미적분학에 집중한다는 점에서 차이가 있습니다. 대부분의 경우 수학 AA를 수강하는 학생들이 수학 AI 학생들보다 상대적으로 더 많습니다. IB 수학은 한국 교육과정과 비교했을 때 문제 난이도는 쉬운 편이며, 학생의 수학적 계산 능력을 극한까지 끌어올리는 한국 수학과는 다르게 좀 더 개념에 충실하며 학생의 전반적인 이해를 평가하는 문제들이 많은 편입니다. IB 수학에서는 과정이 맞으면 답이 틀리더라도 점수를 거의 깎지 않고 부분 점수를 받을 수 있습니다. 문제의 답을 찾기 위해 생각하고 그 풀이 과정을 중요하게 생각하기 때문입니다. 한국의 수학 시험처럼 답만 맞추면 되는 방식은 결국 결과 중심의 사고를 하게 만듭니다. 이렇게 결과 중심으로만 공부한 사람은 과정을 중요하게 생각하는 평가에 낯설 수밖에 없습니다. 그러나 IB를 경험하면서 교육이라는 것이 무조건 결과가 틀리냐 맞느냐가 중요한 것은 아니라고 느끼게 됐습니다. 왜 학생이 그런 생각을 하고 그런 과정을 거쳐서, 이런 오답이나 정답을 찾았는지가 중요하다고 생각합니다. 그리고 무엇보다 IB 수학은 정해진 커트라인들이 존재하기 때문에 절대 평가에 가깝습니다. 그래서 IB 수학은 친구들끼리 치열하게 경쟁하기보다는 서로를 도우면서 같이 성적이 향상되는 경우가 많은 것이 특징입니다.

장수민(싱가포르 AIS) 음악

　IB 음악은 음악 자체를 좋아하는 것도 중요하지만, 어느 정도의 음악적 배경과 지식, 실력이 있어야 훨씬 수월한 과목입니다. 평가는 '맥락에서 음악 탐구하기(Exploring music in context)' '음악 실험하기(Experimenting with music)' '음악 발표하기(Presenting music)' '현대음악창작(The contemporary music maker)'로 구성되어 있습니다. 연구자(researcher), 창작자(creator), 연주자(performer)로서 각각 강의계획서(syllabus)를 만들어야 합니다. 첫째 맥락에서 음악 탐구하기는 다양한 음악에 관해 탐구하는 2,400단어 포트폴리오와, 그에 기반한 최대 32마디/1분 창작 연습(Creating exercise), 그리고 한 개의 연주 각색(Performed adaptation)을 제출해야 합니다. 탐구 단원 ①사회문화적 및 정치적 표현을 위한 음악(music for sociocultural and political expression), ②감상과 연주를 위한 음악(Music for listening and performance), ③극적 효과, 움직임 및 오락을 위한 음악(Music for dramatic impact, Movement and entertainment), 그리고 ④전자 및 디지털 시대의 음악 기술(Music technology in the electronic and digital age) 중에서 두 가지를 골라 써야 하는 평가 요소(component)입니다. 둘째 음악 실험하기는 각 5분 분량의 3개의 창작 연습과 3개의 연주 각색, 그리고 1,500단어로 자신이 실험한 음악의 단계와 과정을 설명하는 글(rationale)을 작성해야 합니다. 셋째 음악 발표하기는 자신이 악기나 노래로 공연하고 녹음한 12분 분량의 오디오 파일,

6분 분량의 작곡한 작품, 작품 설명서(program note)를 작성해야 하는 평가 요소입니다. 생각보다 긴 12분을 채우기 위해 대부분의 학생은 3~4개의 곡을 연주합니다. 특이점은 관객이 듣는 상태에서 녹음해야 한다는 것인데, 이는 연주자로서 역량을 키워주는 조건이라 생각합니다. 앙상블과 함께하거나 반주가 있어도 됩니다. 넷째 HL 학생들만 하는 현대음악창작은 다른 과목의 학생이나, 같은 음악을 하는 학생들과 함께 작업하는 프로젝트입니다. 예를 들어 저는 시를 쓰는 영어 HL 학생과 함께 곡을 썼습니다. 중요한 것은 과정 중간마다 함께 음악적 아이디어를 나누고 연구하는 것입니다. 이 모든 과정과 결과물을 설명하는 영상(최대 15분)을 제작해야 합니다. 이때 로직 프로나 뮤즈스코어 같은 프로그램을 익숙하게 다룰 수 있으면 큰 도움이 됩니다. 끝으로 한국의 음악 수업과 다른 점은 수업을 듣는 인원이 현저히 적어서, 일대일의 교습이 비교적 많아 더욱 생생하게 배울 수 있다는 점입니다.

박기언(일본 CIS) 시각 예술

IB 미술에서는 다양한 예술가에 대해 배우지만, 포트폴리오를 만들 때 자기 마음에 드는 스타일을 가진 예술가를 찾아서, 그 예술가의 그림체를 따라 조사하고 연구해 창의적으로 연구하는 능력을 연습할 수 있습니다. '비교연구(comparative study)'는 미술에서도 한국어 문학 분석 시험과 비슷합니다. 작품의 주제에 대해 창의적으로 생각해 보고, 두 작품과 연관도 지어 보면서 주제를 생각해 보고, 작품의 작은 요소들을 분석하여 그 그림체와 기술을 익혀, 자신의 스타일을 찾아가는 것이 장점인 시험입니다. 물론 이 시험은 미술이라는 취지보다 개인의 성장과 관점을 보는 데 더욱 집중된 시험입니다. 포트폴리오는 시험이라기보다는 11학년과 12학년의 전 학기 동안의 과정과 결과를, 단편적으로 보여 주는 것으로 성과를 평가받습니다. 포트폴리오에는 작업을 제작하는 과정과 자신의 관심사와의 연결성을 보여 주는 내용이 포함되어야 합니다. 또한 관심 있는 예술가를 선정해 그의 작품을 연구하고 분석하는 작업도 필요합니다. 마지막으로 전시회는 HL에서 8개 작품을, SL에서 4개의 작품을 만들어 학교에서 전시를 여는 것입니다. 이 작품을 만드는 기간은 11학년에 시작해 12학년 졸업 전에 끝내는 것으로 긴 기간이 주어집니다. 다만 전시회 준비를 하면서 다른 과목의 시험을 준비해야 하는 부담은 있습니다.

윤민성(싱가포르 ISS) 한국어 소논문

제가 선정한 소논문 주제는 '김동리의 단편소설은 어떤 한국적 샤머니즘을 담고 있으며, 작가는 이를 어떻게 문학적으로 드러냈는가?'였습니다. 소논문을 쓸 때 굳이 다른 에세이 과제와 차이가 있다면 써야 할 내용에 따라 목차를 구체적으로 구성한다는 것입니다. 카테고리의 중요도에 따라서 우선순위를 정한 뒤, 목차별 내용에 따라 예상되는 글자 수를 미리 적어 놓은 것입니다. 예상 글자 수는 글을 쓰면서 바꿔 나가면 되니 대충 해 놓아도 됩니다. 그동안 다른 과제들을 할 때는 예상 글자 수를 정해 놓고 하지 않았습니다. 이 방법은 한국어 지도 교사인 이미영 선생님이 알려 준 것이고, 소논문을 작성할 때 사용하니 내용을 쓰고자 하는 분량에 맞게 잘 정리할 수 있어서 큰 도움이 됐습니다. 작품의 흐름이라든지 내용을 완벽하게 이해해야 하기에 책을 읽으면서도 교과서를 보듯이 노트 정리를 했습니다. 이해가 안 되는 부분들을 체크하면서 어떤 문학적 요소 혹은 의미가 내포되어 있는지 등 소설을 분석했습니다. 또한 평소 관심 있던 우리나라의 전통적인 샤머니즘에 관련된 자료를 찾고, 전통적인 샤머니즘이 어떻게 문학적으로 형상화되었는지 찾는 것에도 시간이 오래 걸렸습니다. 이후에도 분량 조절이나 문법적으로 어색한 문장이 없는지 등 사소한 과정도 시간이 필요합니다. 자신이 관심 있는 분야의 주제를 직접 정하고 자료를 조사하고 한편의 긴 에세이로 쓸 수 있게 하는 것은 IB 교육의 큰 장점이라 생각합니다. 저는 이 소논문을 쓰면서 시간 관리하는 방법도 배우고, 자기 스스로 어떤 목표를 정하고 완성하는 성취감이 뭔지도 알게 되었습니다. 대학에서 과제를 하다 보니 이런 소논문 쓰기 같은 IBDP에서의 배움이 큰 도움이 되었습니다.

이다인(싱가포르 CIS) 영어 소논문

저는 영어 소논문에서 'KRS-one이라는 흑인 아티스트가 1990년대 당시의 인종차별에 대한 흑인 미국인들에 대한 생각을 어느 정도 대변했는가?'라는 주제를 썼습니다. 이 과정에서 1990년대 일어난 LA 폭동과 같은 역사적인 이벤트들, 당시 미국 미디어의 이 이벤트에 대한 평가, 인종차별에 대한 흑인 미국인들의 의견들을 조사할 수 있었습니다. 이러한 경험을 통해 비단 국내뿐만 아니라 미국에 대한 이해를 더 넓힐 수 있었습니다. 저는 이런 점이 IB 교육의 장점이라고 생각합니다. 국내로 국한되는 것이 아니라 세계화 시대에 세계에 존재하는 다양한 나라에 대해 관찰하고 자신의 의견을 넣어 소논문을 쓰는 것입니다. 해외 국제학교로 유학을 와서 소논문을 쓴 경험은, 저에게 창의적인 영감을 준 새로운 기회였습니다.

박준수(몰타 Verdala) 경영 소논문

경영으로 소논문을 썼는데, 평소 자동차 산업에 관해 관심이 있었고 관련된 기사를 자주 읽으며 흥미를 느껴 이 분야로 썼습니다. 여느 때와 같이 경제 기사를 읽던 중 애플과 현대기아차그룹이 전략적 파트너십을 통해 공동으로 전기자동차인 '애플카'를 제조하는 것에 대해 협상 중이라는 기사를 보고 흥미를 느꼈습니다. 왜 애플이 다른 전기자동차 제조사가 아닌 현대기아차그룹을 선택했는가에 대한 의문이 생겼고, 만약 협상이 성공한다면 과연 현대기아차그룹 측은 폭스콘처럼 애플사에 OEM으로 전락해 버릴지, 어느 정도의 주도권을 가지고 애플카를 생산할지도 궁금해졌습니다. 하지만 불과 1주일 뒤에 애플이 현대기아차그룹과 협상을 중단했다는 기사를 읽게 되어, 다른 내용으로 소논문을 작성해야 하나 고민을 많이 하였지만, '현대기아차그룹이 전기차 시장에서 경쟁력을 확보하고 번창하기 위해 애플과의 전략적 파트너십 제안을 재고해야 하는가?'라는 리서치 질문을 갖고 소논문 작성을 시작하게 되었습니다. 소논문을 작성하는 과정에서 제가 궁금했던 사항을 IB 경영 수업 때 배운 이론을 적용하는 것에 재미를 느끼며 작성하였습니다. 이런 과정에서 제가 관심 있는 분야를 조사하고 연구해 보는 좋은 경험을 했습니다.

서호양(싱가포르 UWCSEA) 생물 소논문

대학에서 전공하고 싶은 분야가 연구 보고서를 많이 쓰는 학문이라면 생물 소논문을 작성해 보라고 추천하고 싶습니다. 또한 생물은 다른 과학 과목과는 다르게 실험 형식이 비교적 자유로울 수 있습니다. 굳이 실험실에서 하는 실험이 아니더라도 설문조사를 통해 자료를 수집할 수도 있고, 자연과 관련된 토픽을 선정했다면 외부 환경에서도 자료수집을 할 수가 있습니다. 이처럼 생물이 분야가 상당히 넓기 때문에 상대적으로 다른 과학 과목보다 정형화되지 않은 주제를 중심으로 다양한 형태의 실험 방법을 설계할 수 있습니다. 저는 여성의학에 관심이 있어 여성 청소년들의 월경에 관한 주제에 대해 연구하기로 했습니다. 실험실에서 실험을 하기보다는 6개월 동안의 설문조사를 바탕으로 자료를 수집하고 이를 바탕으로 리포트를 작성했습니다. 화학과 물리 과목은 실험실에서 할 수 있는 연구 주제가 대부분이지만, 생물은 비교적 자유로운 실험 방식으로 힘든 소논문 작성을 조금이나마 즐겁게 작성할 수 있습니다. 제가 선택한 월경이라는 주제는 학생들이 흔하게 연구하지 않는 주제이기에 좋은 성적을 못 받을 수 있다는 부담도 있었지만, 진심으로 제가 관심 있던 분야이기 때문에 주제로 선택했습니다. 과정은 힘들었지만 스스로 선택한 주제이기에 즐길 수 있었고, 더 노력했기에 좋은 성적까지 얻을 수 있었다고 생각합니다.

이다인(싱가포르 CIS) 지식론

제가 12학년에 고른 지식론 에세이 질문은 '시각적 표현(그래프, 도표, 이미지)들이 지식의 소통에 항상 효과적인가? 아닌가?'였습니다. 처음에 저는 다행히 이미지가 많으면 많을수록 인간의 소통에 효과적일 것으로 추측했습니다. 저는 여기서 한 그림을 예로 들어 에세이에 질문에 답했습니다. 그림은 제가 직접 컴퓨터로 제작했습니다.

'이렇게 네 커플이 있을 때, 이 중에서 과연 커플이 아닌 이들은 누구일까요?'라고 묻는다면 많은 사람이 3번이라고 대답할 것입니다. 이유는 네 커플 중 저 둘만 스킨십을 하고 있지 않기 때문입니다. 하지만 그들은 사실 플라토닉 러브를 추구하는 실제 커플일 수도 있습니다. 이 이미지를 통해 제가 지식론에서 말하고 싶었던 점은 시각적 표현은 이미지가 어떻게 생겼느냐에 따라서 실제적 사실

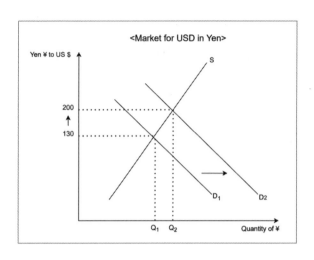

을 은폐한다는 점이 지식의 소통에 효과적이지 않을 수도 있다는 것
이었습니다.

두 번째 제가 사용한 예시는 미국 달러의 값어치를 나타내는 그
래프입니다. 저는 경제 과목을 배우면서 쌓은 지식을 이 지식론에
응용했습니다. 환율은 어느 나라의 시점에서 화폐를 바라보는지에
따라 그 가치가 달라집니다. 미국 달러에 상응하는 일본 엔화의 가치
와 엔화에 상응하는 미국 달러의 가치는 수치상으로 달라지기 때문
입니다. 저는 이런 면에서 시각적 표현이 지식의 소통에 혼동을 줄
수 있다는 점을 에세이에서 설명했습니다. 그래프에서는 오직 달러
를 표현하는 엔화의 가격만 나와 있을 뿐이기 때문입니다. 저는 실제
경제에서 쓰이는 환율 그래프를 직접 제작해서 에세이를 제출했습
니다. 이처럼 IB에서 TOK 과목을 배우는 장점은 자신이 배운 6개의
과목에서 지식을 자유롭게 접목시켜 예시로 사용할 수 있다는 것입
니다.

세 번째 예시로 저는 특정한 그래프나 복잡한 도표들은 오직 전

문가들만 해석할 수 있기 때문에, 때로는 지식의 소통에 효과적이지 않을 수도 있다는 주장을 펼쳤습니다. 시각적 표현이 지식의 소통에 효과적이기 위해서는 남녀노소를 불문하고 그 시각적 표현이 전달하려는 지식을 보자마자 이해되어야 합니다. 그러나 가끔 어떠한 도표들은 수학에 친밀하지 않은 사람들이 해석할 수 없는 공식을 포함하여 이해하기 어렵게 합니다. 이것은 '시각적 표현들이 지식의 소통에 항상 효과적일 수 있느냐?'라는 질문에 반론하는 예시입니다. 이렇게 IB의 지식론은 뻔하지 않은 학생의 창의적인 답안을 통해 생각하는 능력을 기를 수 있게 해 줍니다. 저는 지식론을 2년 동안 배우면서 많은 질문에 대해서 혼자 사색하는 시간을 가질 수 있었습니다.

이한나 (독일 FIS) 지식론

저는 '문화와 지식의 관계는 무엇입니까?'라는 주제를 선택하였습니다. 제 첫 번째 사물인 김밥을 사용해 예를 들어 보겠습니다. "김밥은 한국의 전통 음식입니다. 한국 사람인 저에게 김밥은 저의 문화와 정체성의 상징입니다. 김밥은 한국에서 유래되고 발전했으며, 그 뿌리는 조선시대로 거슬러 올라갑니다. 그러나 일본 초밥의 인지도가 높기 때문에 사람들은 김밥을 '한국 초밥'이라고 부르는 경향이 있습니다. 김밥에 사용되는 여러 재료의 조합은 한국 고유의 맛과 요리 기술을 반영합니다. 저는 어느 하나가 다른 것보다 낫다는 말을 하려고 하는 것이 아닌, 각 문화를 독특하게 만드는 다양한 맛과 요리 방법을 존중해야 한다고 말하고 싶습니다. 앞서 말했듯이, 김밥은 특히 한국 디아스포라에 한국 정체성의 상징이자 자부심을 주는 원천이 되었기에, 그것은 한국인들이 어디에 사는지에 관계없이 문화적 뿌리와 한국인을 연결하는 친숙한 음식입니다. 따라서 다른 문화의 사람들이 제 문화 음식의 이름을 오용할 때, 저는 그들 사이의 차이점을 지적해야 할 윤리적인 의무를 느낍니다." 이처럼 지식론은 IB에서 학생들이 지식의 본질을 반영하고 다양한 지식 영역을 연계하도록 해 주는 특별한 역할을 합니다. 즉, '그걸 어떻게 알 수 있을까?'라는 아주 근본적인 질문을 통해 지식의 본질과 우리가 배우며 알고 있다고 주장하는 것을 어떻게 알 수 있는지에 대해 깊이 고민할 수 있는 기회를 제공해 줍니다. 또한 이러한 지식을 친구들과 함께 공유함으로써 서로의 사고방식에 대해 이해할 수 있고, 더욱 넓은 관점으로 세상을 보게 해 주는 매력적인 과목이라고 생각합니다. 저는 이렇게 에세이를 완성하는 과정에서 창의성이 요구되는 지식론이야말로 한국의 교육방식과 차별화된다고 생각합니다. 제가 한국에서 학교에 다닐 때를 생각해 보면, 한국의 교육 체계는 대부분 암기와 이해에 머물러 있었던 것 같습니다. 하지만 IB는 암기와 이해를 넘어서, 무언가에 대해 창의적으로 생각하며 그 지식을 공유하게 해주는 특별한 교육 시스템인 것 같습니다.

현린아(싱가포르 OWIS) CAS

저는 재활용 분리수거 봉사를 CAS 활동으로 하였습니다. 쓰레기 분리배출은 아주 작은 행동이지만 쓰레기 문제해결뿐만 아니라, 탄소 중립과 환경 생태계 보호에 기여하는 중요한 일입니다. 재활용이 가능한 생활 폐기물의 재활용률을 1%만 높여도 국가적으로 수백

억 원의 절약 효과가 있습니다. 비용을 떠나서 환경을 생각한다면, 반드시 우리가 생활 속에서 실천해야 하는 문제입니다. 하지만 이런 중요한 쓰레기 분리배출을 전 세계 어느 나라나 잘 실천하고 있지는 않습니다. 저는 매년 방학 때 한국에 갔습니다. 갈 때마다 귀찮아했던 것이 음식물 쓰레기 버리기와 분리수거였습니다. 정말 귀찮은 일인데 우리나라 사람들은 불만 없이 해내는 것을 보고 깜짝 놀랐습니다. 저는 1살 때부터 싱가포르에서 살았기 때문에, 한국의 이런 쓰레기 분리배출이 낯설고 익숙하지 않았습니다. 왜냐하면 싱가포르에서는 분리수거를 거의 하지 않기 때문입니다. 설사 한다고 하더라도 한국처럼 철저하게 하지 않습니다. 콘도나 아파트마다 1층에 분리수거할 수 있는 큰 통이 준비되어 있지만, 정작 분리수거하는 주민들이 거의 없습니다. 싱가포르가 쓰레기 분리수거 문제는 한국을 보고 배워야 한다고 생각했습니다. 싱가포르 사람들은 분리수거의 중요성을 인식하지 못하는 안타까운 현실입니다. 정부나 지역 공동체에서 국민들에게 분리수거에 대한 인식개선에 크게 노력하지 않는 것도 매우 안타깝게 생각합니다.

저는 11학년 때 CAS 프로젝트로 싱가포르에서 분리수거하는 봉사활동을 하면서, 그 중요성을 사람들에게 알리는 것을 하기로 했습니다. Keat Hong Community Club(한국의 동사무소 같은 곳)에서 하는 분리수거 봉사활동에 친구와 주말마다 참여했습니다. 지역에 있는 아파트를 집마다 방문하여 재활용의 중요성을 설명하고 방문한 집에 있는 종이상자, 페트병, 빈 병 등의 재활용품을 수거했습니다. 어떤 빈 병에는 오물이 있었는데, 더운 날씨에 지독한 냄새가 나서 너무 힘들었습니다. 그래도 재활용품을 건네주는 주민들은 학생들이 봉사활동 하는 것을 칭찬하시며, 앞으로 분리수거를 신경 써서

하겠다고 약속할 때는 보람을 느끼게 됐습니다. 저와 친구들은 수거한 재활용품을 종류별로 분류하여 재활용이 가능하게 했습니다. 만약 혼자 했더라면 중간에 포기했을지도 모릅니다. 하지만 함께한 친구들이 서로를 응원하며 협력한 활동이기에 매주 빠짐없이 활동할 수 있었습니다. 이 활동을 하면서 많은 수는 아니지만 일부 주민들의 변화된 모습을 보면서, 환경보호의 중요성을 알리는 의미 있는 활동이라 생각하며 보람을 느끼게 되었습니다. IB는 이런 세계적인 문제를 학생들이 CAS 활동을 실천하며 배우게 합니다. 분리수거는 단지 현재의 생활 폐기물을 처리하는 것만이 아닙니다. 우리와 후손의 미래를 위해 지구를 살리는 꼭 필요한 일입니다. 최근 지구 온난화나 각종 오염 때문에 지구에 사람이 살 수 있을까를 걱정하는 게 현실입니다. 분리수거를 귀찮아하면서 실천하지 않고, 미래 환경을 불안해하는 우리의 마음을 쓰레기통에 버려야 한다고 생각합니다. 정말 작은 실천이 지구 생태계를 살리는 첫걸음이 된다는 것을 알아야 합니다. 쓰레기 분리수거라는 환경을 위하는 작은 활동이 수료의 조건이 되는 교육이 바로 IB입니다.

이승찬(싱가포르 XCL) CAS

학교생활 중 가장 재미있었던 경험들은 CAS 활동이었습니다. 디플로마 과정은 공부 외적인 많은 활동을 하게 하는 교육입니다. CAS 활동을 하며 이전에 해 보지 않았던 새로운 경험을 할 수 있는 기회를 가졌습니다. 저는 교실 안에서 공부만 하는 것이 아니라, 다양한 활동을 하며 학교를 벗어나 익숙하지 않은 것에 도전하고 성장하면서 용기를 배웠습니다. CAS는 창의 · 체험 · 봉사의 세 가지를 수행할 수 있습니다. 저는 창의활동으로 응급처치(First Aid), 심폐소생술(CPR)과 같이 인명구조요원(lifeguard)이 사용하는 생명을 살리는 기술을 배우면서, 대학에서 공부하고 싶은 관심 분야도 찾게 되었습니다. 또한 모의 유엔 회의 활동(Model MUN)을 하면서 리더십, 커뮤니케이션, 팀워크 기술들을 배울 수 있는 좋은 경험이었습니다. 더불어 이런 활동이 대학에 진학할 때 자기소개서(personal statement)를 작성하는 데도 큰 도움이 되었습니다. 체험 활동으로는 학교 축구 팀과 수영 팀으로 활동했고, 여러 대회에 참가하는 경험도 했습니다. 저는 고등학교 시절 좋아하는 스포츠 활동을 많이 할 수 있어서 학교생활이 즐거웠습니다. 학교 수업 전 아침 일찍 수영 연습을 하거나, 피트니스를 하거나, 수업 후 축구 훈련을 하며 체력을 키웠습니다. 덕분에 공부에서 오는 스트레스도 운동으로 많이 해소할 수 있었습니다. 창의 활동이나 체험 활동으로 배운 기술을 바탕으로 여러 가지 봉사활동을 했습니다. 예들 들어, 수영으로 기금모금 활동(fundraising)을 하거나, 학교 언어 주간(language week)에 리더로 동아시아 문화를 알리는 역할을 하기도 했습니다. 인명구조요원으로서도 여러 장소에서 봉사했습니다. 이러한 활동으로 다양한 경험을 하고, 많은 친구를 사귀면서 교우관계와 추억을 쌓을 수 있었습니다.

권준용(일본 NUCBIC) CAS

저는 수의대를 지망하는 학생입니다. 수의대를 입학하기 위해서는 동물 관련 봉사활동이 많이 필요합니다. 그렇기 때문에 저는 CAS 활동으로 유기묘 보호센터 봉사활동을 했습니다. 프로젝트를 실행하기 전에 거주 지역인 일본 나고야시의 동물 관련 문제점을 알기 위해 긴 시간을 조사했습니다. 그 결과 나고야시는 유기묘가 많고, 이로 인해 많은 교통사고가 발생한다는 것을 알게 되었습니다. 이에 우리 팀은 나고야시에 있는 유기묘 보호센터에서 봉사활동을 하게 되었습니다. 유기묘 보호센터는 사람을 무서워하지 않는 유기묘들을 지역 사람들에게 같이 놀 기회를 제공하며 5,000원의 기부금을 받는 시스템으로 운영되고 있었습니다. 저는 사람과 친근한 유기묘뿐만 아니라 사람에게 학대당하고 상처 입은 유기묘들도 같이 돌보는 일을 맡았습니다. 기본적으로 물과 사료와 화장실 모래를 바꿔주는 일을 주로 했습니다. 케이지 청소, 수건 빨래, 때로는 어린 유기묘들을 돌보는 일도 맡았습니다. 이러한 봉사활동을 하던 도중 유기묘 보호센터가 자금이 부족하고 필요한 물품이 많다는 것을 알게 되었습니다. 또한 중성화가 길고양이들의 교통사고를 줄여 주는 데 큰 역할을 한다는 것도 알게 되었습니다. 동물 보호소가 필요한 물품을 구매하고, 계속 이어갈 수 있도록 돕고 싶었습니다. 그래서 학교에서 기부금을 모으기 위한 캠페인을 진행했고, 모금한 기부금을 전달하였습니다. CAS 프로젝트는 자신의 미래 전공과 관련된 활동을 하면 좋습니다. 저는 유기묘 보호센터에서 봉사활동을 하면서 수의대를 진학하려는 목표가 더욱 확고해졌고, 사람들이 잘 알지 못하는 동물 유기의 실태를 알게 되었습니다. 이 활동은 자신이 하고 싶은 봉사활동을 하여 학생의 학문적인 탐구뿐만 아니라, 공동체를 위하는 것이 무엇인지 배우는 좋은 기회가 되기 때문입니다. 그리고 학생은 봉사활동을 통해서 자신의 전공 적합성을 찾을 수 있는 중요하고 영향력 있는 IBDP의 핵심적인 활동이라고 생각합니다.

이두연 (싱가포르 CIS) CAS

축구는 개인이 아닌 팀으로 뛰면서 하는 활동입니다. 그래서 동료인 친구들과 더 빨리 친해지고, 경기를 하면서 학교에 대한 자부심이 생깁니다. 이런 학교 스포츠 팀에 참가하는 것은 공부에도 크게 도움이 됩니다. 제가 학교 축구 팀에 들어가면서 가장 의미 있게 배운 것은 친구를 사귀는 방법입니다. 같은 관심사는 새로운 사람과의 관계 형성에 큰 도움을 줍니다. 저는 축구를 하면서 만난 사람들과는 일상에서 사람을 사귀는 것보다 훨씬 쉬웠습니다. 학교에서 사귄 많은 친구도 거의 다 축구를 통해서 사귀게 되었습니다. 이렇게 사귄 친구들은 축구 실력을 늘려 준 것뿐만 아니라, 축구 이외의 학교생활이나 공부할 때 많은 도움을 받았습니다. 그래서 꼭 축구만이 아니라 다른 운동을 통해서라도 친구를 사귀는 경험을 하길 추천합니다. 대부분의 운동은 골이나 점수처럼 하나의 목적을 가지고 겨루는 것이기에 그 과정에서 발생하는 협업, 동료애, 끈기, 근성 등을 배울 수 있습니다. IB 교육에서 CAS 운동은 경쟁 중심의 결과가 아니라, 훈련 과정에서 학생이 느끼는 행복을 더 중요시합니다.

김세종 (몰타 Verdala) CAS

저는 CAS 프로젝트 중 하나로 JA(Junior Achievements)라는 경

영 프로그램을 하고 있습니다. JA는 유소년들이 팀을 꾸려 경쟁하는 대회로, 자신들만의 비즈니스 아이디어를 구성하고 계획해서 실천까지 하는 작은 회사 경영 대회입니다. JA에서 학생들은 1년 동안 단체의 교육 프로그램들을 이수하고, 자신들의 상품을 소비자에게 홍보 및 판매를 할 수 있습니다. JA Local에서 1년 동안 가장 회사 경영을 잘한 유소년 팀은 JA Worldwide로 진출해 세계 각국의 우승 팀과 경쟁할 수도 있습니다. 저는 학교 친구 4명과 함께 JA 경영 프로그램에 참여하였습니다. 우리 팀은 다른 팀과는 다른 획기적인 상품을 계획하는 데 집중했습니다. 우리는 우리가 거주하는 나라에 있는 이벤트들을 올릴 수 있는 플랫폼 앱을 만들었습니다. JA라는 프로그램을 통해 실제로 회사를 경영하면서 알 수 있는 지식이나 겪을 수 있는 경험을 배울 수 있습니다. 실제 회사 경영 프로그램 중에 동료들과 갈등이나 현실적인 한계 등을 마주하며 어려움을 겪기도 했으며, 이러한 어려움을 통해 나중에 회사를 경영하게 된다면 어떠한 장애물이 생길지 미리 느껴볼 수 있었습니다. 어떠한 정해진 틀이나 규칙 없이 학생들 본인의 창의력에 의지하여 회사를 경영하는 체험을 하는 것이 이 프로그램을 이수하는 학생들에게 가장 큰 이점이라고 말하고 싶습니다.

최소윤(브루나이 ISB) CAS

저는 CAS 프로젝트로 모금 활동을 하여 저소득층 환자들에게 생필품을 기부했습니다. 모금 활동을 하기 위해 친구들과 팔 물건을 마련해야 했습니다. 몇 가지 음식과 음료 등을 학교 캠퍼스에서 판매하기로 했습니다. 하지만 예상하지 못한 문제가 발생했는데, 판매할 물품에 제한이 있었고, 물품의 안정성을 위해 학교에서 검증받아야 했습니다. 여러 문제가 발생하자 프로젝트를 진행하는 팀원들끼리도 의견 충돌이 발생해서 많은 어려운 점이 있었습니다. 하지만 저소득층 환자들에게 우리의 활동이 작은 희망을 줄 수 있다는 생각이, 저와 친구들이 어려움을 이기고 모금 활동을 계속할 수 있는 동기가 되었습니다. 저는 이 모금 활동을 하면서 정말 힘들었지만, 기부 물품을 전달하고 나서는 뿌듯함과 성취감을 크게 느꼈습니다. 이 경험으로 개인의 작은 힘이라도 모이면 큰일을 할 수 있다는 것을 직접 경험했습니다. 그리고 함께 일을 하는 동안 갈등이 생길 수 있고, 이러한 갈등은 서로 이해하고 협동하면서 해결이 가능하다는 것도 배웠습니다. 고등학교에 다니는 과정 중에서 아주 뜻깊고, 또 많은 것을 배울 수 있는 가장 기억에 남는 활동입니다.

04

교과 외 활동

인터뷰한 학생의 느낌을 최대한 살리기 위해
맞춤법 교정 외 최대한 원문을 유지했습니다.

황도원(인도 CIS) MUN

MUN(Model United Nations)은 유엔의 활동을 모방해 각 국가의 대사로서 역할을 부여받아 토론하는 활동을 말합니다. 배정받은 참가자는 특정 의제에 관하여 각 국가의 입장을 대표하여 토론하게 됩니다. 특히 국제사회가 당면하고 있는 문제를 해결하기 위한 결의안을 도출하는 게 최종목표인 대회입니다. 보통 이틀에서 길게는 나흘까지 이어지는 대회로, 참여하는 방법은 크게 네 가지가 있습니다.

보통 한국 학생이 MUN을 시작하면 대리자(delegate)부터 시작하게 됩니다. 그 이유는 첫 번째, 국제정치학, 정치외교학과 같은 학과에 진학하여 국제기구에서 일하기를 꿈꾸는 학생이 입시에서 스펙으로 사용하기 위해서입니다. 두 번째, 당장 빈번한 과외활동이 없지만, 친구들과 다른 지역에서 양복을 차려입고 대회에 참가하는 모습이 멋있어 보이기 때문입니다. 저의 경우는 후자에 해당했습니다. 9학년 당시 학교 선배들이 인도 뉴델리에서 근사하게 양복을 입고 대회에 참가하는 모습이 멋있어 보였습니다.

MUN 대회는 주로 2박 3일로 진행되며, 오프라인일 경우 개최되는 지역까지 이동하는 교통비, 숙박비를 고려해야 합니다. 그래서 저는 대리자로 참여하면 재미는 있겠지만, 상을 받지 못하면 대학입시에도 도움이 되지 않는다고 판단하게 됐습니다. 이후 2~3번의 대리자로서의 경험을 쌓고, 학생 임원(student officer) 역할에 지원하기 시작했습니다. 저에게는 코로나19로 인한 원격 수업이 호재가 되었습니다. 학생 임원으로 참여한 MUN 대회들이 전부 온라인으로 개최되어 시간과 비용의 부담이 없어졌습니다. 오히려 코로나19로 인해 대회 공고들이 인터넷에 많이 올라왔고, 신생 MUN 대회도 많이 생겼습니다. 집에서 줌(Zoom)으로 미팅에 참여하고, 위원회(committee)로 진행하며, 많은 경험을 쌓아 단기간에 사무국(secretariat)으로서 두 대회에 참가할 수 있었습니다. 이 경험을 토대로 저는 자소서에 '수백 명이 참여하는 MUN에서 인사관리 사무국으로 대회를 성황리에 마침' '18개국 국제학교들의 MUN 코디네이터 선생님들과 대리자의 국가 배정 방안을 효율적으로 설립함' '600명 이상 학생의 참여도를 분석하여 수상 후보를 선택하는 프로그램 개발'과 같은 구체적인 기술이 가능했습니다. MUN은 투자해야 하는 시간이 절대 적지 않고, IB 고학년이 될수록 과제들로 인해 시간이 부족해지기 때문에 비교적 시간에 여유가 있는 저학년에 시작하는 것을 추천하며, 11학년이 MUN 클럽에 들어가겠다면 자기 전공 분야와 관련되어야 합니다. 본인이 9~10학년인데 명확한 입시 목표가 없고, MUN 클럽에서 사무국을 목표로 시간을 할애할 의지가 있다면, 대학 입시 관점에서 봤을 때 좋은 기회일 수 있습니다.

윤성빈(싱가포르 SAIS) 럭비

럭비는 한국에서 인기 있는 종목이 아니라서, 국제학교에 와서 처음 접하고 큰 매력을 느꼈습니다. 럭비는 경기 규칙을 이해하지 못하면 부상 위험이 많은 스포츠이기에 평소 많은 연습을 해야 합니다. 꾸준히 노력해서 어느 정도의 실력을 갖춰야 즐길 수 있는 스포츠라 할 수 있습니다. 국제학교에서 인기가 좋은 스포츠 중 하나이기 때문에, 매년 대략 30~40명 정도의 학생들이 럭비부의 주전이 되고 싶어 합니다. 지역 친선대회뿐만 아니라 토너먼트 대회나 국제대회도 참가합니다. 국제대회는 많은 학생이 꿈꾸는 행사인데 방콕, 쿠알라룸푸르, 자카르타 등에서 주로 펼쳐집니다. 7일 동안 매우 빡빡한 경기 일정을 소화해야 하므로 학교에서 좋은 음식과 호텔, 비행기 표를 후원해 줍니다. 저는 12년 동안 한국에서 생활하다가 싱가포르 국제학교에 들어왔습니다. 처음 싱가포르에 왔을 때는 문화, 인종, 생활 등이 너무 달라 전혀 다른 세상 같았습니다. 고등학교 시기에 유학 오는 학생보다 일찍 왔지만 쉽게 적응하긴 어려웠습니다. 전혀 다른 나라의 친구나 생활에 적응하는 것에는 서로 몸으로 부딪치는 스포츠가 최고라 생각합니다. 럭비는 같은 팀원과 협력이 매우 중요하고, 상대방을 다치게 할 수 있기 때문에 배려하는 마음이 매우 중요합니다. 럭비를 통해서 협력심과 배려심을 키울 수 있었던 것은 큰 행운이었습니다. 어느날 학교에서 수학 선생님이 저에게 이런 말씀을 하셨습니다. "성빈, 내가 볼 때마다 느끼는 거지만 네가 이 학교에 처음 왔을 때와 비교하면 2년이 지난 지금의 너는 완전히 다른 사람이야! 선생님들한테 대하는 태도들이 눈에 띄게 발전했어! 계속 타인을 배려하는 마음을 잃지 말렴." 저는 수학 선생님의 이 말을 들었을 때, 럭비를 하면서 내가 이렇게 달라지고 성숙했다고 느끼게 됐습니다. 럭비를 통해서 단체 활동에 어떤 것들이 필요한지, 어떻게 협력해야 하는지, 무엇을 해야 팀이 발전할 수 있는지를 배웠고 앞으로 살아가며 큰 힘이 될 것이라고 생각합니다.

손유진(싱가포르 AIS) 기부활동

학교에서는 주기적으로 '물건 기부활동(product drive)'이라는 기부활동을 했습니다. 물건 기부활동이란 학생들이 잘 안 쓰지만 아직 상태가 좋은 자기 물건을 상자에 모아 도움이 필요한 곳에 기부하는 것입니다. 학교에는 다양한 형태의 물건 기부활동이 존재합니다. 대표적으로 우리 학교에서는 책을 모으는 'Book drive', 옷을 모으는 'Clothes drive', 신발을 모으는 'Shoe drive', 음식을 모으는 'Food drive'가 주기적으로 열립니다. 제가 다니는 호주 국제학교에서는 물건 기부활동이 있을 때마다 각 학년이 공부하는 층에 큰 상자를 놓고 물건을 모았습니다. 학생들은 자신이 쓰지 않는 물건을 낭비하지 않을 수 있고, 어려운 사람을 도와줄 수 있다는 점이 좋습니다. 돈을 기부하는 것이 아니기에 상대적으로 학생들에게 부담이 적어 적극적으로 참여하는 편입니다. 이러한 물건 기부활동은 학교뿐만 아니라 본인들이 직접 계획해서 여는 경우도 자주 있습니다. 저 또한 친구와 함께 월경 용품 기부활동을 했었습니다. 많은 학생과 선생님의 관심과 응원으로 많은 양을 모아 후원 단체에 전달할 수 있었습니다. 저는 이 활동을 하면서 작은 행동들이 쌓여 큰일을 이뤄 냈다는 굉장히 뿌듯한 경험을 하게 됐습니다. 또한 학교에서 이런 기부활동을 자주 보면서, 기부는 자연스러운 모습으로 생각하게 됩니다. 기부활동은 자신이 속한 지역사회나 더 큰 공동체 사회가 함께 성장할 수 있는 매우 중요한 일이라 생각합니다.

김수빈(필리핀 CIS) 오케스트라

학교 오케스트라에 참여해 공연한다는 것은 예상했던 것보다 큰 노력과 시간을 투자해야 했습니다. 저는 클라리넷을 막 배우기 시작한 시기에 오케스트라에 참여하게 되었습니다. 지휘자의 지휘에 맞춰 연주를 따라가려면, 막 시작한 저는 혼자 많은 연습을 해야만 했습니다. 다른 학생보다 두 배 가까이 시간을 투자하며 연습했습니다. 오케스트라는 개인이 각각 다른 악기의 연주 실력을 뽐내는 게 아닙니다. 서로 다른 악기들이 연주하며 어우러지는 순간, 각자의 파트를 정확하게 연주하는 것이 가장 중요합니다. 최대한 지휘자 선생님의 지휘에 집중하며 다른 연주자들과 소통하며 연습했습니다. 각자 자신이 맡은 역할에 책임을 다하기 위해 여러 가지 방법도 시도했습니다. 이런 연주 과정을 겪으면서, 사회 안에서도 개인의 능력보다 구성원들의 조화와 협력이 중요하다는 것을 직접 느끼고 배울 수 있었습니다. 오케스트라에서의 경험은 제가 한 커뮤니티의 구성원으로 어떻게 행동해야 하는지 알 수 있는 계기가 되었습니다. 연습에 쏟은 학생들의 땀과 시간, 그리고 적극적인 소통은 우리가 하나의 팀으로서 성장하고, 결과적으로 콘서트를 성공적으로 마무리할 수 있게 만들었습니다. 이렇게 목표를 이루기 위해서도 많은 학생이 노력과 시간을 투자하고 서로 협력해야 한다는 것은 저에게 큰 깨달음을 줬습니다. 그뿐만 아니라 제 역할이 작더라도 자연스럽게 하나의 조직에 녹아들어 맡은 일을 하는 것이 중요하다는 것도 알게 됐습니다. 이런 활동을 통해 나중에 사회에 나가서 어떤 역할과 노력을 해야 하는지 알게 된 뜻깊은 경험이었습니다.

오지연(필리핀 CIS) 뮤지컬 조감독

학교에서 뮤지컬 조감독으로서 활동을 하면서, 뮤지컬 제작을 한 경험은 저를 크게 변하게 했습니다. 조감독을 하면서 뮤지컬의 연기, 춤, 율동, 노래에 대해 피드백하고, 무엇보다 팀을 이끌기 위해 다양한 부가적인 작업을 담당한 것은 경험해 보지 못한 새로운 시야를 경험하게 했습니다. 연기자들과 긴밀한 협력을 통해 팀워크의 중요성을 체험했고, 각자의 크고 작은 역할을 정확히 이해하고 제대로 수행했을 때 뮤지컬의 질적 수준을 높일 수 있었습니다. 이 활동은 저에게 커뮤니케이션과 리더십 스킬을 향상하는 중요한 기회가 되었습니다. 시간 관리는 이 프로젝트에서 특히 중요했습니다. 학업과 뮤지컬 제작을 병행하면서 제한된 시간 내에 고품질의 작업을 완료하기 위해서는 시간 관리는 필수였습니다. 서로 다른 스케줄을 가진 친구들과 협업해야 하기에, 저는 더 나은 조직력과 업무 처리 능력을 길러야 했습니다. 또한 뮤지컬 제작의 외적인 업무들도 뮤지컬의 승패에 중요한 부분이었습니다. 티셔츠 제작, 인원 관리, 배우 및 오케스트라의 약력(BIO) 작성, 진행 대본(MC Script) 작성 등의 작업을 통해 생산성의 중요성도 실감했습니다. 하나의 뮤지컬을 완성하기 위해 내적으로 외적으로 다양한 능력이 필요했고, 최종적으로 나온 뮤지컬의 품질과 성과는 저를 보람차게 만들었습니다. 뮤지컬 제작은 팀워크, 시간 관리, 책임감, 생산성 등 다양한 가치를 깊이 이해하게 했습니다. 뮤지컬이라는 예술작품을 통해 배운 이러한 가치들은 제 학교생활을 풍부하게 만들어 줬습니다. 제 인생의 터닝 포인트가 된 이 경험은 저를 더 나은 리더로 성장하게 했고, 미래에 대한 구체적인 희망과 도전을 안겨 주었습니다.

황예찬(싱가포르 GESS) 미술전시관 인턴십

저는 싱가포르 남쪽에 위치한 BOL 미술전시관에 인턴십을 갔습니다. 처음 2~3일은 미술 전시품의 작가들이 쓴 작품관에 관한 설명을 읽고, 이를 다시 짧게 간추려 주석을 다는 것이 주 업무였습니다. 많은 작가의 작품에 담긴 의미와 숨겨진 이야기를 읽어 보니 전시된 미술품들이 조금씩 다르게 보이기 시작했습니다. 특히 이은빈 작가의 '사쿠라 시리즈'는 가장 인상 깊었습니다. 처음에는 그저 수많은 분홍색 점이 수놓아져 있는 게 뭔가 했습니다. 그런데 알고 보니 봄날에 핀 벚꽃을 담아 내려 했다는 것을 작품 설명을 통해 알 수 있었습니다. 작품의 의미를 알고 다시 보니 처음과는 다르게 향기로운 느낌도 받을 수 있었습니다. 그렇게 차츰 주석을 쓰는 것에 익숙해질 때쯤 화가를 지망하고 있으니, 이번 기회에 관람객들을 상대로 해설하는 연습을 해 보는 건 어떠냐는 제안을 받았습니다. 저는 흔쾌히 수락했고, 갤러리를 찾아오는 손님들에게 작품을 설명하기 시작했습니다. 처음에는 익숙하지 않아서 어색하고 부족했지만, 갤러리와 손님들의 배려와 응원으로 점차 해설을 잘할 수 있게 되었습니다. 해설하는 업무를 통해서 느낀 것은 미술가는 작품을 만드는 일 못지않게, 자기 작품을 해설하는 일이 중요하다는 것이었습니다. 화가는 자기 작품에 담긴 뜻과 의미를 관객들이 이해하기 쉽도록 다가가야 합니다. 그러기 위해서는 자기 그림에 대해서 명확한 단어 사용과 몸짓으로 또박또박 해설해 줄 수 있어야 합니다. 그래야 관객들이 작품을 보다 깊이 이해할 수 있기 때문입니다. 처음 인턴십을 시작할 때는 주석을 다는 것도 깔끔하지 못했고, 설명하는 것도 잘하지 못해 끙끙대곤 했습니다. 하지만 착실히 꾸준하게 일을 하다 보면 어느새 익숙해지고 점차 나아지게 됩니다. 시간이 흘러 인턴십이 익숙해졌을 때는, 주석을 더 정확하게 잡아내서 쓸 수 있었고, 손님들 앞에서 더 유창한 말투와 몸짓으로 해설할 수 있게 되었습니다. 이 인턴십의 성공적인 경험은 대학에서 미술을 공부하고 싶다는 생각에 희망과 자신감을 붙게 했습니다. 또한 저의 진로에 대해서도 구체적이고 진지하게 생각해 볼 기회도 가지게 됐습니다.

박재윤(싱가포르 UWCSEA) **치어리딩**

치어리딩 클럽은 친구의 추천으로 알게 되었습니다. 저는 스턴트나 춤, 그 외의 몸을 움직이는 대부분의 활동을 좋아하지 않았습니다. 하지만 다른 국제학교에서 전학을 오면서 없던 클럽이라 조금 흥미가 생겼습니다. 새로운 학교에 왔으니 새로운 활동도 도전해 보고 싶은 마음이 있었기 때문입니다. 전학 온 학교에서도 비교적 새로 생겨난 클럽이라 멤버가 많지는 않았습니다. 율동 수준의 안무를 할 생각으로 들어갔는데, 생각보다 그렇게 간단한 활동은 아니었습니다. 치어리딩 팀 내에도 스턴트를 하는 팀과 하지 않는 팀으로 나뉘었는데, 저는 이왕 할 거면 스턴트까지 해 보자고 생각했습니다. 치어리딩 연습이 있는 월요일과 금요일에 더해 목요일에는 따로 스턴트 트레이닝까지 받았습니다. 치어리딩 팀과 스턴트 팀 모두 첫 주에는 생각보다 많은 것을 배우지 않았습니다. 스턴트 팀은 체력 단련이 우선이었고, 치어리딩 팀은 새로운 안무를 짜기 바빴기 때문입니다. 상황이 급박해진 건 치어리딩 팀 선생님이 학교 농구 팀을 위한 공연이 잡혔다고 말씀하신 이후였습니다. 사실 그때는 아직 만들어진 안무도 몇 개 없고 대형은 아직 만들지도 않아서 가능할까 싶었습니다. 급해지니까 어떻게든 완성은 됐고, 급하게 만든 것 치곤 꽤 괜찮게 끝났습니다. 스턴트 안무 중 휘청이긴 했지만, 크게 티 나지 않게 넘어갔습니다. 문제는 다음 터치 경기 공연에서 생겼습니다. 공연 중에 제가 안무를 틀렸습니다. 새로운 안무이기도 했지만, 주된 이유는 제가 춤에 적성이 심각할 정도로 없었기 때문이었습니다. 설상가상으로 제가 안무를 실수하는 장면이 카메라에 담겨 학교

게시물로 남겨졌습니다. 친구가 그 게시물을 저에게 보여 줬을 때는 순간 수치심마저 느껴졌습니다.

이후 저는 이러한 민망한 일을 다시 해서는 안 된다는 생각으로 남보다 배로 연습해야 한다고 마음먹었습니다. 저는 이미 춤에 능한 사람이 아니라는 것을 알고 있었고, 그럼에도 연습을 미루다 안무 실수를 했기 때문입니다. 물론 부끄러운 장면이 찍혀 순간 수치스러웠지만, 지나고 나서는 공연의 경험 자체는 즐거웠습니다. 누구나 실수는 할 수 있고 실수를 반복하지 않는 게 중요하다고 생각하게 됐습니다. 전학을 와서 학교에서 소극적으로 조용하게 지냈는데, 이 실수를 경험으로 오히려 새로운 일에 도전할 수 있는 용기를 배우게 됐습니다. 이후 이전 학교에서는 상상도 하지 않았던 공연이나 운동을 시도하면서, 저도 몰랐던 관심사나 잠재력을 발견할 수 있었습니다. 새로운 학교에서 익숙하지 않은 활동을 시작하지 않았다면, 이 활동에서 실수를 하지 않았다면, 오히려 저의 새로운 잠재력을 발견하지 못했을 것입니다. 학교 공부도 중요하지만, 저는 공부 외적인 이러한 활동을 통해 자신의 새로운 모습을 발견하는 것이 더 중요하다고 생각합니다.

이재경(싱가포르 UWCSEA) 야외 캠프

제가 다니는 UWCSEA 국제학교는 현장학습을 많이 나갑니다. 그중 일주일 동안 교실 수업이 아니라, 친구들과 함께하는 야외 캠프는 기대가 매우 컸습니다. 캠프를 시작하는 날 학교에 도착하여 '아이스 브레이킹(Ice Breaking)' 게임으로 시작된 캠프 활동은 즐거웠습니다. 편안한 호텔에서 캠프를 보낸다고 생각했었는데, 캠프 장소로 가는 버스는 갈수록 자꾸만 도심이 아니라 시골로 가는 느낌이었고, 캠프 장소에 도착해 보니 호텔이 아니라 산속 외진 곳이었습니다. 뜻하지 않은 여러 상황이 저를 당황하게 했습니다. 호텔의 편안함을 기대했지만, 어쩔 수 없이 산속의 캠프장에 적응해야만 했습니다. 저는 이런 열악한 산속의 환경 속에서 잠을 잔 적이 없었기에 너무 힘들었습니다. 만약 도시를 떠나 이런 외진 곳에 혼자 왔더라면, 얼마 버티지 못하고 바로 돌아갔을 겁니다. 하지만 같이 온 친구들이 서로 힘이 되었는데, 특히 휴고와 해찬이는 제게 큰 힘이 되어 주었습니다. 편안한 학교에서의 생활이었더라면 친구들과 이런 우정을 쌓을 수는 없었을 겁니다. 캠프 활동 기간 동안 우리는 서로에 대해 더 많이 알게 되면서, 더 깊은 친구로 발전할 수 있었습니다. 집을 떠나와서 생활하니 집에 계신 부모님 생각이 났습니다. 또한 불편한 환경에 있다 보니, 집의 편안함을 새롭게 느꼈고, 가족과 집에 대한 소중함을 다시 한번 깨닫게 됐습니다. 자라면서 어려움을 겪어보지 않았는데 낯설고 열악한 환경에서 일주일을 보낸 경험들은 저에게 큰 의미를 주었습니다. 캠프가 끝나고 돌아오게 되었을 때, 저는 그곳에서의 경험을 소중히 여기고 좀 더 성숙해진 자신을 발견했습니다. 너무나 불편했던 캠프 활동은 제 주변의 가족, 집, 친구들의 소중함을 알게 해 주었고, 편안하게 공부할 수 있다는 현실에 더욱 깊이 감사함을 느낄 수 있는 시간이었습니다.

박연우(싱가포르 UWCSEA) 수학 경시대회

　　오늘은 지난 한 달 가까이 준비한 수학 경시대회가 있는 날입니다. 부모님으로부터 대회 참가를 권유받은 뒤, 크게 망설임 없이 도전했습니다. 수학에 대한 자신감이라기보다는, 이제 얼마 남지 않은 대학 지원을 위해 무엇이라도 해야 한다는 일종의 의무감이 앞섰습니다. 가끔은 좀 더 일찍 이러한 준비를 하지 못했을까 후회하기도 했지만, 대학 지원까지 얼마 남지 않은 시간 동안 최선을 다하는 것이 중요하다고 생각했습니다. 저는 지난 대회에서 출제되었던 문제를 연도별로 검색해 보고 풀어 보면서 공부하기가 쉽지 않겠다는 두려움이 앞섰습니다. 특히 기하학 관련 문제들을 풀어 보면 풀어 볼수록 깊은 늪 구덩이 속으로 빠지는 느낌이었습니다. 물론 어려운 문제를 해결할 때 느끼는 희열은 무엇과 바꾸기 힘들 정도의 성취감을 느끼게 합니다. 어려운 문제들을 반복해서 풀다 보면, 어느새 시간은 새벽을 향하기도 했습니다. 그러면 내일의 피곤함에 두려워 서둘러 잠자리에 들었습니다. 이러한 힘든 반복을 하면서 준비했지만, 어려운 문제들에 막힐 때 도움을 준 학교 선생님들은 사막의 오아시스처럼 저에게 희망과 길잡이가 되어 주곤 했습니다. 경시대회를 준비하며 굳이 만날 필요가 없는 적들을 일부러 찾아내서 섬멸하는 것 같은 기분이 들 만큼 힘든 시간이었습니다. 누구도 강요하지 않았지만, 스스로 도전했으니 그만둘 수도 없었습니다. 부모님을 실망하게 하는 것도 싫었지만, 그동안의 노력이 헛되이 되는 것을 무기력하게 바라보고 싶지도 않았습니다. 이런 힘든 과정을 겪으면서 저는 자신에 대해서 여러 가지 생각을 하게 되었습니다. 누구나 최고를 꿈꾸지만, 모두가 최고가 될 수 없다고도 생각했습니다. 오늘 경시대회를 마치고 나오면서, 할 수 있는 노력을 다했기에 결과에 대한 희비보다는 또 다른 도전에 나를 준비시켜야 할 때라고 생각하게 됐습니다. 저에게는 너무 힘든 수학 경시대회 도전이었지만, 이 도전을 통해서 IB에서 말하는 도전 의식이 무엇인지 배울 수 있는 계기가 되었다고 생각합니다.

김채영(싱가포르 UWCSEA) 인터내셔널 데이

우리 학교에서는 매년 인터내셔널 데이(International Day)가 가장 큰 자체 행사입니다. 일반적으로 이 행사는 국제학교에서 하는 행사 중에 가장 흥미롭고 특별한 경험을 할 수 있는 행사입니다. 이 축제가 있을 때 우리는 각자 나라의 전통의상을 입고 서로의 문화를 공유합니다. 많은 사람이 정신없이 모여 있는 학교 행사장은 전날부터 온갖 나라별 장식품으로 화려하게 장식되어 있습니다. 축제의 분위기에 휩싸인 학교를 보니, 저도 덩달아 신나 산책 나온 강아지처럼 치마폭을 잡고 학교를 돌아다녔습니다. 다양한 전통복장을 입은 사람들 가운데 한복이나 태권도복이 보이면 괜스레 반가워서 눈을 마주치며 웃게 됩니다. 평소에 먹기 힘든 온갖 다른 나라의 음식을 먹을 수도 있기에, 행사장에 있는 사람들은 모두가 신나 보입니다. 이 행사는 단순히 수업을 빼는 것이 아니라, 다양한 문화를 체험하고 각자의 문화를 소개하면서 배우는 특별한 수업의 날이라고 생각합니다.

줄을 서서 차례로 각 나라 음식 부스를 지나가는데 가장 먼저 프랑스 부스가 나왔습니다. 알록달록한 마카롱과 뽀얀 치즈 그리고 토핑이 올려진 바게트까지 역시 미식의 나라답게 화려한 음식들이 진열되어 있었습니다. 또 옆에 처음 보는 다양한 음식이 있었는데 맛은 어떻게 형용할 수는 없지만, 독특하면서도 특별한 음식을 경험할 수 있었습니다. 한국 부스에서는 김치전, 닭강정, 떡볶이와 김밥이 준비되어 있었습니다. 다른 나라 친구들은 한국 음식을 신기한 듯 바라보며, 호기심 어린 눈으로 작게 한 입 베어 먹으며 음식을 맛보았습니다. 처음에는 먹을까 말까 망설이다, 한국 음식을 맛있게 먹는 친구들의 모습을 보는 것은 재미있으면서도 내심 뿌듯했습니다. 오늘 한국 음식들은 저의 엄마를 포함해서 다른 한국 학부모님들이 손수 요리해서 만들어 준 음식이기 때문입니다. 이색적인 음식을 대하는 저와 친구들의 비슷한 경험을 보면서, 서로 다른 문화를 갖고 있어도 우리의 감정은 비슷하겠다고 생각했습니다. 각기 다양한 문화를 체험하면서 음식이나 문화에 담긴 사람들의 생각과 감정을 이해하고 공유하는 좋은 경험을 한 날이었습니다.

차소담(싱가포르 UWCSEA) 블루드래곤 봉사활동

저는 베트남에 있는 봉사단체인 '블루드래곤 싱가포르'에 속해 있습니다. 블루드래곤은 베트남에서 납치당할 위기에 있는 제 또래 아이들을 보호 장소에서 보호하는 봉사단체입니다. 이번에 아이들은 제가 다니고 있는 싱가포르의 국제학교 UWCSEA에 방문하는 기회를 가졌습니다. 우리는 베트남 아이들을 서커스 팀과 협업하여 공연할 수 있도록 준비했습니다. 학교 전체에 공연을 홍보하며 함께 열심히 준비하였습니다. 베트남 아이들은 전통춤과 저글링을 멋지게 공연하였습니다. 공연 마지막 날에는 학교에서 다 같이 슬립오버를 할 수 있는 기회가 주어졌고, 저는 늦게까지 베트남 친구들과 시간을 보낼 수 있었습니다. 우리는 서로 전혀 다른 배경에서 자라서 공통점이 많지 않았습니다. 그렇지만 하루가 조금 넘는 짧은 시간을 보냈음에도 정들고 친구처럼 같이 어울릴 수 있었습니다. 저는 말도 통하지 않는데 국경을 넘어 친구가 될 수 있다는 게 신기했습니다. 이 봉사단체와 봉사활동이 없었더라면 절대 만나지 못했을 인연이었습니다. 어려운 환경에 처한 친구들을 도울 수 있어서 보람을 느꼈고, 저와 같은 또래라 친구를 사귄다는 생각도 즐거웠습니다. 저는 봉사하는 모든 시간이 행복했고, 그 감정은 지금도 이어지고 있습니다. 자란 곳과 사는 곳이 너무나 다른 민족의 친구이지만, 그들을 알게 된 게 너무 좋습니다. 아직 학생이라 그 친구들을 도울 수 있는 일들이 작지만, 봉사활동을 하면서 좋은 추억을 만들어 줄 수 있어서 뿌듯했습니다.

장호준(싱가포르 UWCSEA) 발리 서핑 캠프

저는 UWCSEA East 국제학교를 다니면서 'Outdoor Education(현장 체험학습)'은 인생에서 잊을 수 없는 추억으로 남아 있습니다. 싱가포르에 있는 UWCSEA 국제학교는 2개의 캠퍼스가 있으며, East와 Dover로 나뉘어 있습니다. 재미있는 점은 두 캠퍼스가 함께 수학여행을 간다는 겁니다. 한국이라면 다른 두 학교가 함께 수학여행을 가는 것과 같습니다. 그래서 저는 한 번도 만난 적 없는 다른 캠퍼스의 친구들과 시간을 보낼 수 있었고, 새로운 교우관계를 형성할 수 있었습니다. 발리에 도착해서 숙소에 짐을 푼 첫날은 오후 5시부터 약 2시간 동안 서핑을 했습니다. 서핑을 처음 해 보는 것이었지만, 몇 번 파도를 타는 데 성공했습니다. 몇 번을 실패했지만 그래도 재미있었고, 계속 도전하면 성공할 수 있다는 자신감도 생겼습니다. 그렇게 몸이 거의 지칠 때쯤 해가 지며 노을을 볼 수 있었습니다. 평범한 가족여행이었다면 바로 스마트폰을 꺼내 사진을 찍었겠지만, 저는 서핑보드를 든 채 바다에서 노을만 계속 바라보았습니다. 뭔가를 하지 않아도 되는 색다른 경험이었습니다. 이번 학교 여행은 어떤 전자기기도 가지고 갈 수 없어서, 아예 스마트폰을 쓸 수도 없었습니다. 처음에는 스마트폰이 없다는 사실에 정말 답답하고 싫었습니다. 솔직히 말하면 여행을 떠나기 전에 전자기기를 사용할 수 없다는 점이 걱정되고 싫었습니다. 스마트폰 없이 숙소로 가는 3시간 동안 버스를 타는 것은 정말 지루했습니다. 이런저런 생각도 하고 멍도 때리다 보니 어느 순간 마음이 진정되기 시작했습니다. 매일 스마트폰을 사용하다가 일주일 동안 없이 생활한 것은 정말 유익하고 색다른 경험이었습니다. 자연 속에서 새로운 친구들을 만나고, 전자기기 없이도 충분히 즐겁고 의미 있는 시간을 보낼 수 있다는 깨달음을 주기 때문입니다. 스마트폰만 없을 뿐인데 저는 자연의 소중함과 아름다움을 크게 느끼게 됐습니다. 무엇보다 바로 옆에 있는 친구들과의 관계가 더욱 깊어졌습니다. 전자기기가 사람들과의 소통을 방해하는 것은 아닐까 하는 생각도 들었습니다. 이 여행을 통해서 저는 자연과 사람의 소중함을 깨달은 것이 무엇보다 소중한 경험이었습니다.

박준혁(싱가포르 UWCSEA) 정글 탐험 현장학습

　저는 UWCSEA 국제학교에 다니면서 외우는 공부보다 경험하는 공부를 더 중요하게 생각하는 정신을 배웠습니다. 이 정신은 우리 학교만의 독창적인 프로그램인 'Outdoor Education(현장 체험학습)'에서 잘 알 수 있습니다. 저는 이 프로그램을 통해서 미래의 교육이란 자연으로 돌아가는 것으로 생각했습니다. 먼저 우리는 5일 동안 도시를 떠나 티오만섬에서 자연인으로서 자연과 함께 지냈습니다. 저는 10시간 동안 정글을 탐험하고 식물들과 교감하는 활동을 했습니다. 외딴섬에서 텐트를 깔고 새소리를 들으며 동물들과 밤을 보냈습니다. 조그마한 카약을 타고 바다를 이동하고, 잠수해서 산호와 물고기들을 보면서 추억을 만들었습니다. 물론 에어컨이 나오는 편리한 집이 그립기도 했습니다. 외딴곳에 홀로 떨어져 있다는 것도 처음에는 쓸쓸했습니다. 더욱이 5일 동안 주변 친구 외에는 서로 의지하고 협력할 사람이 없었습니다. 저는 스마트폰 없이 사는 법을 배웠고, 친구들과 서로 더 깊이 의지하고 협력하는 법을 배웠습니다. 덕분에 주어진 어떤 상황에서도 열심히 최선을 다해야 하는 것도 배웠습니다. 그리고 티오만섬에서 체험 활동을 한 후로 자연에 대해 깊은 관심을 가지게 되었습니다. 그 경험은 내가 자연의 일부라는 것을 느끼게 했고, 좀 더 자연에 관해 알고 싶어지게 했습니다.

　이 경험은 교실에서 공부한 것보다 몇억 배는 더 값진 경험이었습니다. 그저 재미만 있는 여행이 아니라, 실제 현장에서 배우는 수업이었습니다. 누구도 저에게 지식을 강요하거나 주입하면서 가르친 것은 아니었습니다. 누가 가르쳐 주지도 않았지만, 마법처럼 저는 다른 수업보다 훨씬 많은 것을 배울 수 있었습니다. 그리고 섬에 서는 협동심이 정말 중요합니다. 현대 사회에서는 이제 혼자 할 수 있는 것보다, 사람들이 같은 목표를 향해 노력해야만 이룰 수 있는 게 많습니다. IB 교육은 이런 협동을 무엇보다 중요시하고 있습니다. 역설적이지만, 저는 이런 과거와 자연으로 돌아가는 교육이 오히려 현대의 학습이 지향해야 할 미래라고 생각하게 됐습니다.

함수민(싱가포르 UWCSEA) UWC 컬트라마

제가 경험한 학교 활동 중에서 컬트라마(Culturama) 행사는 여러 의미로 도움이 된 활동이었습니다. 이 활동을 통해서 새로운 나를 발견하게 되는 계기가 되었습니다. 18년이라는 시간을 살면서 음악을 좋아하기는 했으나, 그 이상의 관심을 가지거나 관련된 일에 대해서는 생각하지 못했습니다. 여러 팀 중에서 한국 팀에 신청해서 행사를 준비하기 시작했습니다. 준비하는 기간에 새로운 친구들을 만나고 사귀게 되었습니다. 평소에는 같은 학년이나 같은 수업을 듣지 않으면 사귀기 어려운데, 이 행사를 준비하며 후배나 선배를 두루두루 사귀게 됩니다. 또 서로 열심히 협력해야 하기에 행사를 준비하면서 우정도 두터워집니다. 친구를 사귀는 좋은 기회일 뿐만 아니라, 행사를 준비하는 동안 대학이나 어른이 되었을 때 필요한 협동심과 리더십을 배우게 됩니다. 혼자서는 작품을 만들 수 없기 때문에, 반드시 여러 명이 힘을 합쳐야 완벽한 작품을 만들 수 있습니다. 또한 서로 다른 학생들을 하나로 만들어야 하는 팀리더는 여러 국적의 학생들을 총괄하는 리더십을 기르게 됩니다. 우리가 맡은 것은 춤을 추는 것이었습니다. 평소 춤추는 것에 관심이 없었지만, 협동하는 행사이기에 책임감을 느끼고 음악이나 춤에 더 관심을 가지게 되었습니다. 이런 마음으로 행사를 준비하면서 저는 '우정'이라는 말의 의미를 알게 되었습니다. 처음에는 행사를 준비하는 것이 저의 공부 시간을 뺏는다고 생각했습니다. 하지만 이는 정말 잘못된 생각이었습니다. 오직 행사하는 그 시간과 환경에서만 알 수 있는 값진 경험을 배웠기 때문입니다. 늦게 깨달았지만 교실 안에서 공부가 전부라 생각하지 말고, 교실 밖 여러 활동에 도전하라고 말하고 싶습니다. 왜냐하면 이 활동을 통해 자기도 몰랐던 적성이나 관심사를 발견할 수 있기 때문입니다. 또 함께하는 활동을 통해 경쟁보다는 협력의 중요성을 배우고 공동체를 생각하는 자세를 배울 수 있기 때문입니다.

박건(싱가포르 UWCSEA) 매거진 클럽

우리 매거진 클럽(Magazine Club)은 분기마다 매거진 발행을 목표로 하고 있습니다. 저는 매거진에서 '오피니언 칼럼'의 메인 에디팅을 담당하고 있고, 글은 매거진당 두 편을 작성하고 있습니다. 이번 발행본에서는 테일러 스위프트(Taylor Swift)의 5번째 투어(Reputation Stadium tour)와 러시아의 열악한 여성 인권에 대한 글을 작성했습니다. 에디팅과 관련해서는 부원들이 쓴 글을 수집하여 실수를 체크해 주고, 매거진 형식으로 바꿔 주는 일을 하고 있습니다. 고등학교 매거진 클럽에 참여한 경험은 저에게 매우 의미 있는 시간이었습니다. 이 클럽을 통해 평소 생각하지 않았던 창의적인 아이디어를 공유하고, 팀원들과 협업하면서 다양한 기사와 콘텐츠를 제작했습니다. 또한 클럽 구성원들과 회의하거나 편집 작업을 하면서 공부를 해야 했기에 시간 관리하는 방법을 배웠습니다. 무엇보다 매거진 클럽 활동을 하면서 특정 주제를 조사하고 다루는 과정에서 저의 새로운 관점을 찾을 수 있었습니다. 미디어와 저널리즘의 기초를 배우며 새로운 지식과 기술을 습득했고, 이를 통해 제 생각이 성장하는 것을 느꼈습니다. 그뿐만 아니라, 매거진 클럽은 친구들과 소통과 협력의 장을 제공했습니다. 함께 일하면서 서로의 강점을 알아갔고, 서로의 약점을 해결하기 위해 창의적인 아이디어를 공유하면서 서로에게 영감을 주며 새로운 능력을 발휘할 수 있었습니다. 이 경험을 통해 저는 자신감을 더욱 키우게 됐고, 목표를 설정하고 달성하기 위해 노력의 중요성을 깨달았습니다. 무엇보다 같이 공부하는 친구가 경쟁상대가 아니라, 서로의 약점을 보완해 주는 협력자라는 것을 깨달았습니다.

김나단(싱가포르 SAIS) 한국문화 클럽

저는 한국문화 클럽(Korean Culture Club) 모임의 구성원으로 활동 중입니다. KCC는 한국인이지만 한국문화가 낯설거나, 한국인은 아니지만 한국문화에 관심이 있는 학생들을 위해 문화를 소개하는 클럽입니다. 한국문화와 관련된 영상을 만들어 한국을 더욱 친숙하게 느낄 수 있도록 돕습니다. 우리 KCC는 여러 방법으로 한국의 문화를 알릴 뿐만 아니라, 여러 가지 봉사활동에도 자발적으로 참여하여 한국인과 한국문화에 대한 인식을 좋게 만들기 위해 애쓰고 있습니다. 실제 KCC에서 MVS 싱가포르의 특수학교 학생들을 위한 활동을 하기도 했습니다. 그 학교 학생들을 위해서 한국어 교육을 하기도 하고, 한국 간식을 제공하기도 했습니다. 또 K-POP과 전통 놀이를 알려 주며, 학생들에게 특별한 추억을 만들어 주기도 했습니다. IB 학교의 활동은 학생들 각자가 주체가 되어 프로젝트에 대한 계획을 제시하고, 함께 조를 짜서 참여합니다. 특정 리더나 조장이 중심이 되고, 구성원들이 수동적으로 따르는 활동과 전혀 다릅니다. 학생들이 스스로 주체가 되어 활동에 참여하는 과정에서 학생들은 자신의 결정에 대한 책임을 지는 책임감과 자기주도적인 자세를 배우게 됩니다.

> 교육은 기계를 만드는 것이 아니라, 사람을 만드는 데 있다.
>
> – 장 자크 루소

01

IB 교육 살펴보기

자녀를 IB 학교에 보내는 학부모들은 보통 학교 코디네이터, 설명회, 인터넷을 통해 IB를 접합니다. 하지만 오랜 기간 국제학교에서 한국인 학부모들을 상담해 온 경험으로 말하자면, 학부모 대부분이 IB를 제대로 이해하고 있지 못한 경우가 많았습니다. 또 공통으로 자주 하는 질문들이 있습니다. 그래서 이 책은 IB의 방대한 이론을 전부 다루기보다, 상담 경험을 바탕으로 IB의 핵심적인 개념 이해와 전체의 윤곽을 알 수 있는 정도로만 이론을 설명했습니다. 교육학 전공이 아닌 일반 독자도 이해할 수 있도록 IB 이론을 최대한 간결하고 쉬운 표현으로 풀어썼습니다.

1. IB 교육의 배경

IB(International Baccalaureate)는 1968년 스위스 제네바에서 설립된 비영리 교육재단 IBO(International Baccalaureate Organization)가 DP(Diploma Programme)를 개발하면서 시작되었다. 스위스는 1815년 나폴레옹 전쟁 이후 주변 국가로부터 국제적인 영세중립국을 인정받은 국가이다. 이후 200년 넘게 중립국이라는 지위와 스위스 정부의 노력으로 수많은 국제기구를 유치했다. 특히 제네바는 UNOG, WHO, WTO 등 수백 개의 국제기구가 집약되어 있는 곳이다. 그래서 제네바 국제학교와 교육자들은 국제적인 이동이 잦은 외교관이나 주재원의 자녀들을 위한 국제표준평가 프로그램이 필요했다. 초창기 IB는 세계 우수 대학에 소개되어 현실적인 대학 입학 통로로 활용되었다. 그러다가 1995년 WTO의 창설과 함께 세계화가 가속화되면서 국제화된 IB 교육이 주목받기 시작한다. 이에 IB 교육은 1968년에 시작한 DP(Diploma Programme, 고등과정 프로그램)를 중심으로, 1994년에 MYP(Middle Years Programme, 중등과정 프로그램), 1997년에 PYP(Primary Years Programme, 초등과정 프로그램), 2012년에 CP(Career-related Programme, 직업연계과정 프로그램)까지 구성하여, 모든 연령의 학생을 위한 국제적인 교육프로그램으로 성장하게 된다. 이 중에서 IBDP는 대학입시와 연결되는 프로그램이라, 가장 많은 학교에서 도입하여 운영하고 있다. 어느 국가에서 디플로마 과정을 공부하더라도 성적은 동일하게 평가받는다. 60년 가까이 IB를 수료한 학생들이 대학에서 보여 준 학업성취는, 세계 우수 대학이 우선해서 신입생을 뽑을 정도로 IB에 대한 신뢰가 높다.

2024년 기준 160개 나라에서 5,900개 이상의 학교가 8,000개 이상의 IB 프로그램을 운영하고 있다.

2. IB 교육의 목표

IB의 목표는 서로 다른 문화를 존중하며, 더 나은 평화로운 세상을 실현하는 데 기여할 수 있는, 지식이 풍부하고 탐구심과 배려심이 많은 청소년을 기르는 것이다. 이를 위해 학교, 정부 및 국제기구와 협력하여 국제적 수준의 교육과 엄격한 평가 시스템을 갖춘 도전적인 교육 프로그램을 개발한다. IB 프로그램은 전 세계 학생들이 적극적이고 공감할 줄 알며, 서로 다름을 이해하고 존중하는 평생학습자가 될 것을 장려한다.

3. IB 교육의 학습자상

IB는 청소년이 수업을 통해 양성되는 자질을 열 가지 '학습자상(IB Learner Profile)'으로 제시한다. IB가 추구하는 핵심 가치이자 목표로 학생들이 지적 · 감정적 · 개인적 · 사회적으로 조화롭게 발전할 수 있도록 돕는 IB 교육철학을 잘 반영하고 있다. 그래서 IB의 모든 평가는 학생이 얼마나 제대로 학습자상을 추구하고 있는지 점검하는 것이다.

① 탐구하는 사람(inquiries): 학생이 자연스럽게 호기심을 가지고 탐

구하면, 스스로 학습하면서 지식을 얻는 즐거움을 느낀다. 예를 들면, 준호는 평소 '환경 문제'에 관심이 있기에, 스스로 관련된 주제를 찾아 다양한 자료를 조사하고 연구한다. 이러한 탐구를 통해 환경보호를 위한 새로운 방법을 찾아냈을 때 학습하는 즐거움을 느끼게 된다.

② 지식이 풍부한 사람(knowledgeable): 학생이 다양한 주제에 관한 넓고 깊은 지식을 쌓아서, 복잡한 세계 문제를 이해하고 해결하는 데 사용한다. 예를 들면, 지민이는 역사 수업에서 과거 사건을 단순한 이해에서 끝내지 않고, 과거 사건을 바르게 인식하고 다양한 관점으로 재해석하는 것을 배웠다. 이렇게 배운 지식을 통해 현재의 사회 문제를 분석하여 같은 실수를 반복하지 않는 지혜를 얻게 된다.

③ 사고하는 사람(thinkers): 학생은 창의적이고 비판적인 사고를 통해, 복잡한 문제를 분석해서 합리적이고 윤리적인 판단을 한다. 예를 들면, 린아는 생물 수업에서 유전자 편집에 관련된 단원을 공부했다. 이 과정에서 난치병 치료 같은 이로움과 발생하는 윤리적 문제를 어떻게 판단해야 할지 질문받는다. 린아는 이제 단순히 하나의 정답만을 찾는 것이 아니라, 문제를 다양한 관점에서 접근하여 세상에 도움이 되는 해결책을 찾아야 한다.

④ 소통하는 사람(communicators): 학생은 자기 생각을 두 가지 이상의 언어와 다양한 방법으로 표현하며, 다양한 집단의 의견을 경청하여 효과적으로 협력한다. 예를 들면, 국제 교류 프로그램에 참여한 민서는 영어와 한국어로 자신의 문화를 소개하고, 다른 나라 학생의 문화를 배우며 소통한다. 이 과정에서 언어 장벽을 허물어 의사소통을 명확하게 하고, 친밀감을 형성해서

협력하는 관계로 나아간다.

⑤ 원칙을 지키는 사람(principled): 학생은 공정성과 정의감을 바탕으로 인간의 존엄성과 권리를 존중한다. 또한 자기 행동과 결과에 윤리적 책임감을 가지고 행동한다. 예를 들면, 승찬이는 다음 대회 출전권이 걸린 축구 시합의 선수이다. 상대방 선수 중 한 명이 다쳐서 몸으로 부딪쳐 뚫고 나가면 이길 수도 있는 상황이다. 승찬이는 팀의 우승과 상대 선수의 부상 중에서 윤리적 판단을 해야 하며, 선택한 자기 행동에 책임을 져야 한다.

⑥ 열린 마음을 지닌 사람(open-minded): 학생은 자신의 문화와 역사를 올바르게 이해하면서, 타인의 가치관과 전통을 다양한 관점에서 평가하며 존중하는 자세를 가진다. 예를 들면, 수민이는 엄마가 정성스럽게 싸 준 도시락을 먹지 않았다. 수민이가 좋아하는 소고기 반찬이 있었지만, 소고기를 먹지 않는 옆자리 인도인 친구가 불편해할 수도 있기 때문이다. 수민이는 인도인 친구의 다름을 존중하고, 친구와 더 나은 관계를 추구했다.

⑦ 배려하는 사람(caring): 학생은 타인의 의견에 공감하고 존중하여 배려하며, 약자를 가엽게 여기고 봉사해서 사회에 긍정적인 변화를 도모한다. 예를 들면, 한나는 반 친구들과 장애인 시설 세탁 봉사활동에 참여했다. 도움이 필요한 사람들을 지원하기 위해서는, 그들의 상황과 감정을 이해할 필요가 있었다. 이 과정에서 타인에게 좀 더 깊게 다가가고, 함께 살아가는 공동체에서 자신의 역할을 생각하게 된다.

⑧ 도전하는 사람(risk-takers): 학생은 불확실한 상황에서 심사숙고하면서도 결단력을 가지고 행동한다. 새로운 도전에도 용기를 가지고 혁신적인 전략을 모색해서 굴복하지 않고 성취를 이루

려 한다. 예를 들면, 석준이는 친구들과 달리기를 완주하여 기
부하는 행사에 참여했다. 평소 달리기를 하지 않아 걱정이 앞
섰지만, 행사가 있는 날까지 시간을 분배해서 전략적으로 체력
을 키웠다. 실패를 두려워하지 않고, 새로운 시도를 할 때 자신
의 한계를 넓히게 된다.

⑨ 균형 잡힌 사람(balanced): 학생은 자신과 타인의 행복을 위해 지
적·정신적·신체적 균형을 유지해야 한다. 셋은 상호 의존적
이라서, 하나라도 결여되면 온전한 행복을 추구하기 어렵다. 예
를 들면, 준혁이는 공부만 하지 않고, 축구 동아리 활동과 음악
감상도 했다. 공부하는 시간이 줄어든 것처럼 보이지만, 축구로
기초체력이 쌓이고 음악을 들으면서 스트레스도 해소할 수 있
었다. 건강해진 몸과 마음으로 공부할 때 집중력이 좋아졌다.

⑩ 성찰하는 사람(reflective): 학생은 세상과 자기 생각을 깊이 성찰
하여 자신의 장점과 약점을 파악한다. 이를 바탕으로 자신과
세상의 성장에 도움이 되기 위해 노력한다. 예를 들면, 준현이
는 국립공원으로 현장 체험학습을 나갔다. 자연이 주는 맑은
공기와 편안함을 느끼면서, 도시가 주는 편리함과 안전을 생각
했다. 두 가지가 조화를 이루면 더 나은 삶을 살 수 있다고 생
각한다. 준현이는 자신이 배운 것과 배워야 할 것을 성찰하며,
미래에 무엇을 해야 할지 생각하게 된다.

4. IB 교육의 콘셉트 기반 학습

IB 교육의 커리큘럼은 콘셉트(concept)를 기반으로 학습활동을

진행한다. 콘셉트는 "디자인 콘셉트가 뭔가요?"처럼 우리가 일상에서 자주 사용하는 단어이다. 그런데 정작 "그래서 콘셉트가 무슨 뜻인데?"라고 물으면 말문이 턱 하니 막혀 버린다. 대충 뭔지는 알 것 같은데, 막상 설명하려면 뭔지 모르게 되는 단어이다. 콘셉트를 사전에서는 '개념'이라고 설명한다. 개념(槪念)은 여러 관념 속에서 공통된 요소를 뽑아 내어, 종합해서 얻은 하나의 보편적인 관념을 의미한다. 관념(觀念, idea)은 사람의 마음속에 떠오르는 모든 생각을 의미한다. 그런데 이 콘셉트를 개념으로 표현하면 이해하기 어려운 말이 된다. 예들 들어, "너 오늘 '컨셉'이 뭐야?"를 "너 오늘 '개념'이 뭐야?"라고 바꾸면 말이 부족하거나 이상해진다. 그래서 IB의 콘셉트는 사람들에게 공유된 어떤 생각에 대해서, 맥락과 관점을 잡아 주는 역할로 이해하면 편하다. 예를 들어, '문화(culture)'라는 콘셉트를 활용하여 미국 자동차의 특징인 '튼튼함'을 설명할 수 있다. 미국의 지리적 특성은 광활한 대륙으로 이루어져 있어 장거리 이동이 필수이며, 이를 위해 내구성이 강한 자동차가 필요했다. 이러한 요구는 단순히 기술적 특성으로 그치지 않고, 미국인의 삶과 문화에 깊숙이 자리잡았다. 또한 역사적 맥락에서도 미국은 유럽 이주민의 정착과 함께 건국되었으며, 서부 개척 시대라는 중요한 시기를 거쳤다. 황무지를 개척하고 위험과 고난을 극복하는 과정은 미국인에게 강한 개척 정신과 실용주의라는 문화적 정체성을 심어 주었다. 이러한 미국 사회 전반에 형성된 문화적 정체성은, 자동차 산업에서도 내구성이라는 물리적 특징으로 구현된다. 결국, 미국 자동차의 '튼튼함'은 미국의 지리적 조건, 역사적 경험, 그리고 사회 전반에 형성된 문화적 가치를 담고 있다. 이러한 콘셉트를 활용하면 학생들은 특정 사례를 넘어 지리적 · 역사적 · 산업적 맥락으로 다양한 관점에서 사고하고 새로운 탐구를 할 수 있게 된다. 이처럼 IB 교육에서 콘셉트는 학문 간 경계를 넘어 보편적으로 적용될 수 있는 큰 아이디어로, 학생들이 특정 주제를 다양한 맥락에서 탐구하도록 돕는 사고의 틀이다.

PYP와 MYP에서는 소위 말하는 정해진 교과서라는 게 없고, 각 나라의 교육과정을 활용하여 수업 설계를 할 수 있도록 프레임워크와 가이드를 IBO에서 제공한다. 교사들은 콘셉트 수업을 기반으로, 학생들이 학습자상을 제대로 익히도록 지도하면 된다. PYP에서는 여덟 가지의 콘셉트를, MYP에서는 열여섯 가지의 콘셉트를, DP에서는 과목별로 정해진 콘셉트를 기반으로 가르친다.

프로그램	핵심 콘셉트
PYP	형태(form), 기능(function), 원인(causation), 변화(change), 연결(connection), 관점(perspective), 책임(responsibility), 성찰(reflection)
MYP	심미(aesthetics), 변화(change), 의사소통(communication), 공동체(communities), 연결(connections), 창의성(creativity), 문화(culture), 발달(development), 형태(form), 글로벌 상호 작용(global interactions), 정체성(identity), 논리(logic), 관점(perspective), 관계(relationships), 시간 · 장소 · 공간(time, place and space), 체제(systems)
DP	과목별로 정해진 콘셉트

1) '변화' 콘셉트를 활용한 학습 예시

IB는 과목별로 콘셉트를 기반으로 수업한다. 교사는 각 단원을 설계할 때 '단원 계획(unit plan)'을 만드는데, 이때 핵심 콘셉트(key concept)와 연관 콘셉트(related concept)를 활용하여 수업을 계획한다. 예들 들어, '변화(change)'라는 콘셉트를 활용하여 학습한다면,

특정 수업 시간에 배운 콘셉트를 다른 과목과 연계해서 학습할 수 있다. 변화는 사물의 성질, 특징, 가치 등이 한 상태에서 다른 상태로 이동하는 과정을 의미한다. 우리 세상은 끊임없이 변화하는 역동적인 모습을 하고 있다. 그래서 변화라는 콘셉트를 통해 다양한 관점에서 원인·과정·결과를 탐구하여 세상을 이해하는 학습을 할 수 있다. 예를 들면, 린아는 화학 수업에서 물질의 상태가 열에 의해 어떻게 고체, 액체, 기체로 변화하는지 실험하면서 탐구한다. 이를 통해 변화가 자연 세계에서 어떻게 나타나는지를 이해하게 된다. 이러한 학습 이후에 교사는 "물질의 변화는 우리가 일상에서 경험하는 다른 변화들과 어떻게 유사하거나 다른가?"라는 질문을 할 수 있다. 언어 수업에서는 문학 작품 속 등장인물이 겪는 내적·외적 변화를 분석하고, 이 변화가 이야기 전개와 주제에 어떻게 기여하는지 논의할 수 있다. 이러한 논의 후에 교사는 "문학 속 등장인물의 변화는 우리의 실제 삶의 변화와 어떻게 연관될 수 있는가?"라는 질문을 할 수 있다. 또한 "여러 학문에서 음악의 가치는 어떻게 변화하는가?"라는 초학문적 질문에, 여러 수업에서 다양한 아이디어를 말할 수 있다. 생물 수업에서는 동물의 청각기관에 음악이 미치는 영향을 탐구할 수 있다. 경제 수업에서는 레게 음악을 틀었을 때 여름에 매출이 오르는 이유를 탐구할 수 있다. 역사 수업에서는 아돌프 히틀러(Adolf Hitler)가 음악을 이용해 어떻게 자국민의 애국심을 고취하였는지 탐구할 수 있다. 수학 수업에서는 '피보나치수열'과 피아노 건반 사이의 연관성을 탐구할 수 있다. 이렇게 IB 수업은 학문 간 경계를 두지 않고, 콘셉트 기반 학습을 통해 하나로 융합되어 있다. 오랫동안 이러한 수업 방식을 경험한 교사와 학생은, 학문적 경계를 두지 않고 다양한 아이디어를 말하는 태도를 가지게 되었다.

2) IBDP 한국어 A 문학 콘셉트 예시

IBDP 한국어 문학 수업은 아래의 일곱 가지 콘셉트를 활용한다. 앞서 콘셉트는 사람들에게 공유된 생각에 대해서 맥락과 관점을 잡아 주는 역할이라고 설명했다. 한국어 문학 수업에서는 콘셉트를 통해 우리가 한국어를 어떻게 사용하고, 한국어가 우리에게 어떤 의미를 가지는지 배운다. 콘셉트를 통해 단순히 지식을 배우는 것이 아니라, 왜 배우는지 그리고 어떻게 지식이 현실 세계에 적용되는지 이해하도록 돕는다.

① 의사소통(communication)은 사실, 생각, 감정 등을 언어나 비언어적 수단으로 교환하거나 전달하는 것을 말한다. 효과적인 의사소통을 위해서는 공통적인 언어를 사용하는 것이 필요하다. 작가는 텍스트를 통해 독자에게 어떻게 '말'을 전달할까? 작가는 왜 이 '말'을 전달하고 싶어 할까?

② 창의성(creativity)은 새로운 아이디어를 창출하거나 기존의 아이디어를 새로운 관점에서 조합해서 만들어 내는 능력을 말한다. 결과뿐만 아니라 과정에서도 나타날 수 있다. 작가는 독자가 읽을 텍스트를 쓴다. 백만 개의 단어에서 하나의 단어를 선택하는 것은 작가의 창의적인 선택이다. 작가는 왜 이렇게 글을 썼을까? 작가의 창의성은 어디에서 왔을까?

③ 관점(perspective)은 상황, 사물, 사실, 아이디어 등에 대한 개인적 생각이나 태도를 말한다. 관점은 개인, 집단, 문화, 학문 등에 다양하게 연관될 수 있다. 작가는 독자들에게 삶에 대한 새로운 관점을 제시할까? 독자와 관점이 다른 작가의 이야기를

어떻게 이해해야 할까?

④ 재현(representation)은 사물이나 현상 따위를 언어나 그림 등의 수단으로 나타내는 것을 말한다. 작가는 허구인 소설로 어떻게 현실 세계를 반영했을까? 작가는 캐릭터와 아이디어를 왜 이렇게 표현했을까?

⑤ 정체성(identity)은 변하지 아니하는 상태나 사실을 말한다. 또 일관되게 유지되는 고유한 실체로서 개인, 집단, 사물, 시대, 상징 등을 말한다. 작가는 등장인물을 통해서 어떻게 정체성을 표현했을까? 텍스트를 통해 우리가 누구인지 생각해 볼 수 있을까?

⑥ 문화(culture)는 일반적으로 한 사회에서 학습되고 공유된 다양한 신념, 가치, 태도, 관심사, 행동양식 등을 말한다. 텍스트와 문학 작품은 한 사회의 가치와 신념을 어떻게 표현했을까? 작가는 문화적 가치나 신념을 어떻게 반영했고, 세계 문화에 어떤 영향을 미쳤을까?

⑦ 변형(transformation)은 원래의 모양이나 태도 등을 바꾸는 것을 말하며, 이 과정에서 원래 가진 특성이 달라진다. 텍스트나 문학 작품은 시간이 지남에 따라 특성이 바뀔 수 있다. 텍스트는 어떻게 세상을 바꿀 수 있을까? 텍스트가 다른 텍스트에 어떻게 영향을 미칠까? 많은 문학 작품이 영화로 바뀌면서 원래 가진 텍스트의 특성이 어떻게 달라졌을까?

5. IB 교육의 교수 · 학습 접근 방법

IB 수업은 '탐구적 질문하기 → 행동으로 옮기기 → 성찰적 생각하기'의 과정을 순환적으로 반복해서 수행한다. 교사는 이러한 수업을 '교수 접근 방법(ATT)'과 '학습 접근 방법(ATL)'의 수업 원리를 기반으로 설계한다. 수업 시간에 이루어지는 실제 교육활동을 통해서, IB의 학습자상이 제대로 길러지도록 초점을 두고 있다. 교사는 ATT를 통해 각자 선호하는 교수법을 학생의 상황에 맞춰 전략적으로 선택할 수 있다. 또 수업 시간에 학생에게 어떠한 ATL의 능력을 길러줄 것인지 지도 방향을 정할 수 있다. 교사는 학습지도안에 ATT와 ATL을 명시하고, 학생에게 수업 시간에 말하고 평가한다.

1) 교수 접근 방법

교수 접근 방법(Approaches to Teaching: ATT)은 IB의 목표나 학습자상을 이루기 위해 교사가 학생을 지도하는 방법이다. IB 커리큘럼 전반에 걸쳐 학생의 '학습하는 방법'을 개발하는데 중점을 두고 아래의 관점으로 지도한다.

① 탐구적 질문에 기반(Based on Inquiry): 학생들이 스스로 정보를 찾아 탐구할 수 있도록 지도한다.
② 콘셉트 이해에 중점을 둠(Focused on Conceptual Understanding): 콘셉트는 단순한 개념을 넘어 맥락, 관점, 핵심 아이디어를 포괄하며, 이를 탐구와 응용을 통해 학문적 사고로 확장하는 학습 접근법이다. 학생들이 핵심 아이디어와 맥락을 탐구하며 학문의 구조를 깊이 이해하도록 지원한다. 또한 이러한 이해를 바탕으로 새로운 학문에 연결하고 창의적으로 적용할 수 있도록 지도한다.

③ 지역과 세계적 맥락을 통한 발달(Developed in Local and Global Contexts): 학생들을 지역과 세계적 맥락의 실제 사례를 사용하여 가르친다. 학생들이 자기 경험을 주변 세계와 연결하여 새로운 이해를 할 수 있도록 지도한다.

④ 효과적인 협동과 협업에 중점(Focused on Effective Teamwork & Collaboration): 학생 간의 협동과 협업을 장려하고 나아가 교사, 학교, 지역사회로 확대해 협력적 관계를 구축하도록 지도한다.

⑤ 학습 장벽을 없애기 위한 설계(Designed to Remove Barriers to Learning): 학습 장벽이 되는 국가 간, 지역 간, 계층 간의 경계를 제거해서 학생 개인의 성장에 초점을 맞춘다. 교육은 포용적이고 다양성을 중시해야 한다. 학생 개개인의 정체성을 확립하고 성장할 수 있는 교육을 추구하고, 학생들이 다양한 자신들의 목표를 이룰 수 있도록 학습 기회를 제공한다.

⑥ 평가 정보의 활용(Informed by Assessment): 평가는 학생들의 학습을 지원하고 측정하는 중요한 역할을 한다. 평가를 통해 학생들에게 효과적인 피드백을 제공해 발전하도록 돕는다.

2) 학습 접근 방법

학생들은 IB 커리큘럼 전반에 걸쳐 아래의 '학습 접근 방법'을 배운다. 풀어 설명하면 수업 시간에 배우는 단원을 통해서, 다섯 가지 학습 역량을 키우는 것을 말한다. 학습 접근 방법(Approaches to Learning: ATL)의 목표는 학습을 단순히 지식의 습득 과정으로 보는 것이 아니라, 학생들이 평생 학습자로 성장하고 살아갈 수 있도록 교육하는 것이다. ATL은 실제 성적으로 반영하는 것은 아니다. 다만 분기별로 역량이 강하면 칭찬의 피드백을 주고, 부족하면 보충의 피드백을 줘서 학생 스스로 역량을 기를 수 있게 한다.

① 사고 기술(Thinking skills): 문제나 증거를 살펴보고 비판적, 창의적, 윤리적으로 사고하는 기술을 익힌다.

② 의사소통 기술(Communication skills): 자기 생각을 말과 글로써 명확하게 표현하는 기술과 다른 사람의 의견을 경청해서 갈등을 해결할 수 있는 기술을 익힌다.

③ 자기관리 기술(Self-management skills): 자신의 체력, 마음, 시간 등을 스스로 정리하고 관리하여, 당면한 업무에 집중하고 마감할 수 있는 기술을 익힌다.

④ 연구 기술(Research skills): 당면한 문제나 과제에 적합한 관련 정보를 찾아 연구할 수 있는 기술을 익힌다.

⑤ 사회적 기술(Social skills): 서로 마음과 힘을 하나로 합하는 협동, 하나의 일을 서로 나누어서 하는 협력, 하나의 일을 서로 같이 하는 협업 같은 긍정적인 관계를 맺는 기술을 익힌다.

3) 언어 수업에 ATT와 ATL 적용 예시

한국어 교사가 IB MYP Unit Plan을 이문열의 「우리들의 일그러진 영웅」으로 구성할 때, ATT와 ATL을 적용하여 수업을 설계할 수 있다. 보통 하나의 단원에서 한두 가지를 집중해서 지도한다.

단원 제목 (Unit Title)	권력과 부패의 본질
핵심 콘셉트 (Key Concept)	변화(change)
연관 콘셉트 (Related Concepts)	등장인물(character), 배경(setting)
글로벌 맥락 (Global Context)	공정성과 발전(Fairness and Development) 권력의 남용과 그 결과에 대한 탐구
핵심 질문 (Statement of Inquiry)	권력의 남용은 개인과 사회 모두에게 불공평한 결과를 초래할 수 있다.
탐구 질문 (Inquiry Questions)	• 사실적(Factual): 사회의 권력 구조는 어떻게 형성되고 유지되는가? • 개념적(Conceptual): 주인공의 행동이 사회적 환경에 의해 어떻게 영향을 받았는가? • 토론적(Debatable): 권력의 남용은 시대와 문화에 따라 어떻게 다르게 나타나는가?

① ATT 적용 방법

• 탐구적 질문에 기반(Based on Inquiry): 학생이 소설의 주제와 등장인물의 심리를 탐구하도록 질문한다. 예를 들어, "권위와 정의는 어떻게 갈등할 수 있는가?"와 같은 질문을 통해, 학생이 텍스트에서 나타나는 권력 구조와 개인의 도덕성에 대해 스스로 사고하도록 유도한다. 이를 통해 학생은 텍스트를 깊이 이해하고, 자기만의 답을 찾아가는 탐구 능력을 기르게 된다.

• 콘셉트 이해에 중점을 둠(Focused on Conceptual Understanding): '변화'라는 핵심 콘셉트를 중심으로 '등장인물' '배경' 등 연관 콘셉트를 탐구하면서, '권력' '정의' '개인과 사회'와 같은 글로벌 맥락을 다양한 관점에서 깊이 이해한다. 학생들은 권력의 남용이 특정

등장인물과 맥락에서 어떤 영향을 미쳤는지 분석하고, 이를 실제 사회에서 발생한 유사한 사례와 비교하며 학습한다. 이러한 과정을 통해 학생들은 학문적 이해를 글로벌 맥락과 실생활 문제에 적용하며, 더 넓은 시야와 심층적 사고능력을 기르게 된다.

- 지역과 세계적 맥락을 통한 발달(Developed in Local and Global Contexts): 소설이 쓰인 시대적 배경과 사회적 맥락을 이해하는 방식으로 수업을 설계한다. 예들 들어, 한국의 정치적·사회적 배경에서 벌어진 권력 남용 문제를 분석하고, 동시에 다른 국가에서 발생한 유사한 사례를 찾아 비교하는 활동을 진행한다. 학생은 소설 속 권력 구조를 한국 사회와 비교하고, 더 나아가 글로벌 차원에서 인권 문제로 연결 지어 탐구하게 된다. 이를 통해 학생은 지역적 맥락을 넘어서서 세계적 맥락으로 확장해서 이해하는 능력을 기르게 된다.

- 효과적인 협동과 협업에 중점(Focused on Effective Teamwork & Collaboration): 그룹 활동을 통해 소설 속 등장인물의 갈등 구조를 토론하고, 소설 속 사건을 재구성해서 발표하는 활동을 진행한다. 예들 들어, 소설의 주요 장면을 역할극으로 재구성하거나, 등장인물들의 행동을 비판적으로 분석하는 조별 과제나 토론을 진행하게 한다. 이를 통해 학생은 공동의 목표를 완수하기 위해 협동하고 협력하는 능력을 기르게 된다.

- 학습 장벽을 없애기 위한 설계(Designed to Remove Barriers to Learning): 다양한 학습 스타일과 필요를 고려하여 수업을 설계한다. 예들 들어, 1960년대 한국의 시각 자료를 이용하여 소설의 주요 장면을 설명하고, 학생이 이해하기 쉽게 등장인물 관계도를 그려 보게 한다. 또 소그룹 토론을 진행하여 각자 자기 의

견을 발표할 기회를 제공한다. 이를 통해 학생 개개인의 학습 욕구를 충족하게 되고, 다양한 배경을 가진 학생들이 평등하게 참여할 수 있도록 학습 환경을 조성한다.

• **평가 정보의 활용**(Informed by Assessment): 학생의 학습 진행 상황을 지속해서 평가하여 성취도를 확인하고, 피드백을 통해 학습 과정을 개선하도록 돕는다. 예들 들어, 학생에게 소설의 주제를 중심으로 한 에세이를 작성하게 하거나, 토론을 통해 학생의 사고 과정을 평가한다. 또는 다른 작품과 비교 에세이를 통해 종합적인 사고력을 평가할 수도 있다. 이를 통해 학생은 자신의 학습 성과를 스스로 점검하게 되고, 평가를 통해 발전할 수 있는 기회를 얻게 된다.

② ATL 적용 방법

• **사고 기술**(Thinking skills): 소설 속 등장인물의 심리를 분석하는 과정을 통해, 학생이 비판적 사고를 하도록 한다. 예들 들어, 학생은 주인공이 권력 구조에 어떻게 반응하는지, 이러한 반응이 어떤 시대적 · 사회적 영향 때문인지 분석한다. 이 과정에서 학생은 텍스트의 함축적인 의미와 상징을 해석하고, 이를 바탕으로 권력의 본질에 대한 자기 생각을 논리적으로 정리해서 발표한다. 이를 통해 학생은 복잡한 문제를 분석하고, 다각적인 사고를 하는 능력을 기르게 된다.

• **의사소통 기술**(Communication skills): 소설 속 등장인물들의 행동에 관해 토론하게 하고, 학생 각자의 주장을 글로 표현하도록 한다. 예들 들어, 찬반이 있을 수 있는 등장인물의 행동에 관해 각자의 견해를 논리적으로 발표하고, 상대방의 의견에 반박하거

나 동의하는 연습을 한다. 토론이 끝난 후 글쓰기를 통해서, 학생은 더욱 명확하게 자기 생각을 표현하게 된다. 이를 통해 학생은 명확하게 자기 생각을 표현하는 방법과, 타인의 생각을 이해하는 능력을 기르게 된다.

- 자기관리 기술(Self-management skills): 학생이 독립적으로 학습 계획을 세우고 책임감 있게 과제를 완수할 수 있도록 한다. 예를 들어, 학생이 스스로 소설 읽기 일정을 계획하게 하고, 매일 일정한 분량을 읽으며 이를 독서일지에 작성하게 한다. 또한 과제나 토론 준비를 위한 마감일을 설정해, 스스로 시간 관리 하도록 장려한다. 이를 통해 학생은 자기주도적 학습 능력을 기르게 된다.

- 연구 기술(Research skills): 소설 속 배경이 되는 시대적·사회적·역사적 정보를 조사하여 연구 능력을 기르도록 한다. 예를 들어, 소설의 배경이 되는 1960년대 한국의 정치 상황이나 문화 현상을 조사한 후, 그 당시 배경이 소설에 어떤 영향을 미쳤는지 발표하게 한다. 이를 통해 학생은 텍스트를 더 깊이 이해하고, 관련된 정보를 효과적으로 조사하는 능력을 기르게 된다.

- 사회적 기술(Social skills): 학생이 그룹 활동을 통해 협력하고, 서로의 의견을 존중하며 학습하도록 유도한다. 예를 들어, 소설의 주요 장면을 재구성하여, 학생에게 소그룹으로 역할극을 준비하고 발표하도록 한다. 이 과정에서 팀원들과 소통과 협력하면서 함께 과제를 완수하게 된다. 이를 통해 학생은 상호 존중과 협력하는 방법을 기르게 된다.

02
IB 프로그램

1. 교육과정과 커리큘럼

교육과정(教育課程)과 커리큘럼(curriculum)은 얼핏 비슷해 보이지만 서로 다른 개념으로 이해해야 한다. 교육과정은 교육기관에서 만든 교육계획이다. 유치원에서 대학교까지 학년마다의 과정, 교육의 목표나 내용, 교수 활동 등의 기획이라고 할 수 있다. 반면에 커리큘럼은 특정한 교육의 목적에 맞추어 만든 교육 내용이나 학습활동을 체계적으로 편성한 계획을 의미한다. 특정 교육목표를 달성하기 위해 만든 시스템이나 교재, 교사의 자세 등이라 할 수 있다.

IB는 국제적으로 공인받은 유치원부터 고등학교까지의 교육과정이다. 3~12세까지 6년제 PYP, 11~16세까지 5년제 MYP, 16~19세까지 2년제 DP와, DP 과정 중 일부만 이수하는 실업계 CP의 네 가지 프로그램을 운영하고 있다. MYP는 학교 상황에 맞게 2~5년으로 유연하게 운영할 수도 있다. IB가 제공하는 교과 과정은 PYP가 6개의 교과, MYP가 8개의 교과군, DP가 6개의 교과군이다. 통상적으로 IB라고 하면 위 네 가지 프로그램과 IBO와 실질적인 입시프로그램이면서 가장 많은 학교에서 운영하는 IBDP를 의미한다.

IB의 교육과정은 각기 고유한 커리큘럼을 가지고 있다. PYP는 초학문적 주제를 중심으로 교과를 초탈한 'UOI(Unit of Inquiry)'를 통해 통합교과 교육을 한다. 최종적으로 '전시회(exhibition)'를 수행해서 학습 역량을 평가한다. MYP는 현실과 밀접한 주제를 수업에 연결해서 다루고, 이러한 주제들을 특정 교과에 제한을 두지 않고 융합해서 교육한다. 'IDU(Interdisciplinary Unit)'를 통해 서로 다른 교과를 융합해서 수업한다. 최종적으로 '개인 프로젝트(Personal Project)'를 수행해서 학습 역량을 평가한다. DP는 6개의 교과 그룹에서 한 과목씩 골라 여섯 과목의 전문지식을 쌓는 교육을 한다. 선택한 6개의 과목 중 한 과목을 골라 '소논문(Extended Essay: EE)'을 작성하고, 그동안 학습한 지식을 대통합하여 '지식론(Theory of Knowledge: TOK)'을 완성해야 한다. 평가점수는 없지만 대학교의 채플처럼 '창의 · 체험 · 봉사(CAS)'를 반드시 이수해야 한다.

2. 초등과정 프로그램

초등과정 프로그램(Primary Years Programme: PYP)은 만 3~12세까지의 학생을 대상으로 하는 유치원과 초등학생을 위한 프로그램이다. 초등학생은 학문이나 공동체 등을 처음 접하는 시기라서 아직 세상에 대해 무지하다. 그래서 이 시기의 학생은 공동체 생활에 익숙해져야 하고, 지식을 쌓기 전 학문에 호기심과 재미를 느껴야 한다. 이때 학생에게 학습 동기를 부여하고, 학습하는 자세를 잡아 주는 전인교육을 하는 게 중요하다. 그래서 PYP는 언어, 수학, 과학, 사회, 예술, 인성 · 사회성 · 체육 6개 교과를 학습할 때 정해진 지식 수업이 아니라, 교과를 초탈해서 초학문적 주제를 기반으로 하는 통합 수업을 한다. UOI는 핵심적인 수업 방법인데, 콘셉트를 활용하여 다양한 주제를 탐구하며 학습자의 흥미를 끌어내고, 다양한 지식 영역을 통합하여 학습할 수 있도록 한다. 이런 교육 방법을 통해서 학생 각자의 흥미와 재미를 고려한 학습을 지향한다. 활동 중심 수업을 하여, 학생의 잠재력과 사회성을 최대한 발휘하도록 돕는다.

1) 활동 중심 교육

학생의 활동 중심 교육은 PYP의 핵심 원칙이다. 학생이 주도적으로 학습하며 실제 생활과 연계된 활동을 통해, 배운 내용을 깊이 이해하고 적용할 수 있도록 한다. 예를 들면, 사회 수업에서 '내가 사는 지역사회와 문화'라는 주제로 프로젝트 기반 수업을 한다면, 학생은 자신이 사는 지역의 역사, 문화, 명소, 행사 등을 조사해서 프레젠테이션이나 포스터를 제작한다. 이 과정에서 세부 주제는 학생이 평소 관심 있는 분야를 선택해서 탐구할 수 있다. 한 학생은 지역의 전통음식을 조사할 수 있고, 다른 학생은 역사적 사건을 조사할 수 있다. 학생은 스스로 자료를 찾고 정보를 분석해서 결과를 정리하고 발표하는, 학생 중심 수업이 된다. 이 과정에서 학생은 지역사회를 탐방하거나, 역사를 조사하는 활동을 통해 학습을 실생활과 연결할 수 있다. 이 활동을 통해 학생은 지역사회를 더 깊게 이해하게 된다.

다른 예로 언어 수업에서 '공동으로 이야기 만들기'라는 주제로 활동 수업을 한다면, 학생들은 작은 그룹으로 나누어 각자 한 부분씩 이야기를 만들어 가는 활동을 한다. 학생은 자신이 창작한 이야기를 그룹 친구들에게 설명하고, 서로의 의견을 나누며 이야기를 완성할 수 있다. 이러한 과정에서 학생은 다양하고 창의적인 아이디어를 낼 수 있고, 다른 학생의 의견을 경청하며 협력하는 학생 중심의 수업이 된다. 또한 단순히 이야기를 읽는 수준을 넘어서, 학생이 직접 창의적으로 글을 쓰는 활동 중심의 수업이 된다.

2) 초학문적 주제 여섯 가지를 활용한 UOI 수업

UOI(탐구활동을 하는 단위)란 초학문적 주제 여섯 가지 중 하나를 선택해 탐구하는 수업의 단위를 말한다. 예들 들어, '우리가 사는 세상은 어떻게 돌아가는가?'라는 초학문적 주제를 탐구한다면, 교사는 핵심 아이디어로 '자연법칙과 과학적 원리는 인간 생활에 깊은 영향을 미친다.'를 제시할 수 있다. 그러면 학생은 UOI 수업을 하는 동안 초학문적 주제를 탐구하여, 핵심 아이디어로 생각을 형성하거나 입증한다. 이 과정에서 탐구 질문이나 주제를 탐구할 때 콘셉트를 활용하여, 학생이 주제를 더 깊이 이해하고 다양한 상황에 적용할 수 있는 능력을 기르게 한다. 콘셉트는 학생이 사실을 단순히 배우는 것이 아니라, 그 사실을 바탕으로 사고하고 질문하며 탐구할 수 있도록 돕는 역할을 한다. 초학문적 주제 여섯 가지는 다음과 같다.

① 우리는 누구인가?(Who we are): 우리가 누구인지 이해하기 위해, 자아의 본질을 탐구하는 주제이다. 탐구 대상은 자아, 본성,

신념, 가치, 개인적 · 신체적 · 정신적 · 사회적 · 영적 건강, 가족 · 친구 · 공동체 · 문화를 포함한 인간관계 등이 해당한다.

② 우리가 있는 시간과 공간은 어디인가?(Where we are in place and time): 우리가 속한 공간과 시간을 이해하기 위해, 우리의 위치와 지향을 탐구하는 주제이다. 탐구 대상은 시간과 공간의 지향성, 개인적 역사, 가정과 여정, 인류의 발전, 탐험 및 이주, 개인과 문명 간의 관계와 상호 연결성 등이 해당한다.

③ 우리는 어떻게 자신을 표현하는가?(How we express ourselves): 우리 자신을 표현하는 방법을 이해하기 위해, 언어와 예술 등을 통해 자신을 표현하는 방식과 창의적 표현 수단을 탐구하는 주제이다. 탐구 대상은 아이디어, 생각, 느낌, 자연, 문화, 신념, 가치관 등을 발견하고 표현하는 방법과 심미적인 것들에 대한 감상과 이해 등이 해당한다.

④ 우리는 어떻게 자신을 조직화하는가?(How we organize ourselves): 우리가 만든 조직, 사회적 의사결정, 경제적 활동 등의 구조와 기능을 탐구하는 주제이다. 탐구 대상은 시스템, 제도, 공동체, 기관, 정부 등 유무형 것들의 상호 연계성과 인류와 환경에 미치는 영향이 해당한다.

⑤ 우리가 사는 세상은 어떻게 돌아가는가?(How the world works): 우리 세계가 돌아가는 방식을 이해하기 위해, 자연 세계의 법칙과 원리 등을 탐구하는 주제이다. 탐구 대상은 자연과 인공 현상, 과학과 기술 세계, 물리적 · 물질적 세계와 인간 사회 간의 상호 작용, 인간의 과학 원리 이해, 과학 기술이 사회와 환경에 미치는 영향 등이 해당한다.

⑥ 지구 공유하기란?(Sharing the planet): 우리가 함께 사는 지구를

이해하기 위해, 다른 사람 또는 다른 생명체와 한정된 자원을 공유하는 방법을 탐구하는 주제이다. 탐구 대상은 지구의 자원 공유, 인간과 다른 생명체 간의 관계, 지속 가능한 환경, 서로 다른 공동체 간의 관계, 경쟁에서 권리와 의무, 균등한 기회, 평화와 분쟁 해결, 사회적 정의 등이 해당한다.

초학문적 주제 여섯 가지 중 '우리가 사는 세상은 어떻게 돌아가는가?'로 수업한다면, 핵심 아이디어는 '자연법칙과 과학적 원리는 인간 생활에 깊은 영향을 미친다.'로 할 수 있다. 다음은 각 과목 수업에서, 탐구 질문을 활용하여 초학문적 주제를 탐구하는 예시이다.

탐구 질문(Inquiry Questions)

① 자연 세계에서 작용하는 주요 과학적 원리들은 무엇인가?
② 과학적 발견이 어떻게 기술 혁신으로 이어지는가?
③ 자연의 법칙이 인간의 일상생활에 어떻게 영향을 미치는가?

- 언어 수업: 학생은 자연 세계와 과학적 원리를 다룬 문학 작품을 읽고 분석한다. 예들 들어, 쥘 베른(Jules Verne)의 「지구 속 여행」을 읽고, 작품 속에서 언급된 과학적 원리를 찾아보고 탐구한다.
- 수학 수업: 학생은 자연법칙을 수학적으로 설명하는 방법을 탐구한다. 예들 들어, 기후 변화 데이터를 그래프로 표현하거나, 난방 효율을 높이는 방법을 수학적으로 계산해 본다.
- 과학 수업: 학생은 중력, 전기, 마찰력 등 자연법칙에 대해 실험하고, 이러한 법칙이 어떻게 작동하는지 탐구한다. 예들 들어, 과학적 원리를 바탕으로 태양광 패널의 효율을 높이는 방법이나 공기 저항을 덜 받는 자동차의

구조 등을 조사해 본다.
- 사회 수업: 학생은 과학적 발견으로 기후에 어떠한 변화를 불러왔는지 탐구한다. 예들 들어, 에어컨 냉매의 발견으로 지구의 온도가 어떻게 변했는지, 인터넷과 AI의 데이터 센터가 발생하는 열을 조사해 본다.
- 예술 수업: 학생은 자연의 법칙을 시각적으로 표현하는 프로젝트를 수행한다. 예들 들어, 중력의 법칙이 적용된 일상을 그리거나, 빛의 굴절을 표현한 조각을 만들어 본다. 3D 프린팅 기술을 이용하여 작품을 제작해 본다.
- 체육 수업: 과학 발견이 스포츠 장비의 어떤 기술 혁신으로 이어졌는지 탐구한다. 예들 들어, 축구공이 정육각형 면으로 만들어진 이유와, 수영복이 어떻게 물속에서 더 빠른 이동을 할 수 있게 하는지 조사해 본다.

3) 평가와 전시회

PYP 과정의 평가는 학생의 전인적인 성장을 목표로 한다. 교사는 수업 중에 질문이나 토론 프로젝트를 통해, 학생의 수업 이해도를 평가하면서 학습전략을 조정하기도 한다. 단순히 학업성취도만 평가하지 않고, 학생들의 태도나 개념 이해 등을 종합적으로 고려해서 평가한다. 학생은 교사에게 지속해서 피드백을 받으며, 자신의 학습 태도를 성찰하고 개선하게 된다. IB 초등과정의 마지막 학년에 전시회를 한다. 학생은 혼자 전시회를 준비하지 않고, 관심사나 열정을 공유하는 친구들과 함께 공동 프로젝트를 준비한다. 이러한 전시회를 통해 학생은 개인적·사회적·학문적 관심사를 깊이 탐구하고 발표하는 기회를 얻는다. 또한 전시회에서 지역사회 주민, 학부모, 학교 선후배나 교사에게 결과물을 보여 주고 설명하면서, 자신의 학습 역량에 성취감도 얻는다.

3. 중등과정 프로그램

중등과정 프로그램(Middle Years Programme: MYP)은 만 11~16세 학생을 대상으로 하는 중등교육 프로그램이다. 중학생 시절은 자신의 정체성과 타인과의 관계에서 과도기를 겪는 시기이다. 이때는 감정의 기복도 심하고, 하나의 고민에 깊이 빠지거나 일상탈출을 꿈꾸기도 한다. 이러한 중학생에게는 교우관계를 비롯한 인간관계가 중요한 시기이다. 또한 이 시기의 학생은 하나의 생각이 아니라 다양한 생각을 할 수 있도록 유도해야 한다. MYP의 목표는 학생이 다양한 학문 분야를 연결하여 학습하는 능력을 키우는 데 있다. 8개 교과 그룹을 통해 균형 잡힌 교육을 받는 동시에, 교과 간 융합 수업을 통해 다양한 생각과 협력을 하게 된다. 학생은 8개 교과 중 2개를 통합한 수업인 IDU를 통해, 두 가지 이상의 학문 분야를 융합해서 복합적인 문제를 탐구하고, 학문 간 연계성을 깊이 이해하게 된다. 이렇게 학문적 탐구를 한 학생은 MYP 마지막 학년에 '개인 프로젝트(personal project)'를 통해서 평가받는다. 이 프로젝트는 학생이 관심 있는 주제를 선택하고, 그것을 깊이 탐구하여 창의적이고 독립적인 결과를 만들어내는 과정이다. 또 MYP 학생은 '커뮤니티 프로젝트(community project)'를 통해, 자신이 속한 지역사회에 기여할 수 있는 방법을 찾아 계획을 실행하는 활동을 한다. 이런 활동을 하는 학생은 사회적 책임감이 성장하고, 팀워크와 문제해결 능력을 배우게 된다. 이처럼 MYP 필수 요소들을 통해서 학생이 다양한 학문적 성취뿐만 아니라, 개인적·사회적 역량을 개발하여 전인적인 교육이 될 수 있도록 설계되었다.

1) 8개 교과 그룹

MYP 프로그램은 다음과 같은 8개의 교과 영역으로 나뉘며, 각 교과는 학생의 지식과 기술을 확장하고 글로벌 맥락에서 학습을 적용할 수 있도록 설계되었다.

① 언어와 문학(Language and Literature): 모국어 교육으로 학생의 언어 능력, 문학적 이해 그리고 비판적 사고능력을 기른다.

② 언어습득(Language Acquisition): 제2언어 학습으로 학생이 새로운 언어를 배우고, 다양한 문화의 이해를 넓히는 능력을 기른다.

③ 개인과 사회(Individuals and Societies): 역사, 지리, 경제, 사회 등의 사회과학 분야를 포함하며, 학생들이 사회적 · 문화적 · 환경적 맥락에서 문제를 탐구하고 이해하는 능력을 기른다.

④ 과학(Sciences): 화학, 물리학, 생물학, 환경과학 등을 통해 자연현상을 탐구하고, 과학적 방법론을 적용하여 문제를 해결하는 능력을 기른다.

⑤ 수학(Mathematics): 수리적 사고력과 문제해결 능력을 기르며, 수학적 개념을 실제 상황에 적용할 수 있는 능력을 개발한다.

⑥ 예술(Arts): 음악, 연극, 시각 예술 등의 분야를 포함하며, 학생이 창의적 표현과 예술적 감각을 기를 수 있도록 한다.

⑦ 체육과 건강(Physical and Health Education): 신체활동, 건강 교육을 통해 학생의 육체적 · 정신적 건강을 증진하는 데 초점을 맞춘다.

⑧ 디자인(Design): 기술과 공학적 사고를 활용하여 문제를 해결하고, 창의적이고 실용적인 디자인을 개발하는 능력을 기른다.

2) 교과 간 연계수업

IDU는 2개 이상의 과목을 통합하여 학습하는 방식으로, 학생이 다양한 관점에서 문제를 이해하고 해결하는 능력을 기르는 것을 목표로 한다. 8개 과목 중에서 어느 과목을 수업해도 된다. 과학(Sciences)과 개인과 사회(Individuals and Societies) 수업을 연계한 IDU 수업의 예시는 다음과 같다.

IDU 단원 수업의 주제는 '자연재해와 인간의 상호 작용'이라면, 학생은 자연재해가 인간과 환경에 미치는 영향을 탐구하게 된다. 이 과정에서 학생들은 과학적 원리와 사회적·경제적·환경적 원리 등의 다양한 측면을 통합하여 이해하고, 과학과 사회는 별개의 학문이 아니라 서로 관련되어 있다는 것을 알게 된다. 예를 들어, IDU 수업에서 '자연재해는 사람과 환경에 어떤 영향을 미치는가?'라는 연구 프로젝트를 진행한다면, 학생들은 다양한 자연재해(지진, 태풍, 홍수)를 과학적 원리에 기반해서 발생하는 원인을 조사한다. 또 역사적 사건에서 자연재해로 인한 피해를 조사하고, 뉴스 기사나 인터넷으로 현재의 사건들도 조사한다. 이렇게 수집된 자료를 해석해서 각 재해가 인간과 환경에 어떤 영향을 미치는지 분석한다. 또 학생들은 팀을 이루어 각자가 분석한 결과물로 토론하면서, 과학과 사회를 넘나들며 자연재해의 원인과 대응 방법이나 해결책에 대해 각자의 의견을 공유한다. 이 과정에서 학생들은 보고서를 작성하고, 발표와 토론을 하면서 실제 문제를 해결하는 능력을 기르게 된다.

3) 내부 평가와 외부 평가

(1) 내부 평가

MYP 과정에서는 과목별로 4개의 평가 기준을 가지고 성적을 평가한다. 각 평가 기준은 0점에서 8점까지 학생의 성취 수준에 따라 점수를 준다. 과목마다 평가 기준은 조금씩 다를 수 있지만, 일반적으로 다음의 4개 영역을 기준으로 학업성취도를 평가한다. 대부분 점수로 평가하지만, 학생이 수행한 과제를 점수로 채점하지 않고 피드백을 주는 형식으로 평가하기도 한다. 피드백은 향후 학습 목표를 설정하는 데 도움 되는 조언이나, 학생이 어느 정도의 성취 수준으로 이해하고 있는지 쓴다. 과목별 네 가지 평가 기준은 다음과 같다.

- 기준 A–지식과 이해(Knowledge and Understanding): 학생의 과목 내용에 대한 지식과 이해정도를 평가한다.
- 기준 B–조사와 분석(Investigating and Analyzing): 학생이 계획을 세워 연구를 수행하며, 정보를 수집하고 분석하여 결론을 도출하는 능력을 평가한다.
- 기준 C–창의적 사고와 적용(Thinking Creatively and Applying Skills): 학생이 비판적이고 창의적으로 사고 하는 능력을 평가한다.
- 기준 D–의사소통과 반성(Communicating and Reflecting): 학생이 자기 생각을 말이나 글로 효과적으로 전달하며 소통하는 능력을 평가한다.

(2) 외부 평가

MYP의 외부 평가(eAssessment)는 세 가지를 외부 채점자에게 평가받는다. 첫째, 디지털 평가(On-screen Examinations)로 8개 과목에 대한 시험으로 과목당 2시간 동안 진행된다. 둘째, 디지털 포트폴리오(Digital Portfolios)로 예술, 체육과 건강, 디자인 과목은 학생이 제출한 디지털 포트폴리오를 통해 평가한다. 셋째, 개인 프로젝트로 학생이 수행한 프로젝트의 보고서와 함께 프로젝트의 과정과 결과물을 평가한다. 개인 프로젝트는 필수 평가 항목이며, 나머지 두 가지는 학교의 재량으로 선택할 수 있다.

4) 개인 프로젝트

개인 프로젝트는 MYP 프로그램에서 중요한 학습 경험 중 하나로, IB 중등 과정의 마지막 학년에 시작한다. 학생이 스스로 주제를 선택하고, 탐구 질문을 설정하며, 프로젝트를 계획하여 실행하는 과정으로 이루어진다. 프로젝트가 진행되는 과정은 모두 기록해야 한다. 학생이 선정한 주제가 대학의 전공이나 진로와도 연결되는 경우가 많다. 이런 개인 프로젝트를 진행하면, 학생은 자기 스스로 연구 주제를 선정하고 진행하는 기술을 배우게 된다. 또 프로젝트를 완성하기 위해 수업 외 시간을 잘 활용해야 하는데, 이때 시간 관리 능력이나 자기관리 능력을 자연스럽게 배울 수 있다. 학생이 스스로 책임지고 진행하는 아주 능동적인 과정으로, IB의 특성을 잘 보여 주는 평가이다.

4. 고등과정 프로그램

고등과정 프로그램(Diploma Programme: DP)은 만 16~19세 학생을 대상으로 2년 동안 공부하는 국제 학위 프로그램으로, 대학 준비와 더불어 전인교육을 목표로 하는 과정이다. 이 시기의 고등학생은 대학 진학을 목표로 하기에, 자신의 관심사와 전공을 찾고, 고등학교의 공부가 대학교까지 연속할 수 있도록 해야 한다. 고등학교에서 배운 내용이 대학교에 가서 아무 쓸모가 없다면 참 안타까운 시간이 되어 버린다. DP는 다양한 학문적 도전과 깊이 있는 학습을 통해, 학생이 학문적·개인적·사회적 성장을 이루도록 돕는 프로그램이다. 전 세계적으로 공인된 대학 입학 자격 프로그램으로, 어느 나라 어느 학교에서 공부하든 DP 과정을 마치고 대학에 입학할 때, 학생은 동일한 조건 아래에서 평가받는다. IB 디플로마를 받으려면 다음에 제시하는 6개 과목군에서 한 과목씩 선택하여 공부해야 하는데, HL(High Level, 고급 수준) 세 과목과 SL(Stand Level, 표준 수준) 세 과목을 선택해야 한다. 2년간 HL 과목은 240시간을 공부하고, SL 과목은 150시간을 공부한다. 또 디플로마 세 가지 핵심 구성요소인 지식론(TOK), 소논문(EE), 창의·체험·봉사(CAS) 활동을 필수로 이수해야 한다. IB 과정은 시험을 포함한 2년간의 과정이기 때문에, IB 학교에 다니지 않고 개인이 혼자서 공부할 수는 없다. 6개 과목은 각 7점이 최고점이며, 여섯 과목을 평가하여 총 42점을 받는다. 여기에 지식론과 소논문을 합쳐서 최고 3점까지 받아 총 45점이 된다. DP는 학생의 학습 능력만 중요하게 생각하지 않는다. 아무리 공부를 잘해서 학생이 45점 만점을 받았다 하더라도, CAS 활동을 하지 않으면 디플로마를 받을 수 없다. DP는 교과 공부뿐만 아니라, 창의적인 활동이나 운동 같은 신체 체험 활동과 봉사활동을 통해서 전인적인 인간을 만들고자 하는 IB의 철학이 담겨 있기 때문이다. 전 세계에서 IB 프로그램을 운영하는 학교가 계속해서 늘어나고 있는 이유이다.

1) 디플로마 과목 구성

DP 과정을 공부하는 학생은 다음 6개 과목을 선택해야 한다. SL과 HL을 각각 세 과목씩 선택할 수 있고, HL에서는 좀 더 심화한 탐구학습을 하게 된다. 다음에 제시한 것처럼 과목 선택의 자유와 유연성이 있어서, 학생 개인의 관심사를 중시하는 과목 구성이라고 할 수 있다.

Group 1: Studies in Language and Literature(언어와 문학)	
내용	학생들은 모국어 또는 주된 학습 언어로 문학 작품과 비문학을 분석한다. 이 과목은 언어와 문학의 본질을 탐구하며, 비판적 사고와 언어적 표현 능력을 향상한다.
과목	언어와 문학, 문학, 문학과 공연

Group 2: Language Acquisition(언어습득)	
내용	외국어 학습을 통해 언어 능력과 문화적 이해를 향상하는 과목이다. 학생들은 새로운 언어를 배우거나 이미 알고 있는 언어를 심화 학습할 수 있다.
과목	영어, 스페인어, 프랑스어, 중국어, 일본어, 라틴어 등

Group 3: Individuals and Societies(개인과 사회)	
내용	인간 사회와 역사, 경제, 지리, 정치, 심리 등 다양한 사회과학 분야를 탐구한다. 학생들은 사회 현상과 인간 행동을 이해하고 분석하는 능력을 기른다.
과목	경영학, 경제학, 지리학, 심리학, 철학, 역사, 정보사회, 세계 종교, 사회 · 문화 인류학, 환경 시스템과 사회(ESS)

Group 4: Sciences(과학)	
내용	자연 과학을 탐구하며, 학생들이 과학적 사고와 실험적 방법을 통해 자연현상을 이해하고 탐구하는 능력을 기른다.
과목	생물학, 화학, 물리학, 컴퓨터과학, 디자인 기술, 스포츠 · 운동 · 보건 과학, 환경 시스템과 사회(ESS)

Group 5: Mathematics(수학)	
내용	학생들은 수학적 개념과 원리를 이해하고, 다양한 문제해결 능력을 기른다. 수학은 학생들의 논리적 사고와 분석 능력을 발전시키는 데 중요한 역할을 한다.
과목	분석과 접근(Analysis and Approaches), 응용과 해석(Applications and Interpretation)

Group 6: The Arts(예술)	
내용	예술 분야에서 창의적 표현과 비판적 분석 능력을 기른다. 학생들은 자신이 선택한 예술 분야에서 작품을 창작하고, 이를 비평적으로 평가할 수 있는 능력을 개발한다.
과목	음악, 무용, 연극, 영화, 시각 예술

과목 선택의 자유와 유연성

• 선택의 자유: 환경 시스템과 사회(ESS) 과목은 Group 3, 4에 속해 있다. 문 · 이과를 막론하고 선택해서 이수할 수 있는 과목이다.

- **선택의 자유**: 학생은 Group 6의 예술 과목을 선택하지 않고, 대신 다른 그룹(주로 Group 3, 4)에서 추가 과목을 선택할 수 있다. Group 1에서 언어를 더 선택하여 언어 세 과목을 선택해서 공부할 수도 있다.
- **수준의 유연성**: 학생은 6개의 과목 중 최소 3개, 최대 4개 과목을 HL(고급 수준)로, 나머지 과목을 SL(표준 수준)로 이수할 수 있다.

2) 디플로마의 세 가지 핵심 필수과정

IB 디플로마를 받기 위해서는 핵심 필수과정인 소논문(EE), 지식론(TOK), 창의·체험·봉사(CAS)를 반드시 이수해야 한다. 이러한 전인적인 교육을 통해서 학생에게 글로벌 시민의 소양을 갖추게 한다.

(1) 지식론

지식론(TOK)은 한국 학생이 아주 낯설어하며 어려워하는 과정이다. 지식론은 IBDP의 지식을 탐구하기 위한 필수적인 방법론이라할 수 있다. 학생은 지식의 본질과 출처 그리고 우리가 어떻게 알 수 있는지에 대해 깊이 탐구하는 과정이다. 지식론은 학생이 다양한 지식의 영역과 방법론을 비판적으로 사고하고, 지식이 형성되고 적용되는 방식을 이해하도록 돕는 것을 목표로 한다. 지식론에서는 '지식이란 무엇인가?'라는 질문을 중심으로, 지식의 정의와 그 경계를 탐구한다. 학생은 지식이 단순히 사실이나 정보의 축적이 아니라 경험, 사고, 사회적 맥락 등을 통해 형성된 복합적인 개념임을 이해하게 된다.

지식론은 지식이 형성되는 방식과 의미를 탐구하는 수업으로, 학생이 세상을 더 깊이 이해하고 다양한 시각으로 질문하는 능력을 키우는 과목이다. 예들 들어, 교사는 "객관적 진리는 무엇인가?"와 같은 질문을 수업 시간에 할 수 있다. 학생은 이 질문을 그룹 토론하면서 다양한 관점으로 논의하고, 철학적 접근 방식으로 질문을 깊이 탐구한다. 학생은 뉴스 기사나 실제 사례를 분석하고, 그 상황에서 지식이 어떻게 형성되고 전달되었는지를 평가한다. 예들 들어, 서양에서 바라보는 알렉산더의 동양 정복과 칭기즈칸의 서양 정복의 역사적인 사건을 동양에서는 다르게 해석하여 비교할 수 있다. 같은 사건이라도 다른 문화권에서는 다르게 해석될 수 있다. 학생은 실제 상황을 통해 이론적인 지식이 실제 세계에 어떻게 적용되는지를 이해하게 된다. 학생은 자연과학, 인문학, 예술, 역사 등 다양한 지식의 영역에서 지식이 어떻게 형성되는지를 비교하며, 지식의 특성과 한계를 이해하게 된다. 또 학생은 개인적으로 경험한 지식과 사회적으로 공유된 지식 간의 차이를 탐구한다. 예를 들면, 문화적 배경에 따라 다르게 해석될 수 있는 예술작품을 분석하고, 이를 통해 개인적 지식과 이미 알려진 공유된 지식의 상호 작용을 탐구한다. 이 탐구를 통해 학생은 자신이 소유한 지식과 사회적으로 구축된 지식 간의 관계를 이해하고, 지식의 주관성과 객관성을 구분할 수 있는 능력을 키우게 된다. 학생은 자신이 선택한 지식 질문의 개별 프레젠테이션을 준비하고 발표한다. 다른 학생과 교사에게 피드백을 받으며 더 깊이 있는 토론을 한다. 프레젠테이션을 통해 학생은 자신의 사고 과정을 논리적으로 전개하고 표현하는 능력을 키우며, 비판적 사고와 의사소통 기술을 배우게 된다.

지식론은 두 가지를 평가한다. 첫째, 내부 평가로 '지식론 전시회(TOK exhibition)'를 하는데, 학생은 실생활 사례를 바탕으로 지식론에서 배운 개념을 적용하여 전시회를 준비한다. 이를 통해 지식이 실제 생활에 어떻게 연관되는지를 전시회에 온 사람들 앞에서 설명해야 한다. 둘째, 외부 평가로 '지식론 에세이(TOK essay)'를 써야 하는데, 주어진 질문을 학생이 자신의 논리로 전개하며 1,600단어 이하의 에세이를 작성한다. 이 에세이는 학생의 비판적 사고와 분석 능력을 평가하는 매우 중요한 과제로, 매년 IB에서 에세이 문제를 제시해 준다.

TOK 외부 평가 에세이 질문 예시(2024년)

- Is subjectivity overly celebrated in the arts but unfairly condemned in history? Discuss with reference to the arts and history. (예술에서는 주관성이 지나치게 찬사를 받지만, 역사에서는 왜 부당하게 비난받습니까? 예술과 역사를 참조하여 논의하세요.)
- Nothing is more exciting than fresh ideas, so why are areas of knowledge often so slow to adopt them? Discuss with reference to the human sciences and one other area of knowledge. (참신한 아이디어보다 더 흥미로운 것은 없는데, 왜 지식 분야에서는 종종 이를 채택하는 속도가 느립니까? 인문학과 다른 지식 영역을 참조하여 논의하세요.)
- Do we need custodians of knowledge? Discuss with reference to two areas of knowledge. (지식의 관리자가 필요합니까? 지식의 두 가지 영역을 참조하여 논의하세요.)

(2) 소논문

소논문(EE)은 IBDP의 필수과정 중 하나로 학생은 자신이 선택한 주제로 독립적으로 연구하고, 이를 바탕으로 4,000단어 이하의 에세이를 작성하는 과정이다. 소논문은 학생이 특정 주제를 깊이 탐구하고 연구 기술과 학문적 글쓰기 능력이 발전하도록 돕는 것에 중점을 둔다. 연구 주제는 학생이 공부하는 6개의 과목 중 하나와 관련된 분야에서 선택한다. 소논문은 학문적 글쓰기 형식을 따르기에 학생은 연구 결과를 논리적으로 전개하고 명확한 논거를 제시해야 한다. 이 과정에서 출저를 정확하게 인용하는 방법 같은 논문 작성 방법을 배우게 된다. 소논문을 통해서 학생은 대학 수준의 학문적 글쓰기를 경험하고, 글쓰기 기술을 향상할 수 있다. 소논문을 작성하는 동안 지도 교사는 주제 선정, 연구 과정, 글쓰기 등에서 학생에게 조언을 제공하고, 학생이 목표를 달성할 수 있도록 돕는다. 학생의 선택한 연구 주제는 글로벌 맥락에서 탐구하기에, 다양한 관점으로 문제를 분석해서 국제적인 이해를 넓힐 수 있다.

IB에서 제시하는 소논문 주제 예시

- 한국어: 헨리크 입센(Henrik Ibsen)의 「인형의 집」과 한강의 「채식주의자」에 나타난 여성의 정체성 비교 연구
- 영어: 윌리엄 셰익스피어(William Shakespeare)의 「햄릿」과 「맥베스」에서 사용된 아이러니의 역할과 효과를 분석하고, 이들 작품이 주제를 전달하는 방식을 연구
- 지리: 호주 퀸즐랜드주 원주민 중등 학생의 학력에 미치는 지리적 영향 연구

표 1 소논문 평가 기준(2025년)

기준	평가 기준	최고점
에세이의 프레임워크	연구 질문, 연구 방법, 에세이의 구조적 규칙을 따르고 있는지, 에세이를 위한 효과적인 프레임워크를 제공하는가?	6

지식 및 이해	연구에 사용된 주제에 대한 지식과 이해를 보여 주는가?	6
분석 및 논거	에세이에 제시된 정보를 분석하고 논거를 제시하는가?	6
토론 및 평가	학생이 연구 결과를 토론하고 연구 주제를 평가하고 있는가?	8
성찰	학생이 에세이 학습 경험을 통해 자신에게 미친 영향을 평가하고 있는가?	4
총점		30

(3) 창의 · 체험 · 봉사(CAS)

이 프로그램은 창의성(Creativity), 신체적 활동(Activity), 봉사(Service)의 세 가지 주요 영역으로 구성되어 있으며 학생은 각각의 활동을 반드시 해야 한다. 학생은 CAS 활동을 하면서 무엇을 알게 되었는지, 얼마나 자신이 성장하고 발전했는지 기록으로 남겨야 한다. CAS의 목적은 학생 스스로 활동을 통해서 자신의 흥미나 관심 분야를 발견하거나, 본인의 재능을 봉사활동으로 타인이나 지역사회에 나누며 전인적 성장을 돕는 것이다. 또 CAS 활동을 혼자 할 수도 있지만, 친구들과 함께 하면서 협력하여 일하는 가치를 배우게 된다. CAS 활동의 예시를 살펴보면 다음과 같다.

① 창의적 활동: 음악, 연극, 문화, 디자인, 예술 분야에서 창의적 사고와 표현을 포함하는 활동을 의미한다. 학생이 새로운 미술 기법을 배우고, 이를 활용해 자기 작품을 창작하는 활동, 연극 대본을 작성해서 친구들과 함께 공연을 기획하고 무대에서 공연하는 활동, 시 · 소설 · 에세이 등을 창작하고 이를 공유하는 활동 등을 할 수 있다.

② 신체적 활동: 스포츠, 야외 활동, 체육활동을 통해 건강을 증진하고 도전적인 경험을 쌓을 수 있는 활동을 의미한다. 학교나 지역사회 축구 팀에 참여해 정기적인 훈련과 경기 참가, 정기적인 등산을 통해 체력을 키우고, 자연을 경험하는 여행, 지역 마라톤 대회에 참가해 신체적 한계에 도전 등 혼자 또는 팀으로 활동하면서 신체적 능력이 발달하는 모든 활동이 해당한다.

③ 봉사활동: 다른 사람을 돕는 활동으로 지역사회 봉사, 환경보호, 자선 단체 활동 등의 공동체와 사회에 기여하는 활동을 의미한다. 이를 통해 공동체의 구성원으로서 함께하는 가치가 무엇인지 배우게 된다. 지역의 노인 복지 시설에서 봉사하면서 어르신들과 소통하고, 해변 쓰레기 치우기, 지역 공원의 안전 순찰, 기부금을 모으기 위한 자선행사, 모금된 기부금을 단체에 전달하거나 직접 참여해 봉사하면서 공동체 의식을 함양하게 된다.

CAS 활동 후 기록을 남기는 방법은 다양하다. 블로그나 디지털 포트폴리오를 작성해도 되며 일기, 사진, 동영상 등 특별하게 정해진 형식은 없다. CAS 포트폴리오에는 활동에 참여했다는 증거를 남겨야 하므로, 학생 스스로 활동에 대해 효과적인 도구와 방법을 활용하여 성찰의 기록을 남긴다. CAS 포트폴리오 결과물에는 활동에 대한 일곱 가지 증거가 포함되어야 한다.

① CAS 활동을 하면서 자기 능력, 기술, 장점, 약점을 분석하고 성장 발전할 수 있었던 경험을 서술한다.

② CAS 활동 중에 맞닥뜨린 어려운 도전 과제가 무엇이었는지 서술한다. 이 도전 과제는 새로운 경험이나 기존의 경험이 될 수

도 있다.

③ CAS 활동의 아이디어 계획과 실행 단계를 기록해야 한다. 그 활동이 개별적인 활동인지 다른 사람과 협력한 활동인지 서술한다.

④ CAS 활동 경험에 대한 학생의 열정과 지속성을 보여 준다. 얼마나 이 활동을 주기적으로 참여했는지, 어떻게 문제를 해결했거나 극복했는지 방법을 기록해야 한다. 그래서 자신이 이 활동에 대한 열정이 어느 정도였는지 서술한다.

⑤ CAS 활동을 통해서 다른 사람과 협동·협력·협업하며 공동 작업을 하는 것의 장단점을 비판적으로 서술한다. 혼자 하는 활동이 아니라 다른 사람과 함께 한 활동이었다면, 그 활동에 대하여 솔직하게 장단점을 기록하는 게 좋다.

⑥ CAS 활동 중에 글로벌하게 중요한 문제에 자신이 어떻게 참여했는지 증명한다. 글로벌 이슈를 이해한 정도를 보여 주고, 학생이 사는 지역뿐만 아니라 글로벌한 문제에 대응하여 어떻게 책임 있는 결정을 내리고 적절한 조치를 했는지 서술한다.

⑦ CAS 활동에서 발생하는 윤리적인 문제를 통해서 학생은 무엇을 알게 됐고, 이를 통해 어떠한 성찰을 했는지 서술한다.

3) 디플로마 평가

(1) 내부 평가와 외부 평가

디플로마의 평가는 내부 평가(Internal Assessment: IA)와 외부 평가(Final exam, Finals & External Assessment: EA)로 학생의 학업성취도를 평가한다. 하나의 시험만이 아니라 다양한 방식으로 평가하기 때문에, 학습자의 다양한 능력을 효과적으로 평가할 수 있다. 외부 평가의 방식은 IBO가 관리하는 평가로 전 세계에서 같은 시험지로 실시한다. 전체 성적의 70~80%를 차지하며, IBO가 선별한 채점관이 채점한다. 디플로마 외부 평가 시험은 매년 5월과 11월에 실시되고, 학생의 과목 선택에 따라 조금 다르지만 약 3주 정도 학교에서 시험을 치른다. 총점 45점에서 24점 이하를 받거나 필수 조건을 만족하지 못하면, 디플로마(IB Diploma)를 받지는 못하고 과목별 수료증(IB Certificate)을 받게 된다. 내부 평가는 과목별 기준은 다르지만, 학습 과정에서 하는 프레젠테이션이나 프로젝트 참여, 에세이 작성, 포트폴리오 등으로 평가한다. 예들 들어, 언어 과목은 15분 동안 발표하는 구술 평가로 치러진다. 사회는 현장학습 보고서, 수학은 탐구 보고서, 과학은 실험 보고서, 예술은 직접 공연하거나 보고서 작성 등을 한다. 전체 성적에서 내부 평가는 과목별 차이는 있지는 20~30% 정도 차지한다. 내부 평가의 채점은 학교 담당 교사가 하고, 채점의 객관성과 공정성을 확보하기 위해 샘플을 선별하여 IB 지역본부로 보낸다. IB 지역본부에서는 외부 평가 채점관이 검토하여 조정된 최종성적을 받게 된다.

(2) 한국어 A 문학 평가 예시

한국어 A SL 과정은 내부 평가 30%와 외부 평가 70%로 구성되어 있다. 내부 평가는 '개별 구술시험(Individual Oral: IO)'이다. 이 외에 외부 평가는 에세이를 작성하는 Paper1, Paper2로 평가한다. 한국어 문학 시험의 예시를 보면 수능 언어영역 평가나 한국 고등학교 시험 문제와 많이 다른 평가 방식임을 알 수 있다.

- 학습자 포트폴리오(Learner Portfolio)

  언어 A 과목을 공부할 때 학습자 포트폴리오는 의무적으로 작성해야 한다. 포트폴리오가 IB에 의해서 성적으로 평가받는 것은 아니지만, 학생이 얼마나 평가 요소를 준비하고 노력했는지 증명하는 근거 자료가 된다. 특정 항목에 대하여 학생이 작성한 과제물의 진위를 확인할 필요가 있다고 판단될 때 자료로 사용될 수도 있다. 학생은 수업 시간에 공부한 작품에 대한 탐구와 자신의 반응을 성찰하고 이를 포트폴리오에 포함해야 한다. 본 과정을 이수하는 동안 스스로 이루어 낸 탐구나 발전한 것들을 기록한다. 이러한 포트폴리오를 만들 때는 디지털 양식인 파일이나 종이 노트에 만들거나 각자의 취향에 따라 다양한 형식으로 만들 수 있다.

- 한국어 문학 내부 평가 예시

  한국어 문학 SL 내부 평가는 수업 시간에 공부한 번역문학 작품과 한국문학 작품 하나씩 선택하여, 자신의 관점으로 지식과 이해도를 보여 줘야 한다. 또한 글로벌 이슈와 연관 지어 두 작품을 해석하고 발표하는 구술 평가이다. 평가는 10분 동안 학생이 발표하고, 연이어 5분 동안 교사가 학생의 작품에 대한 이해도를 알아보기 위해 일대일 질문을 하는 형식으로 진행된다. 한국어 Self-taught 과정은 교사의 질문 없이, 자신이 선택한 주제를 15분 동안 발표한다.

- 한국어 문학 외부 평가 예시 1

  한국어 문학의 Paper1은 1시간 15분 동안 에세이를 쓰는 시험이다. 시, 소설, 수필, 희곡 등의 문학 작품 중에서 두 장르의 발췌문이 나온다. 이 발췌문마다 가이드 질문이 나오고 답을 에세이로 쓰면 된다. Paper1 시험은 디플로마 과정 중 학교에서 배운 적이 없는 발췌문을 시험 문제로 출제한다. 그래서 이 시험은 단순히 암기한 지식을 평가하는 것이 아니라, 학생이 그동안 배운 지식을 다른 텍스트에 적용하여 해석 · 분석할 수 있는지를 평가하는 시험이다.

예 이 시에서 은유는 어떻게 사용되었고, 그 효과에 대해 논해 보시오.

• 한국어 문학 외부 평가 예시 2

한국어 문학 Paper2는 1시간 45분 동안 에세이를 쓰는 시험이다. 일반적인 네 가지 질문이 주어지고 학생은 이 중 하나를 골라야 한다. 디플로마 과정에서 배운 작품 중 두 편의 문학 작품을 선택해서 비교 분석하고, 고른 질문에 맞게 답하는 에세이를 쓰면 된다. 질문이 암기를 바탕으로 하는 지식을 평가하기보다는, 상당히 수준 높은 에세이를 요구하는 평가라고 할 수 있다. 디플로마 과정 중에 배운 작품을 활용하는 것이기에, 작품을 매우 깊이 이해해야 하고 지식도 필요하다.

예 "문학 작품은 사회적 통념에 도전하거나 반박하는 경우가 있다."라는 진술에 대해 여러분이 공부한 작품 중에서 두 작품을 골라 논의해 보시오.

• 고급 수준 에세이(HL Essay)

학생이 한국어 문학이나 언어 & 문학 과정을 HL로 선택했을 때, 필수로 써야 하는 에세이로 전체 평가에서 20%를 차지한다. 하나의 작품 모음집이나 문학 작품 한편에 자신이 정한 주제로 탐구하여 1,200~1,500단어 분량의 에세이를 써야 한다. 에세이는 형식과 체계적인 구성을 갖춰야 하며, 인용 표시와 참고문헌 표기법을 올바르게 사용해야 한다. 다양한 문학적 · 언어적 관점으로 작품을 해석하여, 초점이 분명하고 분석적인 주장을 해야 한다.

(3) 과목별 외부 평가 예시

• 영어 B HL 문제

Write a text in which you describe the causes of the languages disappearance, explain why preserving them is important, and suggest what world leaders should do. (언어가 사라지는 원인을 설명하고, 언어 보존이 중요한 이유를 설명하되, 세계 지도자들이 해야 할 일을 제안하는 글을 쓰시오.)

• 경제 HL 문제

Discuss the view that the redistribution of income is the most important impact that inflation has on an economy. (소득 재분배가 인플레이션 경제에 미치는 가장 큰 영향이라는 견해에 대해 논의하시오.)

• ESS SL 문제

Outline one reason why a region whose ecological footprint is greater that its biocapacity is considered unsustainable. (생태 발자국이 생물 수용력보다 더 큰 지역이 지속불가능하다고 여겨지는 이유 한 가지를 설명하시오.)

• 화학 SL 문제

Electrons are arranged in energy levels around the nucleus of an atom. Explain why the first ionization energy of calcium is greater than that of potassium. (전자는 원자핵 주위의 에너지 준위에 배열되어 있습니다. 칼슘의 첫 번째 이온화 에너지가 칼륨보다 큰 이유를 설

명하시오.)

- 수학 AA HL 문제

Consider integers a & b such that a^2+b^2 is exactly divisible by 4. Prove by contradiction that a and b cannot both be odd. (a^2+b^2가 4로 정확히 나눌 수 있는 정수 a와 b를 생각해 보십시오. 모순을 통해 a와 b가 모두 홀수가 될 수 없음을 증명하시오.)

(4) IB 과목별 내부 평가/외부 평가 정리

그룹	과목	내부 평가 (Internal Assessment)	SL 외부 평가 (External Assessment)	HL 외부 평가 (External Assessment)
모국어	한국어 A 영어 A	개별 구술 발표	Paper1, Paper2	Paper1, Paper2, HL essay
외국어	영어 B	개별 구술 발표	Paper1, Paper2	Paper1, Paper2
수학	수학 AA	개별 연구 보고서	Paper1, Paper2	Paper1, Paper2, Paper3
	수학 AI	개별 연구 보고서	Paper1, Paper2	Paper1, Paper2, Paper3
개인과 사회	환경 시스템과 사회	개별 실험 보고서	Paper1, Paper2	(HL 없음)
	심리학	개별 실험 보고서	Paper1, Paper2	Paper1, Paper2, Paper3
	경제학	개별 논평 포트폴리오(3편)	Paper1, Paper2	Paper1, Paper2, Paper3
	경영학	개별 연구 보고서	Paper1, Paper2	Paper1, Paper2, Paper3
	지리학	개별 현장 조사 보고서	Paper1, Paper2	Paper1, Paper2, Paper3
	국제 정치	개별 수행 보고서	Paper1, Paper2	Paper1, Paper2, Paper3

개인과 사회	철학	개별 분석 보고서	Paper1, Paper2	Paper1, Paper2, Paper3
	역사	개별 연구 보고서	Paper1, Paper2	Paper1, Paper2, Paper3
과학	화학	개별 실험 보고서	Paper1, Paper2, Paper3	Paper1, Paper2, Paper3
	물리학	개별 실험 보고서	Paper1, Paper2, Paper3	Paper1, Paper2, Paper3
	생물학	개별 실험 보고서	Paper1, Paper2, Paper3	Paper1, Paper2, Paper3
	컴퓨터 과학	개별 과제(Solution)	Paper1, Paper2	Paper1, Paper2, Paper3
	디자인 기술	개별 수행 보고서	Paper1, Paper2	Paper1, Paper2, Paper3
	스포츠, 운동, 보건 과학	개별 실험 보고서	Paper1, Paper2, Paper3	Paper1, Paper2, Paper3
예술	음악	음악 실험 현대음악창작 (HL 전용)	맥락에서 음악 탐구, 음악 실험, 음악 발표	맥락에서 음악 탐구, 음악 실험, 음악 발표, 현대음악창작
	시각예술	전시회	작품 비교 연구 창작 과정 포트폴리오	작품 비교 연구 창작 과정 포트폴리오
	연극	연극창작 협동프로젝트	연출 제안서 연구 발표	연출 제안서 연구 발표 단독 연극 작품
	영화	영화 포트폴리오	텍스트 분석 작품 비교 연구	텍스트 분석 작품 비교 연구 협동 영화 프로젝트
필수 요건	소논문(EE)	(평가 없음)	소논문 (4,000단어 이하)	
	지식론(TOK)	지식론 전시회	지식론 에세이 (1,600단어 이하)	

5. 직업연계과정 프로그램

　직업연계과정 프로그램(Career-related Program: CP)은 고등학교 마지막 2년 동안 직업교육을 받고 싶어 하는 학생을 위해 개발되었다. 대학 진학이 아니라 직업교육으로 취업을 선택한 학생도 향후 지속해서 학문을 추구하고, 미래의 직업에서 성공하기 위해 필요한 지식을 갖추도록 돕는다. 예들 들어, 비디오게임 디자인, 공학, 시각예술, 보육 및 건강 등의 분야에서 실습 중심의 교육을 받는다면, 이 과정을 공부하는 학생은 IBDP 과목 중에서 최소 두 과목 이상을 이수해야 한다. 그리고 각 학교에서 구성하는 CP 필수요건과 직업 관련 연구를 이수해야 한다. CP 필수요건은 학교별 내부 평가로 이루어지고, 학생이 선택한 IBDP 과목은 외부 평가로 이루어진다. CP의 장점은 학생이 원하는 진로와 연관된 공부를 하고, 실제로 사용할 수 있는 기술을 습득하게 하는 것이다.

5부

IBDP에 관한
중요한 질문들

" 교육이란 알지 못하는 바를 알도록 가르치는 것을 의미하는 "
것이 아니다. 교육은 사람들이 행동하지 않을 때 행동하도록
가르치는 것을 의미한다.

– 마크 트웨인

Q 01 　언어 A와 언어 B는 무슨 차이인가요?

A 언어 A는 모국어 과정으로 원어민 고등학교 수준이다. 텍스트의 함축적이고 상징적인 의미까지 해석하고 분석하여 에세이를 쓸 수 있는 수준이다. 대부분의 한국 학생은 한국어 A, 영어 B를 선택한다. 언어 B는 제2외국어 과정으로, 해당 언어로 실제 생활에서 의사소통이 가능한지를 중심으로 평가한다. 영어 B는 TOEFL과 형태는 비슷하지만, 수준은 조금 낮다. 언어에 자신있는 학생이라면 두 과목을 모두 언어 A로 선택할 수 있다. 언어를 세 과목 선택하는 학생도 있다.

Q 02 　한국어 A 문학 수준은 어느 정도인가요?

A IB 한국어 A의 수준은 한국 고등학교에서 배우는 문학을 이해하는 수준이다. IB 한국어 평가는 수능처럼 객관식 시험을 보는 것이 아니라, 문학을 이해하고 해석하여 서술형 에세이로 답을 써야 한다. 주로 시, 소설, 수필, 희곡을 배우는데, 문법적 분석이나 일률적으로 접근하는 해석 위주로 배우지 않는다. 고등학교 수준의 책을 읽을 수 있는 정도의 문해력이면 충분히 공부할 수 있다.

Q 03 　한국어 A Self-taught는 어떤 과정인가요?

A 국제학교에는 여러 나라의 학생이 있기에, 소수 학생의 모국어 선생님을 모두 고용하기는 힘들다. 그래서 학교에서 외부 강사

를 고용해서 교육하는 방식을 말한다. 이 과정은 IB 한국어 A SL 수준이며, IB에서는 공식적으로 모국어 과정으로 인정하고 있다. 학생이 디플로마 과목을 선택할 때, IB 코디네이터에게 한국어 A Self-taught를 신청하면 학교에서 한국어 강사를 연결해 준다. 학교에 연결된 강사가 없으면 학생이 자격을 갖춘 강사를 직접 구해서, 학교의 IB 코디네이터에게 강사의 정보를 줘야 한다. 학교에서 직접 대면 수업을 하는 경우도 있지만, 대부분의 경우 강사와 학생이 적당한 시간을 조율하여 온라인 수업으로 진행된다. 학교에 배정된 한국어 수업 시간에는 Self-taught 코디네이터의 감독하에 강사가 준 과제를 하게 된다. 강사는 학교의 시험 문제를 내면서, 학생의 성적처리 등의 리포트를 주기적으로 코디네이터에게 이메일을 보내야 한다. 또 온라인 미팅으로 소통하며 학생을 함께 관리한다.

Q 04 한국어 A를 한국에서 초등과정만 공부했는데 따라갈 수 있을까요?

A 한국에서 초등학교만 다녔거나, 중학교 1~2학년 정도 교육받은 학생이라도 한국어 A를 선택할 것을 권장한다. 보통 초등학교 때 유학을 오면 한국의 문화적 상식이 부족해서, 문학이나 비문학에 대한 이해도가 낮은 경우가 많다. 하지만 이런 학생도 10년 이상 한국어 문화권에서 교육받은 학생이기에, 문화적 상식을 함께 배우면 충분히 따라갈 수 있다. IBDP 과정에서 영어와 한국어 중 무엇을 모국어로 선택하느냐에 따라 점수 차이가 크게 난다. 그래서 초등과정 정도만 공했더라도 한국어 A를 모국어로 선택하는 것이 유리하다. 2024년 5월 영어 언어와 문학 SL 최종성적 평균이 4.9점이고,

겨우 3.5%의 학생만이 7점을 받았다. 영어로 점수 받기가 얼마나 어려운지 보여 주는 결과이다. 영어 A를 선택하기가 부담스럽다면 한국어 A SL과 영어 B HL을 선택하면 두 과목 모두 좋은 성적을 받을 수 있는 전략이다.

Q 05 바이링구얼 디플로마의 자격 조건은 뭔가요?

A IB에서 바이링구얼 디플로마(Bilingual diploma) 학위를 받는 조건은 두 가지가 있다. 첫 번째는, 그룹 A에서 2개의 다른 언어 과목을 이수하고 3점 이상의 점수를 받으면 된다. 예들 들어, 모국어로 한국어 A와 영어 A를 선택하면 받을 수 있다. 두 번째는, 모국어 A에서 3점 이상을 받고, 나머지 사회나 과학 그룹에서 다른 언어로 공부해서 이수하고 3점 이상의 점수를 받으면 된다. 예들 들어, 한국어 A를 선택하고 영어로 다른 과목을 공부하면 된다.

Q 06 언어 Ab Initio 과정을 선택하면 불이익이 있나요?

A 모국어 A를 선택하고 언어 B SL을 선택할 수 없을 정도로 외국어 수준이 낮으면, 언어 Ab Initio를 선택할 수 있다. Ab Initio 과목을 선택했다고 해서 특별히 불이익이 있는 것은 아니다. 하지만 언어 과목도 학생의 능력을 보여 주는 것이므로, 두 언어를 모두 언어 A로 선택하는 것이 좋다. 왜냐하면 대학교는 두 언어 과목을 모국어로 공부한 바이링구얼 학생을 높이 평가하고 선호하기 때문이다. 언어 A와 언어 B를 선택할 때도 Ab Initio보다는 HL과 SL 중에서 선택하는 것이 바람직하다. 그리고 한국 공교육에서는 아직 Ab

Initio를 개설한 학교가 없기에, 이는 국제학교 학생에게만 해당하는 사항이다.

Q 07 IBDP 여섯 과목 선정이 왜 중요한가요?

A IB 디플로마를 받기 위해서는 반드시 SL(표준 수준)과 HL(고급 수준)을 각각 세 과목을 골라야 한다. 대학교는 학생이 전공할 과목과 연계되는 과목을 어떻게 선택했는지, HL과 SL 과목을 어떻게 선택했는지 전공 적합성을 고려해서 학생을 선발한다. 그래서 진학할 전공에 맞춰서 과목의 난이도를 조절하고, IB 총점도 높게 받는 영리한 전략이 필요하다. 한국 대학으로 특례나 해외고등학교 졸업생 수시 전형으로 지원할 때도 마찬가지이다. 한국 대학도 선택 과목의 전공 적합성을 보고 학생이 외국에서 공부했지만, 한국 대학의 수업에 잘 적응할 수 있는지 판단한다. 보통 이공계열로 진학하려면 생물, 물리, 화학을 HL로 많이 선호한다. 인문·사회계열은 경제, 경영, 지리, ESS를 HL로 많이 선호한다. IB 각 과목은 7점이 만점인데, 7점을 받는 비율이 과목마다 다르다. 영어 A, 역사, 심리학 등은 7점의 비율이 2~3%(매년 다르다) 정도로 7점을 받기가 몹시 어렵다. 학생의 적성과 흥미를 고려하되, 대학교 전공 적합성에 맞게 과목을 선택할 필요가 있다.

Q 08 IBDP를 이미 시작했는데 과목 변경이 가능한가요?

A 매년 학교에서 IBDP를 시작하기 몇 달 전에 과목 선택을 하게 된다. 일단 선택하면 거의 변경하는 경우는 없다. 그런데 IBDP

가 시작되고 나서 HL이나 SL을 변경하기도 하고, 과목을 바꾸는 학생도 있다. IBDP는 IB에서 제공하는 프로그램이지만, 학교의 재량에 따라서 과목 변경 시기를 조정할 수 있다. 그래서 학교마다 변경을 허락해 주는 기준이 조금씩 다르다. 보통은 IBDP가 시작되고 한두 달 안이나, IA에 들어가기 전에는 변경할 기간을 주기도 한다. 이때 변경하려면 교과 교사, 학부모와 학생 모두의 서명을 제출해야 한다. 과목을 바꾸면 혼란스럽기도 하고, 변경 과정도 번거롭기에 처음에 신중하게 과목을 선택해야 한다. 그럼에도 선택한 과목이 적성에 맞지 않거나, 학습이 벅차다면 최종성적을 위해 과목을 변경하는 것을 고려해야 한다.

Q 09 IBDP 예상점수는 왜 중요한가요?

A IB 예상점수(Predicted Grade)는 최종시험에서 학생이 얻을 점수를 예측해서 학교의 각 과목 교사가 주는 성적이다. 학교 교사들은 내부 평가, 수업 과제나 모의 평가에서 얻은 학생의 성적을 기반으로 점수를 예측한다. IB의 가이드와 교사의 경험으로 성적을 주기 때문에, 비교적 예상점수와 최종점수는 오차가 적은 편이다. 그렇지만 공식적인 최종점수가 있는데 왜 예상점수가 중요할까? 그 이유는 대학 입시에 있다. 대부분 학생은 최종성적이 나오기 전 12학년 초에 고등학교 성적과 예상점수로 대학에 지원하기 때문이다. 대부분 대학은 예상점수를 활용하여 학생이 얼마나 최종성적을 받을 수 있는지 예측하고 합격 여부를 결정한다. 특히 미국, 캐나다, 영국, 호주 등의 대학에서는 최종성적이 나오기 전에 합격이나 조건부 합격 여부를 알려 주기도 한다.

Q 10 IBDP 최종시험을 치르는 중에 갑자기 배탈이 나면 어떡하나요?

A IBDP 최종시험을 치르는 도중 급히 화장실에 갈 상황이라면, 시험 감독관이 화장실까지 동행하여 볼일을 보고 와서 시험을 치르게 도와준다. 시험 도중 아프거나 특별한 상황에 부닥친 학생에게 추가 시간을 제공하는 '접근조정대상(Access Arrangements)'이라는 정책이 있다. 이 정책은 학생이 공평하게 시험을 치를 수 있도록 마련된 것이다. 25%의 시간을 연장해 주거나 상황에 맞는 배려를 해 준다. 그렇지만 평가 기준과 평가 방식은 같게 적용된다. 시각장애나 난독증 등 신체적 학습장애가 있거나, 자폐나 우울증 같은 정신 건강 문제도 해당한다. 또 자연재해나 가족의 상도 배려의 대상이 된다. 다만 질병이 있으면 반드시 의사의 진단서를 제출해야 하고, 이런 상황을 학교가 IB에 보고하고 최종 결정은 IB가 내린다.

Q 11 IBDP 성적 재채점은 무엇인가요?

A IBDP 최종시험 결과가 학생의 능력을 정확하게 반영하지 못했다고 생각하면 IB에 재채점(remark)을 요구할 수 있다. 이 과정은 IB 코디네이터를 통해 답안지를 다시 검토하도록 요청하는 것이다. 다만 최종시험 전체를 재평가하는 것은 아니고, 학생이 재채점을 요구하는 과목만 가능하다. 재채점을 요구해서 성적이 달라졌다면 학생은 비용을 내지 않지만, 성적이 달라지지 않았다면 약간의 비용을 내야 한다. 재채점을 요구하고 성적이 오르는 경우도 있지만, 오히려 점수가 내려가는 경우도 있으니 신중하게 신청해야 한다. 예들

들어, 7점 점수 구간에서 1~2점 낮게 평가를 받았다면, 재채점을 요구해 올라갈 확률이 있다. 그러나 점수 차이가 크다면 재채점을 요구해도 거의 달라지지 않는다.

Q 12 IBDP 과목 재시험은 무엇인가요?

A IBDP 최종시험 성적을 받고 만족스럽지 못하거나, 부득이한 이유로 시험을 못 쳤을 때 다음 시험을 치를 수 있다. 시험은 여섯 과목을 모두 재응시해도 되지만, 학생이 치르고 싶은 과목만 선택할 수도 있다. 5월에 시험을 치렀으면, 11월에 재시험(retake)을 치를 수 있다. 재시험을 통해 성적이 오르면 공인 성적으로 인정받게 된다. 재시험을 보기로 결정했다면, 재시험 등록 기간이 있기 때문에 빨리 학교 IB 코디네이터에게 알려야 한다. 약간의 재시험 비용은 학생이 부담해야 한다. 또한 소논문(EE)이나 지식론(TOK)도 다시 제출해서 성적을 받을 수 있다. 다만 처음 소논문을 썼던 과목을 선택할 수는 있지만 주제는 달라져야 한다.

Q 13 IBDP 수여 조건은 무엇인가요?

A IBDP 디플로마는 특정 조건을 채우지 못하면, 아무리 성적이 좋다 하더라도 디플로마를 받을 수 없다. 다음의 조건을 모두 만족해야 취득할 수 있다.

① HL 세 과목과 SL 세 과목을 선택해야 한다.
② 필수과정인 EE, TOK, CAS를 이수해야 한다.

③ 총점 45점 중에서 24점 이상이고, 1점을 받은 과목이 하나도 없어야 한다.

④ HL 과목이나 SL 과목에서 2점이 두 과목을 넘으면 안 된다.

⑤ HL 과목이나 SL 과목에서 3점 이하가 세 과목을 넘으면 안 된다.

⑥ HL 과목의 총점이 12점 이상이어야 한다.

⑦ SL 과목의 총점이 9점 이상이어야 한다.

⑧ 기타 위반 행위가 없어야 한다.

Q 14 IBDP를 수료하지 못하면 대학에 못 가나요?

A IBDP를 공부해도 성적이 24점 이하거나, 수료 조건을 만족하지 못하면 디플로마를 받을 수 없다. 이런 경우 과목별 수료증(certificate)을 받을 수 있다. 대부분 대학에 지원하기 위해서는 디플로마를 받는 것이 좋다. 그러나 디플로마가 없더라도 고등학교 졸업장만으로도 대학에 갈 수 있다. 예체능을 공부하는 학생 중에 디플로마를 못 받더라도, 포트폴리오 작성이나 실기를 통해 대학에 진학하기도 한다. 이러한 학생들에게 대학에서 높은 성적을 요구하지는 않지만, 최소한의 수료증은 요구하기도 한다.

Q 15 IBDP 학생은 한국 대학에 어떻게 지원할까요?

A IBDP 학생은 보통 12학년 1학기 때, 학교에서 각 과목 교사가 평가하는 '학교 내신 성적(GPA)'와 'IB 예상점수(predicted grade)'로 대학교에 지원하는 경우가 많다. 만약 한국 공립학교에서 IBDP를 공부하는 학생이라면, 현재 한국 입시에서 정시지원은 하기

어렵다. 왜냐하면 한국 수능 시험이 11월인데, IBDP 시험도 11월이기 때문이다. 또 수능을 준비하는 공부와 IB 시험을 준비하는 공부가 너무 다르기 때문이다. 이때는 내신 성적과 예상점수로 수시 전형으로 대학교를 지원해야 한다.

　해외에서 고등학교를 졸업한 경우 '전 교육과정 해외 이수자'나 '3년 특례' 학생인 경우가 대부분이다. 최종시험 결과를 받기 전 학교 내신 성적과 예상점수로 9월 입학에 지원하기도 하고, 최종성적을 받고 다음 해 3월 입학에 지원할 수도 있다. 보통 한국 대학은 학교 내신 성적과 최종성적을 모두 보기 때문에 둘 다 성적이 좋아야 한다. 특히 한국 대학을 목표로 한다면, 디플로마 과정이 시작될 때부터 내신 성적에 신경을 많이 써야 한다. 또 학교 공부 외에 지원 대학의 전형을 고려해서 TOEFL이나 TOPIK 시험도 12학년이 되기 전에 미리 날짜를 확인하고 치르는 게 좋다. 한국 대학에 지원하기 위해서는 준비해야 할 서류가 대단히 많다. 성적증명서, 졸업증명서, 재학증명서, 표준 학력 증명서류(IB, SAT)뿐만 아니라, 학교마다 원하는 양식이나 서류가 다르기 때문에 철저하게 살펴보고 준비해야 한다. 다른 나라로 전학을 많이 다닌 학생은, 특히 오래전부터 서류를 준비하지 않으면 원서 접수할 때 엄청나게 고생한다. 외국 학교나 관공서는 한국처럼 일이 빠르게 진행되지 않기 때문이다. 그리고 서류를 대사관에서 공증받거나 아포스티유 공증을 받아야 하기에, 수시 접수를 하기 몇 달 전부터 준비하는 게 좋다. 서류 준비하다가 체중이 5kg이나 빠졌다는 사람이 있을 정도로, 한국 대학의 입시 서류는 복잡하고 다양하다.

Q 16   IBDP 학생은 외국 대학에 어떻게 지원할까요?

A IBDP를 공부한 학생이 싱가포르의 대학을 지원한다면 내신 성적과 예상점수로 지원한다. 하지만 사실상 싱가포르 대학은 최종성적이 나오기 전까지 합격 여부를 알려 주지 않는다. 싱가포르 국립대학(NUS), 난양이공대학(NTU)을 지원할 때는 사실상 최종성적이 중요하다. 한국 학생이 미국 대학에 지원한다면 내신 성적과 함께 SAT 공인 성적이 필요한 경우가 많지만, 최근에는 내신 성적과 예상점수만으로 입학을 허가해 주는 학교가 갈수록 늘고 있다. 또한 미국 대학에 진학하기 위해서는 고등학교 기간에 다양한 활동을 하는 것이 매우 유리하다. IBDP 최종시험을 5월에 본다면, 미국 대학은 시험을 보기 전 2~3월에 합격 여부를 알려 준다. 최종성적이 자신이 제출한 예상점수 정도의 성적이 나와야, 대학교가 출신 학교를 신뢰할 수 있고 후배에게도 좋다. 영국이나 홍콩의 대학을 지원한다면 내신 성적과 예상점수로 지원한다. 특히 예상점수를 잘 받아야, 지원한 대학에서 조건부 입학을 허가받게 된다. 보통 영국이나 홍콩의 대학에서는 학생이 지원한 학과에 맞는 HL 과목에서, 어느 정도의 성적을 받았을 때 조건부로 입학을 허락해 준다. 또는 학교에 따라 과목 점수와 관계없이 최종점수를 몇 점 이상 받으라는 조건을 제시하기도 한다. 해외 대학을 지원할 때는 고등학교 내신 관리를 잘해서, 예상점수를 잘 받는 것이 중요하다.

Q 17   IBDP 시험과 수능 시험은 무엇이 다른가요?

A 한국의 수능 시험은 재수나 삼수를 할 수 있고, 검정고시

를 치르고 수능 성적만으로도 대학에 갈 수 있다. 반면에 IB는 혼자 공부하거나, IB 학교가 아닌 학교에서 공부하고 IBDP 시험을 치를 수 없다. 반드시 IBDP를 운영하는 학교에서 2년간 공부하고 최종시험을 쳐야 한다. 수능 시험은 재수할 때 모든 과목을 다 응시해야 하지만, IBDP 시험은 과목별로 선택해서 재시험이 가능하다. 결과만큼 과정도 중시하는 IB 교육은 평가 방식도 수능과 아주 다르다. 수능은 객관식 평가라서 컴퓨터로 채점하지만, IB 시험지는 서술형이라서 채점관이 직접 채점한다. 수능 시험은 재채점 요구가 거의 없지만, IBDP 성적은 만족스럽지 못하다면 학교의 IB 코디네이터를 통해서 공식적으로 재채점을 요구할 수 있다. 수능은 하루에 시험을 치른다면, IBDP 시험은 약 3주에 걸쳐서 치른다. 학생이 선택한 여섯 과목에 대하여 내부 평가와 외부 평가를 합쳐서 최종성적을 받는다. 각 과목의 내부 평가는 과목마다 편차가 있지만 대략 20~30% 정도 반영된다. 5월이나 11월에 최종시험을 치를 때는, 과목마다 2~3개의 서술형 시험을 치르게 된다.

Q 18 IBDP 시험은 재수, 삼수가 가능한가요?

A 수능 시험은 재수생의 비율이 2024년 기준 전체 응시생의 31% 이상이 나올 정도로 재수를 많이 한다. 반면에 IB 시험은 부득이한 경우가 아니면 전 과목을 재응시하는 학생이 거의 없다. 예를 들어, 수의대학을 목표하던 학생이 5월 시험에서 생물 HL 6점이 나왔다면, 11월에 재응시해서 7점을 받고 목표하는 대학교에 진학할 수 있는 장점이 있다. 하지만 IBDP는 2년의 과정을 수료하고 시험을 치르는 것이기에, 수능 시험처럼 무한정 다시 치는 경우는 거의 없

다. 1번 정도 필요한 과목만 재시험을 치는 경우가 대부분이다.

Q 19 IBDP를 공부하는 학생이 SAT나 TOEFL을 공부해야 하나요?

A IB 최종성적이 공식적으로 인정되기 때문에, 대학에서 SAT나 TOEFL을 요구하지 않는 한 별도로 준비하지 않아도 된다. 다만 스스로 영어 실력을 쌓기 위해서 TOEFL을 공부하는 것은 도움이 된다. 일반적으로 해외 학교에 다니는 학생이 자신의 실력을 보여주기 위해 대학교에 SAT 성적을 제출하기도 한다. 전 교육과정 해외 이수자나 3년 특례 해외고등학교 졸업 자격으로 한국 대학에 수시로 지원할 때, 언어 능력 증빙자료로 TOEFL이나 SAT를 활용할 수 있다.

Q 20 IBDP는 SAT와 무엇이 다른가요?

A IBDP와 SAT는 모두 대학 입학을 위한 중요한 시험이지만, 그 목적과 구조에서 큰 차이가 있다.

IBDP는 세계적으로 공인된 국제학위증명이다. 6개의 과목 그룹에서 한 과목을 골라 여섯 과목을 공부해야 하고, 필수 핵심 과정인 EE, TOK, CAS를 반드시 이수해야 한다. 점수는 45점 만점이고 내부 평가와 외부 평가를 합하여 평가받고, 과목별로 다양한 평가 방법이 사용된다. 장점은 전 세계 대학에서 인정받는 대학 입시에 유리한 교육과정이다. 또 과목이 HL과 SL로 수업이 나뉘어 있어서, 학생이 자신의 관심사와 진로에 맞는 과목을 깊이 공부할 수 있다. 무엇보다

IBDP는 한 번의 최종시험을 치르는 것이 아니라, 2년간의 과정이기에 학생의 비판적 사고, 창의성, 사회적 책임감을 기를 수 있는 것이 장점이다. 단점은 2년간 학교에서 제공하는 교육과정이라서, 학생이 혼자 공부할 수 없다는 것이다. 또 처음 선택한 여섯 과목을 중간에 쉽게 바꾸기 어렵고, 과목 수와 평가 방식이 다양해서 학생에게 부담이 될 수도 있다.

SAT는 미국의 수학 능력 평가 시험이다. 매년 세계적으로 200만 명 정도의 학생이 시험을 치른다. 1년에 여러 번 시험이 있기 때문에 선택해서 치를 수 있고, 그중 최고 점수를 대학에 제출할 수 있다. 1,500점 이상을 받으면 미국이나 영국 등 세계적인 명문대학에 진학이 가능하다. 주로 읽기, 쓰기, 수학으로 구성되어 있어서, 독해를 잘하고 수학을 잘하는 한국 학생에게 유리한 시험이기도 하다. 한국에서도 공인된 시험이며, 한국 학생이 자신의 학업성취도를 보여 주기 위해 가장 많이 활용할 수 있는 것들이 장점이다. 단점은 주로 읽기, 쓰기, 수학에 중점을 두기 때문에, 종합적인 학습 능력을 키우고 평가하기는 어렵다. 학생도 평가 기준에만 맞춰서 한정된 범위만 공부하게 된다. 또 수능처럼 많은 학생이 고득점을 목표로 하는 시험이기에 경쟁이 매우 치열하다는 것이다.

2021년부터 IBDP 평가는 이전과 비교하여 다소 변화가 있었습니다. 혼란스러워하는 학생과 학부모에게 달라진 평가를 설명하며, IB를 쉽게 알려 주는 책이 있었으면 좋겠다고 생각했었습니다. 이때 많은 사람에게 선전화된 IB 교육을 알리기 위해, 저의 경험담을 출간할 계획을 세웠습니다. 오랫동안 준비했고 이제야 책을 완성하게 됐습니다.

제가 처음 IB를 가르쳤던 15년 전부터, 이런 좋은 교육 프로그램을 한국 학교에서 운영하면 좋겠다고 생각했습니다. 앞서 한국에서 IB를 소개하거나 연구하신 분들의 책과 자료를 가능한 한 많이 읽었습니다. 한국에서 사용하는 IB 용어나 설명에 대해서도 많은 참고를 했습니다. 이분들의 노력이 있었기에 한국에서 IB 학교가 생길 수 있었습니다. 처음 IB를 경기외국어고등학교에 도입하신 박하식 박사님의 교육철학과 통찰력을 존경합니다. 부족한 저에게 용기를 주시고 이끌어 주셔서 감사드립니다. 저에 대한 응원과 격려를 해 주시는 하화주 박사님께도 감사의 말씀을 전합니다. 이혜정 박사님은 IB를 한국어화하여 공교육에 도입하자는 제안을 최초로 하셨고, 이후 IBO와 협상하여 한국어화 계약을 체결하고 한국 공립학교에 IB를 도입한 감사한 분이십니다.

대구, 제주를 중심으로 2021년부터 한국어로 IB 수업을 시작하여 국·공립학교에서 IB 디플로마를 받은 학생이 나왔고, 대학 입시에서 우려와 달리 기대 이상의 결과를 얻었습니다. 작지만, 이제라도 이런 싹이 돋아난 것은 다행입니다. 최근 몇 년간 IB가 도입될 수 있도록 강은희 대구교육감과 이석문 전 제주교육감이 문을 열었고, 이어서 임태희 경기도교육감을 비롯하여 많은 분이 한국에 IB를 정착하기 위해 노력하고 계십니다. 공교육을 혁신하려는 이분들의 노력이 곧 열매로 맺어지기를 기대합니다.

IB 교육을 심층적으로 연구하고 실천하는 모임인 '한국IB교육학회(KIBERA)'가 2024년 3월 창립되었습니다. 저는 발기인으로 학술대회에 참석하느라 대구에 다녀왔습니다. 저는 IB 교사이면서 저의 아이를 IB로 교육했으며, IB가 한국에 확대되는 것을 정말 고대해 왔습니다. 앞으로 송진웅 회장님과 강현석 수석부회장님을 비롯한 임원들이 학회를 이끌어 주실 노고에 미리 감사드립니다. 여전히 한국에서 IB를 낯설어하는 사람이 많습니다. 그럼에도 창립 학술대회에 모인 교육 관계자들의 노력을 지켜보며, 한국 교육의 장래가 밝음을 현장에서 느꼈습니다. 한국IB교육학회가 한국 교육의 질적 수준을 높이기 위해 큰 역할을 할 것으로 기대합니다. IB 선구자로서 연구하고 실천하는 학회 회원분들과 일선에서 IB를 교육하고 계신 한국의 모든 선생님께도 감사의 말씀을 드립니다.

책을 기획하면서 방대한 분량의 IB를 쉽게 알리기 위해 고민과 어려움이 컸습니다. 이론적으로 설명하기보다 저와 제자들이 겪은 생생한 경험을 함께 전하면 더 효과적일 것 같았습니다. 어떤 제자는 군대 훈련소에서 원고를 보내 왔고, 아시아뿐만 아니라 멀리 미국, 캐나다, 영국, 홍콩의 대학에 입학한 제자들과 중동, 유럽에서 공부하는 제자들도 원고를 보내 줬습니다. IB의 장점을 알리고 싶다는 저의 뜻에 공감하고, 공부하는 와중에도 열심히 써 준 제자들이 사랑스럽고 고맙습니다. 경험담을 흔쾌히 써 주신 학부모님께도 감사의 말씀을 드립니다. 저와 제자들과 학부모가 IB를 알리고 싶다는 뜻을 함께했기에, 이 책이 나올 수 있었습니다. 새롭게 IB를 공부하는 학생에게 도움이 되면 좋겠고, 성공적으로 교육을 마치고 원하는 목표를 이루기를 기도합니다.

IB 교육에 관심을 가지고 읽어 주신 독자분들께도 감사드립니다. 전인적인 자녀 교육은 부모의 기쁨뿐만 아니라, 우리나라의 미래를 밝혀 줄 중요한 일입니다. 단지 한 사람의 성공이 아니라, 국가 전체의 경쟁력을 만드는 일이기 때문입니다. 많은 교육 관계자분과 학부모가 한국 교육의 발전을 위해, 꾸준히 IB에 관심 가져 주시기를 바랍니다. 그리고 그 관심이 쏠려 한국 교육이 혁신되는 일이 일어나기를 간절히 기대합니다.

끝으로, 저의 원고를 채택해 주시고 출간할 수 있도록 힘써 주신 학지사 임직원분들께 감사의 말을 전합니다. 바쁜 나를 이해해 주고 배려해 주는 사랑하는 가족에게 늘 고맙다고 말하고 싶습니다. 책을 쓸 수 있도록 많은 조언을 해 주며 도와준 로이 선생님께 고마움을 전합니다.

이미영 드림

참고문헌

강현석(2021). 개념 기반 탐구학습의 실천. 학지사.

경기도교육청(2023). IB(International Baccalaureate) 이해자료.

김나윤, 강유경(2019). 국제 바칼로레아 IB가 답이다. 라온북.

대구광역시교육청(2023). IB 교육 관련 프레젠테이션 자료.

박하식(2022). K세계인으로 키워라. 글로세움.

송진웅(2024). 서울대 석학이 알려주는 자녀 교육법: 과학. 서울대학교출판문화원.

이혜정(2017). 대한민국의 시험. 다산4.0.

이혜정, 이범, 김진우, 박하식, 송재범, 하화주, 홍영일(2019). IB를 말한다. 창비.

정종우, 이동원, 김혜진(2024). 입시경쟁 과열로 인한 사회문제와 대응방안. 한국은행. https://www.bok.or.kr/portal/bbs/P0002353/view.do?nttId=10086626&menuNo=200433

조현영(2022). IB로 그리는 미래교육. 학지사.

최종홍(2023). 뜨거운 감자 IB. 에듀니티.

통계청(2022). 2020년 국민이전계정.

하화주(2024). IB 우리의 미래 교육. 스콜레.

江里口歡人(2021). 왜 지금 국제 바칼로레아(IB)인가: 교육 혁신과 국가 미래. (IB 敎育がやってくる! 「國際バカロレア」が變える敎育と日本の未來/江里口歡人). (신경애, 이지은, 강현석 공역). (원저는 2014년에 출판).

福田誠治(2019). 국제바칼로레아의 모든 것. (国際バカロレアとこれからの大学入試改革: 知を創造するアクティブ・ラーニング). (교육을바꾸는사람들 역). (원저는 2015년에 출판).

岩崎久美子, 編著 石村淸則, [ほか]著(2020). 국제바칼로레아 도입과 실행: 글로벌 사례에서 배운다. (國際バカロレアの挑戰 グローバル時代の世界標準プログラム). (교육을바꾸는사람들 역). (원저는 2018년에 출판).

IBO 공식 웹사이트. https://www.ibo.org

저자 소개

이미영(Michelle Lee)

고려대학교 교육대학원에서 국어교육으로 석사학위를 취득하고, 한국에서 수능 언어영역을 가르쳤다. 2007년에 자녀의 학업을 위해 싱가포르에 왔고, IB 한국어 교사가 되어 AIS, CIS, UWCSEA 등의 국제학교에서 IGCSE, IBMYP, IBDP 한국어를 15년 동안 가르치고 있다. 국제학교에서 MYP Personal Project와 IBDP EE · CAS의 Supervisor 역할을 경험했다. 현재 싱가포르에서 IB 교육 서비스를 제공하는 법인도 운영 중이다. 한국IB교육학회(KIBERA) 회원으로서 한국의 IB 도입과 확산을 소망하는 교육자이다.

- 홈페이지　　www.ibkorean.org
- 인스타그램　@ibkoreanmichelle
- 한국IB교육학회 www.ib-edu.or.kr

IB로 대학 가다

Path to College with IB

2025년 1월 10일 1판 1쇄 발행
2025년 2월 20일 1판 2쇄 발행

지은이 • 이미영
펴낸이 • 김진환
펴낸곳 • (주)**학지사**
　　　　04031 서울특별시 마포구 양화로 15길 20 마인드월드빌딩
대표전화 • 02-330-5114　　팩스 • 02-324-2345
등록번호 • 제313-2006-000265호

홈페이지 • http://www.hakjisa.co.kr
인스타그램 • https://www.instagram.com/hakjisabook

ISBN 978-89-997-3293-5　93370

정가 16,000원

┃ 출판미디어기업 **학지사**

간호보건의학출판 **학지사메디컬** www.hakjisamd.co.kr
심리검사연구소 **인싸이트** www.inpsyt.co.kr
학술논문서비스 **뉴논문** www.newnonmun.com
교육연수원 **카운피아** www.counpia.com
대학교재전자책플랫폼 **캠퍼스북** www.campusbook.co.kr